DEVIANT
AND
REDEMPTION

Research of Rehabilitation
for Juvenile offenders

越轨与救赎

未成年犯的教育改造

邵峰 著

社会科学文献出版社
SOCIAL SCIENCES ACADEMIC PRESS (CHINA)

序　言

未成年犯兼具未成年人与罪犯的双重属性，是一个已经越轨的社会弱势群体。未成年犯的犯罪行为虽然只是其外在行为表现的一部分，但深受其社会习得文化的影响，并对社会规范和既有秩序构成了实质性的冲击和侵犯。本书将重点关注那一群被判处监禁刑且被关押在未成年犯管教所（以下简称未管所）内生活的未成年人。未管所是我国关押未成年犯的法定机构，也是监狱的一种特殊类型，同时还是实施教育改造工作的场域。它对未成年犯进行监管、教育，目的在于转化其犯罪思想，矫正其行为恶习。

未成年犯的教育改造被视为是未管所改造工作的核心环节，并发生在警察与未成年犯的日常互动之中。但在实践中，教育改造因投入大且难以评估而易被"轻描淡写"，出现理论与实践之间的断裂。但是，未成年犯教育改造工作，首先是未成年人教育事业的重要组成部分，也是社会教育与公共治理领域必须拔除的"哽喉之骨"。从长远来看，教育、感化、挽救越轨青少年，对于促进社会和谐稳定以及增进人民福祉，将是意义深远的。

身处青春期的未成年犯为什么会走上离经叛道、罪孽深重的犯罪之路？我们的国家和社会又该怎样面对这一迷失的青少年群体？被誉为"地球母亲"的女人类学家玛格丽特·米德曾经探讨萨摩亚社会与西方社会青少年成长经历的差异及其产生原因，指出他们所处社会环境及教育方式的差异导致两种社会未成年人的青春期表现显著不同，延续社会意义上"人"的生成与发展是由"先天"（nature）还是"后天"（nurture）起决定性作用的世纪争论。

本书以生活在南方某省未管所里的未成年犯为研究对象，采用参与观察、深度访谈、文献研究、视频研究和跨文化比较等方法,力求呈现未成年犯教育改造生活的全景式描述,并对几名关键报道人所经历的典型教育事件进行深描。通过调查,表明青少年发育的先天因素已由自身的遗传密码所决定,后天的抚养方式、教育方式和社会环境等因素将决定其成长的速度和形态。青少年的知识构成、价值观念、生活方式和生存技能固然受到所处社会文化环境的干预,但是这种影响对同一时代同一地域的教育对象是基本一致的,在相似环境里成长的孩子却存在人生轨迹的显著区别,那是因为他们所参与的教育实践以及接受的教育方式存在巨大差异,这才是决定青少年前途命运的关键因素。

调查结果还表明,我国未成年犯教育改造工作仍存在以下问题:一是着眼于国家、社会和未成年人长远利益的再社会化教育理念缺失;二是以改造罪犯为本且相互尊重的警囚关系易被虚化;三是在现有教育实践中警囚双重话语体系分立;四是狱方提供未成年犯再社会化的教育实践不足。国家必须大力推行再社会化教育而非惩罚性和功利性的教育理念,再社会化教育是未成年犯实现人生救赎的唯一路径。

最后,希冀为大众提供重新认识未成年犯及教育改造工作的观察视角,把未成年犯群体原有刻板、丑陋、可怕的印象扭转过来,将圈内人似曾相识的意义图景转化成新颖、实用的知识体系,以此推动我国未成年犯教育工作朝着再社会化方向继续发展。

目　录

引　言 ……………………………………………………………… 1

第一章　绪论 …………………………………………………… 4

第一节　核心概念的界定 ………………………………………… 4
第二节　相关研究的文献综述 …………………………………… 11
第三节　田野点介绍 ……………………………………………… 20
第四节　学员服刑生活的基本常识 ……………………………… 25
第五节　主要研究方法及应用 …………………………………… 40
第六节　本书研究的价值、不足及存在困难 …………………… 49

第二章　学员生活的多彩人生 ………………………………… 57

第一节　狱内"吃墨水"的人 …………………………………… 57
第二节　学员 LJ 的日记——《一生有你》 …………………… 66
第三节　学员生活里的象征符号 ………………………………… 76
第四节　来自狱方的文本、话语与行动 ………………………… 86

第三章　学员生活的视频展演 ………………………………… 105

第一节　自学考试中的"金牌状元" …………………………… 105
第二节　W 监区里的"欢喜冤家" ……………………………… 116
第三节　教育视频资源的面面观 ………………………………… 130

第四章　狱方定制的教育活动 …… 138
第一节　服刑生活的起点与终点 …… 138
第二节　底蕴深厚的思想教育 …… 145
第三节　任重道远的文化教育 …… 157
第四节　给予厚望的职业技术教育 …… 172
第五节　情意浓浓的社会帮教 …… 182

第五章　未成年犯教育改造存在的问题及革新路径 …… 193
第一节　教育与改造相结合的问题 …… 193
第二节　未成年犯教育改造的革新路径 …… 200

结　论 …… 217

参考文献 …… 222
附　录 …… 233
后　记 …… 262

引 言

2015年8月15日，正值中国人民抗日战争暨世界反法西斯战争胜利70周年之际，国人都会铭记、缅怀这一伟大、隆重且对中华民族意义深远的特殊日子。就在同年8月24日，"十二届全国人大常委会第十六次会议审议了关于特赦部分服刑罪犯的决定草案。草案规定对2015年1月1日前正在服刑、释放后不具有现实社会危险性的四类罪犯实行特赦……四是犯罪的时候不满十八周岁，被判处三年以下有期徒刑或者剩余刑期在一年以下的服刑罪犯，但几种严重犯罪的罪犯除外。"[①] 2019年6月29日，国家主席习近平签署发布特赦令，根据十三届全国人大常委会第十一次会议29日通过的全国人大常委会关于在新中国成立七十周年之际对部分服刑罪犯予以特赦的决定，九类罪犯中的第七种又是针对未成年犯的。[②] 这将预示着一部分正在监狱服刑的未成年犯将得以提前回归社会，对于他们本人及家庭而言可以说是"喜从天降"，值得欢欣鼓舞。但是作为一名持续关注未成年犯教育的研究者来说，此时不由得思考这一群未成年人的犯罪思想有没有得到矫正，犯罪恶习有没有得以转化，他们出狱后会不会重新犯罪？可喜的是，2019年特赦明确指出不认罪悔改或经评估具有现实社会危险性的罪犯不得特赦。可见，2019年特赦已经做到审慎客观评估这一群未

---

① 特赦是国家依法免除罪犯全部或部分刑罚的制度，实则免刑不免罪。严重犯罪是指犯故意杀人、强奸等严重暴力犯罪，恐怖活动及贩卖毒品犯罪等。参见《习近平签署主席特赦令对四类服刑罪犯实行特赦》，新华网，http://www.xinhuanet.com//politics/2015-08/29/c_1116414344.htm，最后访问日期：2019年3月13日。

② 《国家主席习近平签署发布特赦令在中华人民共和国成立七十周年之际对九类服刑罪犯实行特赦》，人民网，http://politics.people.com.cn/n1/2019/0629/c1024-31203544.html，最后访问日期：2019年7月8日。

成年犯的改造状况和现实危险性，那么国家是如何实施未成年犯的教育改造工作？又为他们提供了什么样的生活环境和文化供给？

这要先从未管所谈起，因为这里是我国监管、改造未成年犯最主要的机构，也是由国家强制力保证刑罚执行的集团化组织，以此来调整未成年犯个体及犯群[①]的心理、行为，依据法律规范来考核、评价、处罚、奖励等，规训并塑造那一群未成年人。面容娇嫩、身材弱小、情感幼稚的他们可能已经犯下了不可饶恕的重大罪行。虽然曾经被人痛恨至极，但是今天他们已经受到应有的法律制裁，毕竟还是处在青春期快速发育的孩子。美国实用主义哲学家、教育家杜威说："社会在指导青少年活动的过程中决定青少年的未来，也因而决定社会自己的未来。由于特定时代的青少年在今后某一时间将组成那个时代的社会，所以，那个时代社会的性质，基本上将取决于前一时代给予儿童活动的指导。"[②] 这说明我们的社会今天如何看待、教育未成年犯，将决定了我们社会明日的发展道路。未成年犯并不是与生俱来的"恶人"，而是受社会不良文化和环境的侵蚀与毒害，才走上了可怕又邪恶的犯罪道路。他们固然有可气可恨之处，但我们的社会不能因为他们曾经犯过错就永远将他们疏远甚至抛弃。

遥记1957年11月17日，作为中华人民共和国的伟大领袖和缔造者的毛泽东同志在莫斯科向中国留学生讲话时说："世界是你们的，也是我们的，但是归根结底是你们的。你们青年人朝气蓬勃，正在兴旺时期，好像早晨八九点钟的太阳。希望寄托在你们身上。"[③]

每一名青少年的成长、成才都不可能离开教育，教育是社会成员社会化的重要途径，是社会实现自身继替的必然选择。中华人民共和国成立以来，已经建立了从小学、初中、高中到大学的完整的学历教育体系，还有电大、夜大、自学考试[④]、成人高考等教育类别。当一代代青少年处在正常社会化的培养过程中，可否想到在社会的另一个僻静的角落，还有一个

---

① 犯群是罪犯群体的简称。在具体的语境下，指代罪犯的数量会有明确的区别。
② 〔美〕杜威：《民主主义与教育》，王承绪译，人民教育出版社，2001，第49页。
③ 《毛主席会见留苏学生》，《人民日报》1957年11月20日。
④ 自学考试是高等教育自学考试（Higher self-examination）的简称，也称自考，1981年经国务院批准创立，是对自学者进行的以学历考试为主的高等教育国家考试。

迷失的未成年人群体。同样是处在青春年华的他们，却走上了邪恶的犯罪道路。我们不禁要问，这个群体到底是一些什么人？不同社会环境下的未成年犯严重越轨的原因是否存在差异？我国将如何教育改造未成年犯？让我们逐一去揭晓答案。

第一章 绪论

第一节 核心概念的界定

一 未成年犯

未成年人，在法学、人类学、社会学、教育学、犯罪学、心理学等诸多学科中均有不同的定义。享有"地球母亲"美誉的美国女人类学家米德在其名著《萨摩亚人的成年——为西方文明所作的原始人类的青年心理研究》（以下简称《成年》）一书中，通过对比她在萨摩亚社会观察当地儿童特别是女孩的青春期成长历程及所接受的教育，指出美国等西方国家的青少年在青春期出现的躁动、困惑和冲撞，不应该是人类社会共有的社会现象，应该彻底反思成年人主导的社会给未成年人提供的社会环境和教育实践。这里的未成年人是指正处在青春期且尚未完成社会化和成人礼的青少年。也有人认为，未成年人是指"从幼儿到青少年之间未成熟的人。它包含了一个人从婴儿期到青春期的发展，是关于一个人成长以前综合许多阶级发展的阶段"①。我们认为未成年人的身心发育正从不成熟期向成熟期过渡，他们的社会经验、生存技能、价值理念远远不及成年人丰富、稳定，还需要接受有针对性、有选择性的社会化教育，才能使其成为合格的社会成员以及各行业所需的人才。本书的研究对象则是被法律赋予了一种特殊身份且正常社会化中断的未成年人群体——未成年犯。

何谓未成年犯，有学者指出："将未成年犯年龄上限规定为16岁或18

---

① 郭法奇：《教育史研究——寻求一种更好的解释》，中国社会科学出版社，2012，第202页。

岁,下限则有 10 岁、12 岁、14 岁等规定,如美国、德国、英国、法国、日本等国……而多数国家的犯罪学家也把 18 岁至 21 岁的青年人列入未成年人研究对象。这是因为,处于这一年龄段的青年人无论是在生理、心理方面,还是对社会的感知、认知方面都没有发育成熟和定型。所以说,广义上的未成年人一般是指 14 岁至 21 岁的人,有的国家还将年龄上限扩大到 25 岁。"①

按照我国法律规定,未成年犯是指因触犯刑事法律,被法院判处有期徒刑、无期徒刑②且已经生效并在指定刑罚执行机关服刑的已满 14 周岁且未满 18 周岁的人。其中一部分关押在未管所内接受刑罚制裁的未成年犯就是本书的研究对象。我国法律还规定,剩余刑期③在两年以下的成年犯,由未管所代为执行刑罚。这就意味着我国的未管所内除了未满 18 周岁的未成年犯以外,还有一部分已满 18 周岁且未满 20 周岁的成年犯。

在本书中,笔者也将 18 周岁至 20 周岁的成年犯纳入观察和研究的对象,主要基于以下理由。一是主管全国监狱工作的司法部监狱管理局在 2001 年组织一部分学者和行业警察编写的《监狱学知识丛书》,就提出未成年犯的范围应以 14 周岁至 21 周岁为宜。未成年犯与青少年罪犯两个概念之间虽然存在一定的相似性,但是两者之间的模糊性并不会给诸如社会学、教育学、心理学、伦理学等其他社会学科研究青少年问题带来重大障碍,这是由这些学科自身的学科体系及研究对象的宽泛性所决定的。④ 二是在未管所收押罪犯时,进入未管所服刑的人一定是未成年人,只是之后会在狱内服刑或长或短的时间。三是司法实践中,很多未管所确实存在一定程度未成年犯与成年犯混押的现象。⑤ 四是从未成年犯身心发育成长的连续性和客观规律来看,即使年满 18 周岁的成年犯在生理、心理和行为特

---

① 储槐植:《外国监狱制度概要》,法律出版社,2001,第 154 页。
② 根据《最高人民法院关于审理未成年人刑事案件具体应用法律若干问题的解释》第 13 条的精神,未成年人犯罪是不能判处死刑的,只有罪行极其严重的,才可以适用无期徒刑,所以本书在刑罚种类里没有提及死刑。
③ 剩余刑期,简称余刑,是指在法院作出终审判决之前,犯罪嫌疑人在看守所等国家机关先行羁押的时间可以折抵刑期,羁押一日折抵监禁刑一日。终审判决刑期减去先行羁押时间后,剩余的期限即为余刑。
④ 姚建龙主编《中国青少年犯罪研究综述》,中国检察出版社,2009,第 11 页。
⑤ 黄立、朱永平、王水明主编《未成年人犯罪专题研究》,法律出版社,2014,第 709 页。

征等方面并不会在一个固定的时间点上立刻发生剧烈变化。从文化意义上讲,充分尊重未成年犯成长发育的前后一致性,则更加客观、合理。

为了充分保障未成年犯的合法权益,贯彻"教育、感化、挽救"的工作方针,司法部在1999年专门出台了一个部门规章——《未成年犯管教所管理规定》(以下简称为《未管所规定》)。《未管所规定》的第5条规定:"在日常管理中,可以对未成年犯使用'学员'的称谓。"笔者为了拉近与未成年犯的心理距离,淡化未成年犯的消极感情色彩,在调查和进行文本书写时会尽量避免使用带有"犯"字的多种称谓,而使用"学员"一词。但在引用法律条文及文献资料中,还可见未成年罪犯、未成年犯罪人、未成年服刑人员等称谓,这也是在所难免的。

那么,我国未成年犯到底有多少人?他们关押在多少个未管所里?"截至2012年10月底,全国共有18岁以下的未成年犯15220人,未成年犯占监狱羁押犯人总数的1%左右,比三年前的20662人减少了5442人"。近年来未成年犯数量的走势如下:"1999~2008年全国法院判处未成年犯总人数653378人,其中1999年40014人、2000年41709人、2001年49883人、2002年50030人、2003年58870人、2004年70086人、2005年82692人、2006年83697人、2007年87506人、2008年88891人,增长率分别为:4.24%,19.60%,0.29%,17.66%,19.05%,17.99%,1.22%、4.55%、1.58%,年均增长率为9.57%"。[①] 他们被关押在全国31个未管所里,几乎每个省、自治区、直辖市都设有一所或几所,是全国监狱现押罪犯170余万人中的一个重要组成部分。[②] 纵观近三十年来未成年犯的总量,2014年11月25日,最高人民法院(以下简称高法)院长周强在上海时指出,中国法院少年法庭判处未成年犯150余万人,经过教育、矫治,绝大多数未成年犯悔罪服判并最终重返社会。[③] 以上几组数据表明未成年人犯罪已经成为一个非常严重的社会问题,中国政法大学调研组发

---

① 操学诚、刘桂明、路琦、牛凯:《我国未成年犯抽样调查分析报告》,《青少年犯罪问题》2010年第4期。
② 《中国监狱罪犯教育改造发展概况》,法制信息网,http://www.moj.gov.cn/organization/content/2014-12/22/jlzxxwdt_7246.html,最后访问日期:2019年7月9日。
③ 《中国法院少年法庭30年共判处未成年犯150余万人》,中国新闻网,http://www.chinanews.com/fz/2014/11-25/6814285.shtml,最后访问日期:2019年7月26日。

表的《未成年人案件特征的实证分析》更是"把未成年人犯罪与吸毒贩毒（毒品泛滥）、环境污染并称为世界三大公害。"

二 监狱警察

要讨论未成年犯这一概念，就必须介绍与未成年犯相伴相生的另一个概念——监狱警察。监狱警察是在狱内对罪犯进行监管、教育的执法者，是国家法律赋予其法定权力通过具体的执法、管理、教育活动来改造罪犯。监狱警察是从事刑罚执行及相关改造工作的国家机关工作人员，也是中华人民共和国的一支纪律警察队伍，还是维护国家安全和社会稳定的重要力量。这就使得监狱警察不仅仅是未成年犯的教育者同时还是执法者。未成年犯较其他青少年不仅具有可塑性、反思性、多元性的特点，还具有不同个体差异的人身危险性和社会危害性，其所处的封闭环境和管理模式更加剧了未成年犯教育的困难程度。在行使权力的过程中，监狱警察的价值观念、知识储备、道德修养和执法技术就会体现在与罪犯的交往过程中，甚至在犯群里留下带有鲜明个性化的烙印。其实，"监狱人民警察"才是监狱场域内相关法律规范中使用频率最高、适用范围最广的一个称谓，但是笔者为了淡化该词的感情色彩，与国外相关研究保持对话，选择相对中性的"监狱警察"一词更为恰当。

写作中，部分田野资料和法律规范中使用了"监狱人民警察"一词，为了忠实于原文，则会出现如警察、未管所警察、监狱人民警察等多个称谓。根据未管所内设的组织机构，还会使用如监区警察、刑务与矫正办公室（以下简称刑矫办）警察等称谓。根据性别进行划分，还会使用男警、女警等称谓。如果涉及监狱以外的国家机关时，笔者会在"警察"前注明其机构名称，例如看守所警察等。

未管所内的监狱警察是自始至终伴随未成年犯在狱内成长发育最重要的一个群体，他们对未成年犯产生的影响作用势必超过任何人。未成年犯因为处在生理、心理和行为特征发育的关键时期，原本应由父母、亲人、教师、伙伴等人陪伴，但因其实施了较为严重的犯罪行为而被禁锢在国家的法定刑罚执行机构内，而这种发育过程不会因为成长环境的改变而终止。相反，为了确保未成年犯群体与其他青少年同样获得受教育的机会、条件,不至于被社会再一次边缘化,就需要未管所及警察给他们提供适宜的再社会化教育环境和实践。

三 教育改造

监狱中的教育即指监狱教育或罪犯教育。"监狱在刑罚执行过程中,按照法律要求,对罪犯实施的以转变犯罪思想、矫正恶习为核心内容,以促进其再社会化为基本目标的系统性影响活动。"① 许章润先生把则把监狱中的教育定义为"行刑机构为实现行刑目的而选择和使用的以必要的教育原理为依据、以再教育的形式出现的基本改造手段,是一种旨在通过强迫罪犯接受教育而矫正其主观构成的行刑活动"②。他进一步指出:"西方人的监狱教育仅指智育,附带职业训练,而将带有政治、宗教和道德意味的精神介体归入'教诲'之列。而当代中国监狱的教育改造是中西合璧的产物,偏重于政治和道德意义的灌输。"③ 一些西方国家对罪犯开展教诲主要指的是宗教感化,使其反省自己的罪行,能够忏悔和转变,也成为这些国家较为倚重的一种罪犯矫正手段。

正如乌申斯基所说,教育是一切艺术中最广泛、最复杂、最崇高和最必要的。教育改造中的"改造"一词最早可见于马克思、恩格斯的论述:"在再生产的行为本身中,不但客观条件改变着,例如乡村变为城市,荒野变为开垦地等等,而且生产者也改变着,他炼出新的品质,通过生产而发展和改造着自身,造成新的力量和新的观念,造成新的交往方式,新的需要和新的语言。"④ 这里的"改造"具有两层含义:一是改变旧的事物;二是塑造新的事物。"改造"一词经过苏联社会主义建设时期的锤炼,已经成为彰显意识形态的政治与历史话语,直接催生了苏联社会主义劳动改造学说的产生,并直接影响、催化了中华人民共和国监狱事业的萌芽、壮大和成熟。

1931 年,中华苏维埃临时政府通过制定《中华苏维埃共和国劳动感化

---

① 吴宗宪等主编《刑事执行法学(第二版)》,中国人民大学出版社,2013,第 275 页。
② 许章润:《监狱学》,中国人民公安大学出版社,1991,第 213 页。
③ 许章润:《监狱学》,中国人民公安大学出版社,1991,第 214~215 页。
④ 《马克思恩格斯选集》第 2 卷,人民出版社,2012,第 747 页。

院暂行章程》，明确提出对犯人实行感化教育是监所工作的基本任务，但受制于当时军事、政治斗争的严酷形势，还难免带有旧监狱的报复主义的恶习。① 当时革命根据地监所的教育感化工作包括上政治课、开办识字班、组织读报班、举行有益的文娱活动和进行个别教育。② 1942 年《陕甘宁边区司法纪要》明确提出边区监狱是"犯人的教育机关"。陕甘宁边区政府主席林伯渠在 1939 年至 1944 年的历次参议会上，提出抗日根据地监所应贯彻对犯人感化教育的思想。③ 毛泽东同志则分别在 1949 年 6 月 30 日发表的《论人民民主专政》一文、1950 年 6 月 23 日的《在中国人民政治协商会议第一届全国委员会第二次会议上的闭幕词》中，论述了对反动阶级残余分子实行劳动改造的历史必然性和可能性。应该说，这是对我国监狱劳动改造罪犯思想的最权威表述。

中华人民共和国对待未成年犯改造问题的态度是非常具有战略眼光的，早在 1954 年 9 月 7 日政务院颁布实施的《中华人民共和国劳动改造条例》（以下简称《劳改条例》）的第 3 条规定："对少年犯④应当设置少年犯管教所进行教育改造。"中华人民共和国第一部关于监狱的专门法律就严格区分未成年犯与成年犯管理上的差异，自此"教育改造"一词就与未成年犯教育工作形影不离。《劳改条例》的第 22 条规定："少年犯管教所，应当对少年犯着重进行政治教育、新道德教育和基本的文化与生产技术教育，并且在照顾他们生理发育的情况下，使他们从事轻微劳动。"到了 1982 年 2 月 1 日由公安部颁布的《监狱、劳改队管教工作细则》的第 96 条规定："监狱、劳改队应当结合劳动生产，对犯人实施政治思想教育和文化技术教育，把犯人改造成为拥护社会主义制度的守法公民和对社会主义建设的有用之材。"

素有监狱工作"母法"之称的《中华人民共和国监狱法》于 1994 年 12 月 29 日经全国人大常委会通过，标志着中国监狱工作开启了依法治监的新纪元。《监狱法》就未成年犯教育改造工作单列一章，其中第 75 条规

---

① 王福金：《中国劳改工作简史》，警官教育出版社，1993，第 7 页。
② 王福金：《中国劳改工作简史》，警官教育出版社，1993，第 14 页。
③ 王福金：《中国劳改工作简史》，警官教育出版社，1993，第 20 页。
④ 少年犯，是 1994 年《监狱法》出台之前对未成年犯的称谓，现统一使用未成年犯一词。

定:"对未成年犯执行刑罚应当以教育改造为主。未成年犯的劳动,应当符合未成年人的特点,以学习文化和生产技能为主。"随后在1999年12月18日,《未管所规定》以司法部令的形式颁布了第一部专门针对未成年犯教育、管理工作的部门法规。此后,司法部在2003年出台的《监狱教育改造工作规定》(参见附录,以下简称为《教改规定》),在2007年7月4日又下发了《教育改造罪犯纲要》(参见附录,司发通〔2007〕46号)。

"2015年7月16日,中共中央政治局委员、中央政法委书记孟建柱在全国监狱工作会议上强调,要以习近平总书记系列重要讲话精神为指导,深入贯彻落实党的十八大和十八届三中、四中全会精神,坚持把教育管理作为监狱工作的中心任务,不断提高监狱教育管理工作科学化水平,努力使更多的罪犯刑满释放后更好地融入社会,为促进公平正义、维护社会稳定作出新贡献"。[①] 从国家立法的发展历程和执政党的方针政策来看,监狱的教育改造工作则是监狱未来发展的重要取向,切实提高教育改造的质量与效益,最终实现罪犯的再社会化将是监狱工作的必然选择。

从表面上看,未成年人犯罪与成年人犯罪的犯罪行为及危害结果都具有一定的相似性,但是因为未成年人缺乏或仅有不完全的认知和控制能力,其犯罪行为是处于青春期向成年期过渡的一种自然现象,不像成年人犯罪具有主观故意的反社会性和主观恶性。"对未成年犯的教育是我国对青少年教育的重要组成部分,对未成年犯的教育也关系到国家的未来;对未成年犯的教育是社会挽救他们,让他们重新回归到社会的重要措施;对未成年犯的教育是综合治理未成年违法犯罪的重要环节"。[②]

"无论是美国、欧洲、日本,还是中国内地和香港特别行政区都意识到教育刷新的必要性,然而不同的文化背景、政治体制和社会政策,决定了各自过程的差异性"。[③] 所以,应在遵循《联合国预防少年犯罪准则》(《利雅得准则》)、《北京规则》、《保护被剥夺自由少年规则》等国际公约的条文内容、发展理念的基础上,积极维护未成年人合法权益,加强未成

---

① 孟建柱:《不断提高监狱教育管理工作科学化水平》,新华网,http://www.xinhuanet.com/politics/2015-07/16/c_1115950313.htm,最后访问日期:2019年8月2日。
② 吴宗宪等主编《刑事执行法学(第二版)》,中国人民大学出版社,2013,第229页。
③ 庄孔韶主编《人类学经典导读》,中国人民大学出版社,2008,第439页。

年人保护的立法，逐步推进未成年人权益保护事业发展，真正做到与自身国情、政治体制、社会制度、经济形态、人文历史等因素相适应。

第二节 相关研究的文献综述

一 关于教育的研究

（一）教育一词的溯源

谈到"教育"一词，我们就要从文字的起源来探寻该词的释义。在中国古代"许慎的《说文解字》中，用善来解释教育：'教，上所施，下所效也；育，养子使作善也。'可见'教育'的本义在于'使作善'"①。"中国古代的四书中，由孔子的弟子记载孔子言论、思想和活动的《论语》，《大学》，汉初流传的《学记》，唐代韩愈著的《师说》……为教育的理论提供了丰富的思想资源。"②

在国外，古希腊柏拉图的《理想国》、亚里士多德的《政治学》、古罗马昆体良的《论演说家的教育》都有关于教育的论述。捷克教育家夸美纽斯的《大教育论》提出"把一切事物教给一切人类"的教育思想。他表达了最为美好、最为宏大的教育理念，为后代的教育理论发展提供了思想的源泉。卢梭的《爱弥儿——论教育》，用小说体这种艺术的手法，抒发他憎恨封建时期的教育及对新教育的渴望。强调孩子的自然生长和发展应该"遵循自然"，应该培养"有见识、有性格、身体和头脑都健康"并具有独立人格的自然人。③ 之后的瑞士教育家斐斯泰洛奇、德国的教育家康德都受到卢梭思想的影响。比康德晚生半个世纪的赫尔巴特的《普通教育学》标志着科学教育学的诞生，使教育学成为一门非常严谨的社会科学。英国哲学家、社会学家和教育学家斯宾塞的教育代表作《教育论》《智育》《德育》《体育》《什么知识最有价值》等，提出了智育、德育、体育三种

---

① 励雪琴：《教育学是什么》，北京大学出版社，2006，第180页。
② 励雪琴：《教育学是什么》，北京大学出版社，2006，第21页。
③ 励雪琴：《教育学是什么》，北京大学出版社，2006，第35～49页。

教育并举的思想。

近代中国的教育学，五四之前是以德国的康德和赫尔巴特的思想为主，五四之后以学习美国的杜威为主，也开始接触马克思列宁主义的唯物论。中华人民共和国成立以后，苏联凯洛夫等人的教育学著作对中国产生了持久的影响。还有学者提出："教育是根据一定社会的现实和未来的需要，遵循年轻一代身心发展的规律，有目的、有计划、有组织地引导受教育者获得知识技能，陶冶思想道德、发展智力和体力的一种活动，以便把受教育者培养成为适应一定社会（或一定阶级）的需要和促进社会发展的人。"[①]

教育应当具有无私性、普适性、国际性，但是教育对象的复杂多样，也使得教育具有不同的意义。"教育原有一般和特殊之别，一般教育，系专对普通幼年人而设。至于低能、残废、疾病、不良、犯罪、各种之幼年，则为特殊教育之任务。"[②]

（二）人类学的相关研究

学术界公认的社会学三大导师之一的埃米尔·迪尔凯姆的《教育与社会学》《道德教育论》等著作都被奉为研究教育理论的经典。迪尔凯姆提出的教育定义是：教育是尚未成熟的几代人在社会生活方面接受年长的几代人所施加的影响。要使儿童的身体、智力和道德状况得到激发和增长，以符合社会对儿童所提出的整体标准，使儿童适应将来所生存的社会环境。

俄国教育学家乌申斯基早在19世纪50年代出版了《人是教育的对象——教育人类学》，首次提出了教育人类学的概念。到了20世纪上半叶，教育人类学已经正式成为一门独立的学科登上了人类学的历史舞台。[③] "自20世纪60年代以来，教育人类学已经取得了显著的发展。其作为人类学学术分支学科的身份已经被牢固地确立了。"[④] 以英美等国为代表的"文化教育人类学"与以德国等西欧国家的"哲学教育人类学"分别侧重研究

---

① 王道俊、王汉澜主编《教育学》，人民教育出版社，1989，第41页。
② 孙雄：《监狱学》，商务印书馆，2011，第149页。
③ 〔德〕克里斯托夫·武尔夫：《教育人类学》，张志坤译，教育科学出版社，2009，第2页。
④ 〔美〕J.U.奥布：《教育人类学/教育大百科全书》，石中英译，西南师范大学出版社，2011，第41页。

文化对人的教育的影响与讨论人本质特性和教育的关系。其中的文化教育人类学发展尤为快速，并大致分为两大类：一类是以课堂文化与社会组织为研究对象的微观民族志，另一类是教育与文化、经济、政治等因素相互作用的跨文化比较的宏观民族志。

微观层面的研究主要集中于学生—教师行为、教师角色与教学方法等问题。如斯平格勒夫妇分别在美国与德国的两所小学进行了控制比较方面的研究。[①] 宏观民族志较早的则有"米德关于萨摩亚青春期女孩开创性的研究表明，萨摩亚社会的女孩没有遇到美国青春期女孩所遇到的矛盾和紧张，又把马努斯和波利尼西亚养育孩子的实践研究结果应用到美国国内教育问题的讨论中"[②]。从研究成果的数量和重视程度来看，微观层面的研究要比宏观层面的研究多得多。

国内的教育人类学的研究已经具备一定的规模和体量，并呈现两个方向。一是注重教育人类学学科的建立与发展，这方面的研究较好地继承了教育文化人类学的研究成果，主张运用课堂民族志进行教学、教育与相关文化的研究，其中冯增俊的《教育人类学刍议》一文，标志着教育人类学概念在中国大陆首次出现。[③] 二是注重运用民族志研究少数民族的教育问题，国内的研究主要集中于对民族地区教育发展状况的研究，其中较具有代表性的有滕星著的《族群、文化与教育》，李小敏博士的《村落知识资源与文化权力空间——永宁托支村的田野研究》，袁同凯博士的《走进竹篱教室——十瑶学校教育的民族志研究》，巴战龙博士的《人类学视野中的学校教育与地方知识——中国一个西北乡村社区的现代性百年历程（1907~2007）》，等等。随后从关注少数民族的教育问题逐渐扩大到汉族的正规和非正规教育，代表作有丁钢主编的《历史与现实之间：中国教育传统的理论探索》《中国教育：研究与评论》，钱理群、刘铁芳主编的《乡土中国与乡土教育》。

---

① 〔美〕J.U.奥布：《教育人类学/教育大百科全书》，石中英译，西南师范大学出版社，2011，第55页。
② 〔美〕J.U.奥布：《教育人类学/教育大百科全书》，石中英译，西南师范大学出版社，2011，第54页。
③ 吴晓蓉：《中国教育人类学研究述评》，《民族研究》2010年第2期。

教育人类学以特有的叙事、描述方式可以"接近在中国教育空间里发生的各种'真相',在其中,有着各式各样的人物、思想、声音与经验,他们会聚在一起,构成了等待我们去考察的教育事件,而这些事件的流动性及其复杂意义常常只有通过叙事方式才能表达出来,尤其是事件中的个人'生命颤动'的揭示"①。能够用教育人类学审视作为国家刑罚执行机关的监狱还是具有一定挑战性的。教育梦想、人类完善、社会化以及犯罪问题都显示了人类学理论在教育中的重要地位。②

除了教育人类学的研究以外,国内也有很多学者研究教育问题,他们大多把教育作为当地人文化生活中的一部分,又多与族群历史、社会认同、生计方式、亲属制度、风俗习惯、民族情感等内容糅合在一起,使得教育成为更广泛意义上的文化产物。例如中山大学周大鸣教授的《凤凰村的变迁》就是在美国社会学家葛学溥(D. H. Kulp)的《华南的乡村生活》的基础上展开的追踪调查。"从凤凰村的教育,我们可以看到中国乡村社会教育发展的一个缩影。"③ 文中还涉及男女教育机会平等、学校教育与村落社区、乡村教育联系实际、儒家传统终结与乡村社会重建、经济发展与文化教育等问题,进一步提出"实现乡村的现代化最重要的是提高人的素质,而提高素质的主要途径是加强文化教育"的科学论断。④

二 关于未成年犯的研究

与未成年犯密切相关的概念有越轨青少年、青少年罪犯、未成年犯罪人、未成年服刑人员等,笔者从法学、犯罪学、人类学等学科进行文献梳理。

(一)法学、犯罪学的相关研究

三十年前,在刑事犯罪日益猖獗、人民群众诉求激烈的背景下,政府

---

① 司鸿昌:《嵌入村庄的学校——仁村教育的历史人类学研究》,教育科学出版社,2009,第25页。
② 〔德〕克里斯托夫·武尔夫:《教育人类学》,张志坤译,教育科学出版社,2009,第7页。
③ 周大鸣:《凤凰村的变迁》,社会科学文献出版社,2006,第238页。
④ 周大鸣:《凤凰村的变迁》,社会科学文献出版社,2006,第242页。

威信和社会秩序亟须有广泛号召力和共识认同的"社会问题"的破解来恢复，青少年犯罪恰好迎合了当时的政治与社会的需要，也成为青少年犯罪研究迅速勃兴的重要原因。① 中国的犯罪学也在青少年犯罪研究的大潮中得以萌生、发展和壮大。② 随后，青少年犯罪研究虽不及当初孕育中国犯罪学时那般具有举足轻重的首领作用，但还是会有其在法学、犯罪学领域的一席之地。

纵观近三十年青少年犯罪研究的发展历程来看，因其核心概念的模糊化，法学、犯罪学发展的精细化和技术化以及国家出台的政策性文件精神的改变，青少年犯罪研究则慢慢出现了未成年犯罪人研究与青年人犯罪研究的分野。自从2000年以来，关于未成年犯罪人的研究已经渐入佳境，其中有2001年莫洪宪、康均心主编的《未成年人权益保护及救济理论与实务》；2004年关颖的《城市未成年人犯罪与家庭》，张利兆主编的《检察视野中的未成年人维权》；2007年狄小华、刘志伟主编的《恢复性少年司法理论与实践》；2010年张远煌主编的《未成年人犯罪专题整理》；2011年赵国玲主编的《未成年人司法制度改革研究》，张蓉的《未成年人犯罪刑事政策研究》；2013年郭开元主编的《未成年人法制教育和不良行为矫治研究报告》；2015年姚建龙主编的《保护与惩罚》；等等。国内还有《青少年犯罪问题》《青少年犯罪研究》《青年研究》《中国青年研究》《青年探索》等刊物成为青少年犯罪学术研究的主要阵地之一。

以未成年犯为研究对象的理论成果数量在《监狱法》出台之后有所增加，涉及未成年犯的教育、管理、权利保障、社会帮教以及出狱保护等内容，专门从事未成年犯研究的人员和机构主要集中在司法行政机关和少数政法院校内，研究方法以文献研究、问卷调查和焦点座谈会等为主，缺乏与未成年犯长期交流、互动，无法深入了解其心理、行为特征，更难以建立一种相对稳定的信任关系。这一类研究大多从法学、犯罪学的理论出发，在研究视角和学术创新方面存在较明显的缺陷。

上述研究成果的学术价值是不能忽视的，但是必须指出以下几点。一

---

① 姚建龙主编《中国青少年犯罪研究综述》，中国检察出版社，2009，第6页。
② 皮艺军：《犯罪学研究论要》，中国政法大学出版社，2001，第318~319页。

是模糊了未成年犯罪人与未成年犯两个概念之间的界限。他们在现实中则是两个有交集但存在巨大差异的群体。二是现有的研究成果往往缺乏扎实的、深厚的实证调查作为基础。正如中国台湾地区一些学者所评价的那样，很多人靠着玄想功能就对所有偏差现象、越轨行为和违法事实进行负面的价值判断，这些研究成果大多缺少实证研究为依托，然而一些其他专业背景出身的实务工作者或者有兴趣进行研究的专业人士都可以对此问题进行研究。①

（二）人类学的相关研究

科学主义人类学的奠基人马林诺夫斯基在1926年出版的《原始社会的犯罪与习俗》，是他在特罗布里恩德群岛所做的开创性的科学调查，是其获取当地原始部落生活的大量资料，而后围绕法律、秩序、犯罪等概念展开论述的一部专著，也是他首次将田野调查的方法论体系运用到原始社会内部的有关犯罪问题的研究中。

20世纪20年代前后的芝加哥学派，特别是芝加哥大学的师生对城市中贫困、犯罪等社会问题进行了大量卓有成就的研究。"芝加哥学派使亚文化从一种地下和边缘文化的猎奇对象转变为社会学研究对象，主要研究了青少年越轨亚文化（Dexiant Subcuiture）。"② 20世纪下半叶以来，城市中的青少年犯罪、帮派犯罪、毒品犯罪等问题成为法律人类学与都市人类学共同关注的主题。人类学"对符号的认知、对象征的阐释、对结构的解读、对实践的反思、对权力的解构，以及对全球化和地方化的重新认识，逐步拉近了人类学的理论研究与现实的社会生活之间的距离，从而使人类学成为一种文化批评的工具，一种对人类常识的追问……社会科学理论与方法的相互渗透，一方面使得人类学与其他社会科学之间的界限逐渐变得模糊，另一方面也为人类学理论的发展增添了新的活力。"③

著名的社会学家、人类学家费孝通先生也认为：监狱是一个迥然不同的社会，还是社会学研究者观察、了解社会的一个重要窗口。目前，已有

---

① 林山田、林东茂、林灿璋：《犯罪学》，台北：台湾三民书局，2007，第5页。
② 胡疆锋：《亚文化》，《文化研究》2006年第6辑。
③ 周大鸣主编《文化人类学概论》，中山大学出版社，2009，第37页。

国内学者开始运用人类学理论涉足有关犯罪和法律的研究领域,其中关于监狱的人类学研究可谓异军突起,其中孙平先生的《监狱亚文化——以珠江三角洲监狱的人类学研究》,则把理论延伸到了监狱这样一个对外界似乎还保持着神秘感的特殊场域,开辟了法律人类学研究的另一块处女地。之后还有宋立军的《超越高墙的秩序——记录监狱生活的民族志》、王飞的《民族文化背景下的犯罪与矫正:对两所监狱少数民族服刑人员的法律人类学考察》等成果。

三 关于未成年犯教育改造的研究

(一) 监狱学的相关研究

清末著名的法学家沈家本主张"丁年①以内乃教育之主体,非刑罚之主体","略同监狱,实参以公同学校之名义"。通过类似于今天监狱学校教育的形式挽救感化未成年犯,这是未成年犯罪人教育史上的首倡,具有划时代的历史意义。② 郭明先生认为,由沈家本聘请的日本监狱学家小河滋次郎参与了中国历史上第一部独立的监狱法典的起草和制定,奠定了晚清及民国时期监狱宗教教诲与教育的地位,在这之后的民国著名学者王元增、赵琛、孙雄、芮佳瑞、李剑华等人在自己的著作中都有关于少年监狱教育的论述。张东平先生的《近代中国监狱的感化教育研究》更是论述近代中国感化教育的集大成者。他指出,监狱行刑制度在移植西方行刑文化后实现了自身的转型,教育刑成为当时行刑制度最重要的特征。民国时期的行刑在理论和实践两方面扬弃了之前的感化主义思想,并促成了现代监狱教育的基本趋势。

中华人民共和国成立之后,人民政府废弃了国民党统治时期的"六法全书",废除了一切带有专制、独裁色彩的法律法规,借鉴苏联的劳动改造模式,并直至20世纪90年代,延续了以马克思主义劳动改造理论支撑的罪犯教育逻辑。在此期间出版的教材和著作都很难突破既有的理论框架。到了21世纪,未成年犯教育的研究则迎来了激情勃发的局面。王伯龄

---

① 中国以十六岁为丁年,丁年以内就是未满十六周岁的未成年人。
② 万安中主编《中国监狱史》,中国政法大学出版社,2003,第3~4页。

的《青少年罪犯的改造》、涂义文的《少年犯改造心理学》、鲁加伦的《中国未成年犯改造研究》、储槐植的《外国监狱制度概要》简明扼要地介绍了美国、德国、法国、日本四国的少年司法保护制度，提出实现未成年犯矫正的几点宝贵意见。刘强的《美国犯罪未成年人的矫正制度概要》详细介绍美国的未成年人罪犯的矫正制度。于爱荣的《四维矫正激励——基于未成年犯的视角》、刘最跃的《论未成年犯的教育改造》对未成年犯教育改造的内容、特点、手段和革新进行论证。

国外第一本把监狱作为一个整体社区研究的专著是克莱默（Clemmer）的《监狱社区》（*The Prison Community*），在这之后监狱得到越来越多学者的关注，从不同的学科视角对它进行研究。除了从比较狭窄的监狱学、监狱管理角度，更多的研究结合不同的社会和政治理论对监狱人口、管理、狱内行为变化做出分析。其他常见研究视角包括性别，如女子监狱研究或男子监狱与男性特质。运用民族志和定性研究方法进行单个监狱案例研究是监狱研究最常见的研究方法。其中最常见的两种方法就是参与式观察和深度访谈。用个人生活史方法进行监狱研究的一般是关于出狱后的再犯罪率，结合个人生命史的研究重点在罪犯或刑事人员个人的犯罪或再犯罪原因上，而非监狱本身。虽然国外的研究较为常见，但是因为文化传统、历史背景、法律制度、监狱沿革等方面存在巨大差异，本书研究的中国未成年犯的教育改造还是有其独特的属性和内涵。对比国内而言，从教育学、法学、管理学、心理学、社会学、犯罪学等学科角度研究未成年犯教育的期刊论文、博硕学位论文都不乏其人，但运用人类学理论和方法且长期从事田野调查研究的尚属首次。

（二）人类学等学科的相关研究

人类学家本尼迪克特的《菊与刀》探讨日本文化对儿童教育的两面性和不连续性造成国民爱美而又黩武、崇礼而又好斗、保守而又善变、忠诚而又叛逆的双重性格，乃至塑造了日本民族特有的国民性。作为本尼迪克特挚友的米德所著的《成年》一书，重点研究了美属萨摩亚群岛少女们的青春期成长经历，考察了当地社会抚育儿童成长的经验与技术。米德的基本假设是，如果青春期的叛逆表现是与生俱来的，那就应当存在于所有社会。西方社会青少年出现的叛逆、躁动、桀骜不驯等青春期不良反应，给自身社会带来了不胜枚举的困扰和烦恼，那么，南太平洋群岛的美属萨摩亚社会也应该有同样的问题。然而，萨摩亚社会的未成年人从小处在相对轻松、随和且避免为作出重大选择而产生压力的成长环境中，能够逐渐培养其成长需要的观念、知识与技能。这种社会环境既保证了未成年人健康、快乐地发育成长，不会出现像西方社会未成年人那种叛逆青春期的不良反应，又使得他们能够非常好地适应自身的社会角色，实现其成功的社会化进程。

当米德离世后，澳大利亚人类学家弗里曼对她描述的温馨、与世无争的萨摩亚社会提出了反驳，指出根本不像米德描述的是悠然自得、广泛轻松放任的随和景象，而是一个充满矛盾、冲突和对抗的社会。一些人质疑弗里曼为何不在米德生前提出自己的反对意见，还一直与米德保持良好的沟通关系，并存在故意夸大萨摩亚社会暴露出严重冲突一面的嫌疑。米德的理论和声誉虽然受到一定的影响，但是仍然无法否定《成年》一书提出的问题及认识未成人教育具有的巨大价值。

不论米德与弗里曼的结论孰对孰错，但都必须承认青少年一定与他们的教育者及所处的社会环境有关。我们看到当今社会出现越来越多的青少年犯罪现象，但是应该清醒地认识到："犯罪不是别的，不过是文化的一个侧面，并且因文化的变化惹人发生异变，它是依据集体的一般文化而出现的，它既不是一个离体的脓疮，也不是一个寄生的肿瘤。它是一个有机体，它是文化的产物"①。未成年人之所以犯罪主要是因为受社会不良文化的侵袭，在特定时空环境里，受到外界因素的刺激而实施破坏社会秩序、侵犯其他成员或者社会公共利益的严重越轨行为。未成年犯的罪与错主要和社会提供给未成年人成长的社会环境有关，并由他们通过社会教育所习得的价值观念、宗教信仰、伦理道德和生存技能所决定。

"青春期现在已不被看成是一个生理变化的时期"②，这一点则暴露出米德过于轻视生理因素对于未成年人成长的影响。已有的科学研究证明，

---

① 严景耀：《中国的犯罪问题与文化变迁的关系》，北京大学出版社，1986，第2页。
② 〔美〕玛格丽特·米德：《萨摩亚人的成年》，周晓虹、李姚军、刘婧译，商务印书馆，2010，第213页。

"人类大脑的进化,童年期和青春期的形成,促进了人类特有的社会和文化学习的发展,这是人类能够成功进化的部分原因"[①]。青春期的发育是所有未成年人成长都必须面对的客观现实,尤其是女孩子10岁以后、男孩子12岁以后开始进入了从婴儿早期以来成长速度达到最快的时期,这一时期开始的标志是成长速度突然地和迅速地提高。[②] 同处在青春期里,有人会成为出类拔萃的国家精英,有人则满足于过着自给自足、普通平凡的生活,还有人年纪轻轻就走上了犯罪的道路,犯下了不可饶恕的严重罪行。在我国,这些严重越轨的青少年将在未管所内实现自己的人生救赎。

笔者从人类学的视角解构未成年犯的教育现象,扎根在未成年犯生活的各种场景中,通过长期的田野调查,力求探索教育改造未成年犯的文化根基与适宜的社会环境。作为一名受过人类学专门训练且长期关注未成年犯的理论工作者,自己有责任、有义务、有条件去关注、关心、关爱这一群体。"用人类学知识来解决教育问题的应用研究将会越来越多……人类学对于教育系统的运行和如何使教育系统更好地运行有了更多的了解。"[③]

第三节 田野点介绍

一 田野点的总体概况

(一) 基本情况

本书的田野点有一个美丽的名字——雨露未管所。狱方把重塑未成年犯灵魂,助其重获新生的理念概括为"雨露精神",寓意是像雨露一样滋润他们的心田,对未成年犯施以春风化雨般的教育改造,这一理念也被大

[①] 〔美〕J.U.奥布:《教育人类学/教育大百科全书》,石中英译,西南师范大学出版社,2011,第126页。

[②] 〔美〕J.U.奥布:《教育人类学/教育大百科全书》,石中英译,西南师范大学出版社,2011,第125页。

[③] 〔美〕J.U.奥布:《教育人类学/教育大百科全书》,石中英译,西南师范大学出版社,2011,第42页。

多数警察认同,故有"雨露未管所"的美名。该所成立于1955年,占地面积25万平方米,是一所花园式和校园式的单位。建所以来,累计收押改造近5万名未成年犯。1979年,被公安部指定为对外开放单位之一,迄今为止,接待30多个国家和地区的外宾达3000余人次。1985年、1994年,分别两次被司法部记集体一等功。1994年,还被司法部认定为全国监狱系统的优秀特殊学校。2002年、2004年、2005年、2006年又先后获得国家级、省部级等多项荣誉称号和奖励。

雨露未管所押犯2400多人[①],其中未成年犯占总人数的一半以上,女学员有50人左右。未管所在编警察590多人,其中所领导9人。未管所在东、西区[②]的高墙范围内总共安装摄像探头200多支。监控范围基本覆盖各监区习艺劳动现场、生活现场、学习现场、走廊通道、室外活动场地、监区空旷地带及其他重要设施。监控系统已经接入监狱的局域网,所领导、职能部门、监控值班警察均可通过内部网络实时察看各监控点画面及一周以内的视频资料。监狱围墙装有红外线自动报警系统,在指挥中心和网络平台均可以通过电子地图对报警方位快速锁定,实现了对监管区[③]场所80%以上区域的覆盖。

(二)相关组织机构介绍

雨露未管所自2012年实施大部制改革[④]以来,将原来的科室整合为办公室、狱政管理办公室(以下简称"狱政办")、刑矫办、劳动改造与安全生产办公室(以下简称"劳安办")、规划财务室、政治处、监察审计室、

---

① 在2015年底的特赦实施之前,雨露未管所押犯大约3000人。到了2016年上半年,学员总数基本维持在2400人以内。出于有投入新犯、罪犯刑满释放等因素,押犯总数及各监区人数呈动态变化,但对于论文写作的影响可以忽略不计。
② 出于历史原因,雨露未管所的监管区分为两个独立的区域。因其地理位置习惯称之为东、西监管区(以下简称为东区、西区)。目前西区主要关押14~18周岁的未成年犯,东区主要关押已满18周岁的成年犯。
③ 监管区主要指监区,还包括罪犯劳动、学习和生活等延伸的工作区域,例如罪犯外出就医、会见等情况。
④ 大部制改革指某省将监狱原有的狱政科、教育科、刑罚科、狱侦科、生活卫生科等职能部门整合,改制为"七室一中心"的架构,有些警察工作岗位的职责和实际工作量有变化,但并未改变学员的基本改造模式。

监控指挥中心等部门,简称为"七室一中心"。还设有工会、团委等群团组织。未管所的内设机构还包括公司的办公室、企业财务部、生产经营部以及东、西区共14个监区。还有一个特勤监区,不负责收押学员,负责监管区域的安全,执行上级领导或协助其他监区的警戒任务。

雨露未管所的刑矫办是负责全所学员教育改造的主要职能部门,下设教务处、教育科、刑罚科、心理矫治中心(以下简称心矫中心)和电教中心等分支机构。教务处主要负责学员的文化教育,包括扫盲教育、初等教育、初级中等教育的教学大纲和教学计划的制定、教材的选择、教学活动的组织、督导和考核,自考的报名、统计以及承办考试等工作。教育科主要负责指导、协调、督导、考核各监区开展学员的思想教育、职业技术教育、社会帮教、各种文体活动等以及调配教育活动经费。刑罚科负责全所学员的减刑、假释、暂予监外执行的初审、报送、协调以及其他相关内容。心矫中心负责组织、协调全所的心理健康教育,为学员开展心理咨询和心理干预等。电教中心负责制作、播放各种教育活动的教育视频并为其他部门工作提供摄影、摄像等技术支持。

东区有六监区、七监区、八监区、九监区、十监区、十一监区,各监区有独立的监舍区和活动场所,习艺劳动车间则在同一栋大楼。西区有一监区、二监区、三监区、四监区、十二监区(入所监区,负责收押新犯,组织入监教育),每个监区的监舍区、习艺劳动区以及活动场所基本都在一栋楼;五监区(女学员监区)、十三监区(出所监区,负责学员伙房、即将刑满释放学员的出所教育及学员休假中心)、医院监区(为服刑学员提供医疗服务,协调全所学员的医疗保健和卫生防疫等)都在独立的区域。

每个监区都有独立的劳动、生活、学习空间,实施封闭式管理,学员是不能在监区之间随意流动的。日常管理都是在法律法规的框架下,遵照、贯彻、落实上级机关的指示,由监区负责开展具有鲜明特色的教育管理活动,或者说体现监区主要领导(一般是指监区长和教导员)的工作思路和风格,彼此之间互不干涉。监区之间的往来与合作,主要体现在狱方组织开展的活动中,如心理健康操、太极拳、文化体育节、九年义务教育等。各监区学员之间的交往是受到严格控制的,防止学员私自窜监窜号,确保 24 小时不脱离警察的监控。监狱实行严格的罪犯劳动岗位固定、罪犯队列站位固定、学习座位固定、就餐席位固定、睡觉铺位固定的"五固定制度",还有安排两名表现较好学员夹控一名表现较差学员的"包夹制度①"等一系列手段、措施,最大限度地防范学员可能发生的各类监管安全事故。

二 微观田野点介绍

为了对未成年犯的教育改造生活进行全景展示,笔者就必须先对监狱所有相关职能部门进行充分了解。监区作为未管所教育改造未成年犯的基本单元,是监狱警察与学员之间互动最多的空间,这也是未成年犯教育改造生活最集中的场域。慎重选择1~2个监区作为微观的田野点,是非常关键的。

2013~2015 年连续三年的 10 月至 11 月,笔者都作为指导教师带领所在警校的学生赴雨露未管所实习。指导学生实习期间,自己时常到学生所在的各个实习岗位走访,询问学生的实习状况,讲解监狱执法工作中的知识难点和热门事件,听取学生分享实习过程中的点滴收获,与学生所在部门的警察沟通、交流,随时协调警院与未管所、学生与警察之间的关系。笔者还主动邀请一些有意愿的学生参与到田野调查中,一起搜集图片、音频、视频、文字以及未成年犯的生活见闻等各种资料。警校实习生还可以初步掌握田野调查的经验和技巧,有助于完成自己的毕业调查报告,真正实现实践教学的师生"共赢"。

2014 年 3~8 月,笔者赴未管所主管教育改造工作的职能部门——刑矫办挂职,与那里的多名警察建立良好的私人关系,还共同合作开展调研、写作,在省法学会"预防未成年人犯罪"研讨会征文、中国监狱工作协会教育改造专业委员会年度征文等活动中获奖,还以准"外援"身份参加未管所的羽毛球比赛,拿到总分第一名的好成绩。2015 年 4~5 月,笔者又到省局狱政处挂职,从上级管理机关的层面获得对教育改造工作的很

---

① 包夹制度,也称之为夹控,是指大陆地区监狱总结出的一种罪犯自我监督的管理制度。通常由两名表现较好且深得警察信任的罪犯负责监督另一名有再犯风险或有其他危险因素的罪犯,积极预防监管安全事故发生。

多感性认识和写作素材。2016年4～6月，笔者又赴同一监区调研两个多月。同时，笔者还要利用各种机会到刑矫办、狱政办、劳安办、入所监区、医院监区、出所监区、特勤监区及其他职能部门调查，只有这样才能涵盖未成年犯改造生活的各个环节。

笔者最终选定W监区作为调查的微观田野点。W监区的监舍面积达1300平方米，活动场所面积达1290平方米，生产区面积达1300平方米。现有警察25人，男性警察24人，女性警察1人。16人本科毕业，9人大专毕业。监区领导班子共5人，监区长1人，教导员1人，分管教育、狱政、生产的副监区长各1人。监区下设2个分监区，各设正、副分监区长1人，其余15名警察为管教员，1名女性警察为监区内勤。

W监区从2015年2月1日起，实现了半天劳动半天学习的制度，即周一到周六上午组织习艺劳动，周一至周五下午符合条件的学员参加九年义务教育，余下的人参加其他形式的教育活动。该监区为男学员监区，标准押犯容量为220人。2014年下半年某月押犯262人，其中无期徒刑2人，有期徒刑260人。从文化程度来看，高中学历2人，初中学历174人，小学学历84人，文盲2人。① 从罪名来看，抢劫罪203人，占77.5%，强奸罪27人，占10.3%，故意伤害罪26人，占9.9%，盗窃罪7人，占2.7%，故意伤人4人，还有非法持有枪支、诈骗、强迫卖淫、绑架、聚众斗殴、猥亵儿童等罪名，其中犯有两种及两种以上罪名的17人，占6.5%。监区押犯数量会因监狱调整押犯布局、国家特赦、未成年人犯罪总量等因素出现波动。例如2015年底，监区共有学员245人。在2016年初就有56人被特赦，到同年5月底，监区共有189人，其中值班员12人。

因为五监区是女学员监区，根据有关法律规定，男警不能在女监或女学员监区从事一线执法工作，这也使得笔者的调查受到诸多限制。笔者只能通过与相关职能部门警察一同实地考察，对女警、女学员进行访谈，查阅档案材料，参与狱内的集体活动以及合作研究课题等。另外一个信息来源，就是笔者指导警校实习的女生，请她们提供素材以此来弥补女学员研究所遭遇的"先天不足"。图1-1为雨露未管所西区手绘平面简图。

---

① 学历统计一般以罪犯填报信息为主，狱方无法全部核实，所以会存在少数罪犯虚报学历。

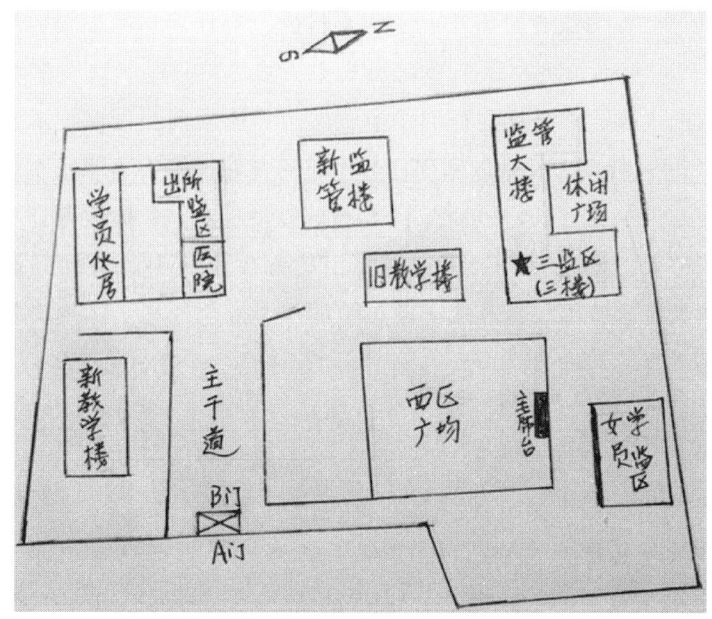

图 1-1 雨露未管所西区手绘平面简图

第四节 学员服刑生活的基本常识

一 学员教育的主要形式

(一) 监狱教育的"传家宝"

"集体是以社会主义的结合原则为基础的人与人的互相接触的总体。"[1]而且,集体不能简单等同于一群人,是一个有目的性地组织起来活动的机构,应该是一个有活动能力的机构。这是集体的首要特征。集体要变成社会的有机体,永远具有这样的集体性,不能变成普通聚集起来的一群人。[2]

集体教育是监狱开展教育的一种主要形式,通常是以一定数量(三人

---

[1] 〔苏〕A.C. 马卡连柯:《马卡连柯教育文集》,吴式颖等译,人民教育出版社,1985,第121页。
[2] 〔苏〕A.C. 马卡连柯:《马卡连柯教育文集》,吴式颖等译,人民教育出版社,1985,第429页。

以上）的罪犯作为教育对象开展实施有目的、有计划、有步骤的一系列教育活动。"正是在这种集体反应的形式中，集体不仅是教育的客体，而且也是教育的主体，因为在这种形式中，能使集体学到积极保护本身利益的经验。"[①] 这种教育形式可以利用已经形成的良好氛围去给罪犯个体施加心理压力，使得少数"居心叵测"的人不敢轻举妄动。集体教育还可以帮助监狱节约警力，提高教育效率，主要用于解决犯群中的共性问题。所以说，集体教育是我国教育改造未成年犯的一大法宝，把集体主义教育观贯穿于全部教育活动的始终。[②]

集体教育是监狱各部门都十分看重的一种教育形式。既可依托传统的课堂讲授，如聘请校外教师开展九年义务教育，又可引入电化教学、多媒体资源等，用闭路电视系统在狱内进行播放。教育的内容涵盖了道德教育、法制教育、文化教育、职业技术教育、心理健康教育等，覆盖面相当广泛。教育的主体既有监区、刑矫办、狱政办、劳安办等职能部门的警察，也有高校、企业、非政府组织、司法机关、政府机关等机构的人员参与。

（二）润物细无声的个别教育

"个别教育是指为解决罪犯个体存在的特殊问题而采取的一种单独地面对面的思想影响或知识技能传授的活动。"[③] 个别教育体现了因人施教原则，是为了解决各个罪犯的具体问题。[④]

监狱积极运用知识、技术、经验并通过富有神奇力量的语言凸显依法治监的软实力，特别是通过语言、文字、图画等符号表达出来，从而实现对罪犯的宣传引导和积极干预。在司法实践中，个别教育方法包括个别谈话、个案心理矫治等形式。其中最为常见的就是个别谈话，这里我们重点介绍一下个别谈话。它是警察与罪犯之间用语言沟通的一种主

[①] 〔苏〕A.C. 马卡连柯：《马卡连柯教育文集》，吴式颖等译，人民教育出版社，1985，第193页。
[②] 〔苏〕A.C. 马卡连柯：《家庭和儿童教育》，丽娃译，上海人民出版社，2011，第11页。
[③] 王祖清、赵卫宽主编《罪犯教育学》，金城出版社，2003，第107页。
[④] 王明迪主编《罪犯教育概论》，法律出版社，2001，第71页。

要形式,也是改造罪犯的一个重要阵地。常常表现为警囚①之间的斗智斗勇,也被称为"没有硝烟的战场"。个别谈话可以是一次谈话也可以是一系列谈话,持续的时间与谈话对象、话题以及进展情况等因素有关。个别谈话既要符合未管所监管、教育工作的整体安排,体现监狱警察的个性特征,又要兼顾未成年犯的心理状态、文化程度和现实需求等方面。个别谈话的时机和地点往往是根据警察工作的需要,有时也会迎合罪犯的合理诉求或意愿,但是谈话的主动权还是牢牢掌握在监狱警察这里。

教育过程中,个别谈话的表现形式可谓五花八门,有时是警察与学员之间轻描淡写的寥寥数句,有时是警察对罪犯关怀备至的关心和问候,有时是罪犯向警察寻求情感上的支持与安慰,有时是罪犯主动要找警察帮助解决生活中的疑难杂症;等等。《教改规定》第 17 条还规定了监狱警察必须进行个别谈话的十种法定情形。②

作为参与个别谈话的监狱警察与罪犯两个群体而言,他们对于这种双向的信息交流表现出来的意愿一般会有较大差别。如果是警察主动找罪犯谈话,要么是受法律的规范和约束,要么出于警察对教育工作的热爱,罪犯往往不会拒绝警察的"主动邀约"。狱方推出的"下仓"制度就是主动向罪犯伸出的"橄榄枝",倾听学员的心声,帮助其解决力所能及的困难,一改往日警察高高在上的态势,进而寻求平和、对等的氛围,有利于实现"警察—成年人"与"学员—未成年人"之间的心灵对话。

二 习艺劳动的总体概况

"劳动是社会的人的不可或缺的责任。任何一个公民,无论他是贫或是富,是强或是弱,只要他不干活,就是一个流氓。"③ 中华人民共和国成

---

① 警囚一词,属于监狱场域内的惯用语,在狱内泛指警察与罪犯两个群体。
② 个别谈话法定的十种情形是:①新入监或者服刑监狱、监区变更时;②处遇变更或者劳动岗位调换时;③受到奖励或者惩处时;④罪犯之间产生矛盾或者发生冲突时;⑤离监探亲前后或者家庭出现变故时;⑥无人会见或者家人长时间不与其联络时;⑦行为反常、情绪异常时;⑧主动要求谈话时;⑨暂予监外执行、假释或者刑满释放出监前;⑩其他需要进行个别谈话教育的。
③ 〔法〕卢梭:《爱弥儿》(上卷),李平沤译,商务印书馆,1996,第 262 页。

立之初,监狱强制罪犯劳动就是本着"不让其坐吃闲饭"的初衷。到了今天,罪犯劳动的意义更多地体现在灌输他们勤奋致富的观念,培育团结协作意识,培养实用的生产技能,提升罪犯回归社会的适应能力。未成年犯的劳动改造是以培训适合未成年人身心发育特征、符合个人兴趣爱好的专业技能,称之为习艺劳动。与成年犯的生产活动相比,劳动产量和经济效益不应该是狱方衡量未成年犯习艺劳动优劣的标准。

(一) 主业生产项目介绍

雨露未管所的习艺劳动以狱内手工业为主,从事电子元器件、金属零部件、半成品包装等项目。每个监区的产品种类往往由监狱成立的公司负责统筹协调,从原材料配送、生产工艺培训、安全生产培训到产品质检和销售均由与监狱公司签订劳动合同的企业负责,这种主要负责技术指导的人员称为外协师傅。① 各监区负责学员的组织调配、现场秩序、日常监管等事务,生产流程在一个监区就可完成,生产效益作为监狱系统的一个考核工作指标,未管所在上级机关的考核中,有时也难以置身事外,在不同监区之间会关注产值和效益,但前提是必须确保不出现严重的监管安全事故。

W监区是男学员监区,主要从事电子表芯的装配加工,由福建一家公司向监区提供原材料、生产工具和设备,并派驻一名外协师傅提供技术支持和指导,将合格的半成品机芯运回厂家加工为成品。监区提供劳动车间场地、人员,进行组装、检测、包装、次品回收。

制作电子表芯有着严格的生产工序。图1-2为电子表芯习艺项目流程。

能够参加习艺劳动的学员分为三个技术等级:一类一级,身体和精神正常的学员;一类二级,轻微的病残学员;一类三级,新入监的学员。成年犯一旦固定在某一工作岗位上,考虑到生产技术的熟练程度,较少调整岗位。每一个岗位都有额定工作量,完不成任务要受到批评,超产则有加

---

① 外协师傅是监狱内对企业技术管理人员的一种特定称谓,一般为派驻在监区协助警察开展技术指导、培训与管理的工作人员。外协师傅同样要严格遵守监狱的各项管理规定,其无权介入罪犯的监管、教育工作。

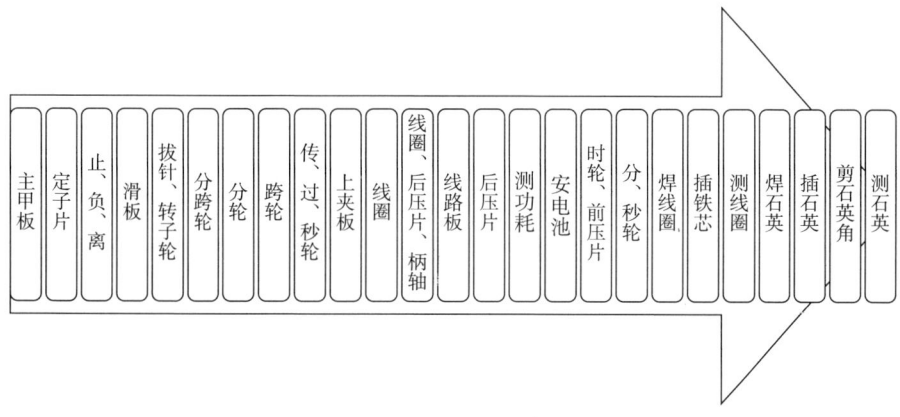

图 1-2 电子表芯习艺项目流程

餐、按超产部分的 30% 作为奖励直接存到成年犯的资金账户。①

每个月按照学员的产品质量和产值，按实际需要划分为五个等级。其中一等有 6 颗星，二等有 5 颗星，三等有 3 颗星，四等有 2 颗星，五等有 1 颗星。当学员每月累计有 5 颗星时就可以得到 1 次嘉奖②，累计 6 次嘉奖（30 颗星）就可以得到 1 次表扬。③ 每年年底，按照改造成绩评出全所的改造积极分子，再选拔出更优秀的个人参加省局的评选。学员所获得的改造成绩将与狱内减刑、假释的工作直接挂钩。

女学员监区的习艺劳动管理模式与其他监区基本一致，只是生产项目有所不同，女学员人数保持在 50 人上下，主要从事手机贴膜半成品的粘贴、包装。产品分为普通膜和大膜两种，生产工序是粘贴 1、2 面，装内袋，贴大贴、贴小贴和装外袋贴封口。在车间的一个角落，还有 5 名女学员正在进行广绣的学习与训练，劳动强度相比其他学员略低，考核的工作量也较易

---

① 狱内服刑罪犯不能持有现金及其他贵重物品。资金账户通常由监狱指定人员代为管理，罪犯每月按处遇级别等标准进行支配使用。待罪犯刑满释放，狱方将其劳动所得、汇款、利息等款项结算后悉数返还罪犯本人。

② 嘉奖是指监狱管理中，狱方使用的最低级别的行政奖励措施，一般从认罪服法、行为规范、教育改造和劳动改造四个方面进行考核。不同处遇级别罪犯获得嘉奖的标准略有不同，奖励达到一定数量还可以折算成更高级别的行政奖励，通常作为狱方为学员呈报减刑的重要参考依据。

③ 表扬是指略高于嘉奖的上一级行政奖励措施，连续六个月嘉奖，累计扣分 3 分以下，就可获得一次表扬。表扬也是狱方为学员呈报减刑的重要参考依据。

完成。

(二) 劳动现场的"定海神针"

监区习艺劳动车间的管理，每天都会有一名监区领导值班，作为监区工作的第一责任人。习艺劳动现场的其他值班警察设有前岗和后岗①，主要负责维护现场前后两端的秩序，处理学员日常事务。非现场值班的警察包括监区领导和3~4名备勤的警察，主要负责带学员看病、会见、清扫卫生，完成上级职能部门布置的工作任务以及处置突发事件等。狱方每天还安排由一名所领导带领两名职能部门的警察来到习艺劳动现场等区域进行工作督导，狱方常设的纪检监察部门也会派出一支督察队对各监区进行巡视。前者会在一天24小时内的任一时间进行检查，听听监区领导的工作汇报，检查监区工作的疏漏；而后者通常是在白天上班时间对监区警察的执法执纪行为进行监督，他们会给存在问题的监区下发"整改通知单"，任何一名警察都不敢掉以轻心。

1. 监区前岗掌控全局

在监区的习艺劳动现场，要求前岗和后岗各有两名警察值班。前岗一名警察负责监控前方的劳动现场，另外一名警察负责车间学员的点名、巡查。两人的职责可以互换，有时一人会去完成领导交办的其他工作，至少保证留下一人在岗。

站在前岗可以轻松俯视车间全局，主要负责对车间进行动态监控。学员有事必须打报告，征得同意才能够离开劳动岗位。学员进出车间大门要逐一报数，排好队等候警察口令方可离开现场。前岗一般半小时要清点车间人数，保证每个岗位的学员无脱管。前岗设有一部货梯，主要负责原材料、设备、工具、加工半成品的运送，学员三餐的餐车进出也是用这部电梯。前岗是监区安全的命脉，警察必须打起百倍精神，力争做到零失误。

2. 监区后岗掌管生命

后岗主要负责劳动车间的后半部及原料区、成品区、半成品区、仓库

---

① 前岗、后岗是指狱方在习艺劳动现场所设的警察执勤岗位。一般情况下，距离监区警察值班室较近的称为前岗，反之距离较远的称为后岗。

及学员洗手间等区域。前岗与后岗相互配合、首尾呼应，基本能够监控到整个劳动车间。

监狱后岗负责开启劳动车间的安全门和安全通道。如果发生紧急情况，警察要及时打开平时上锁的安全门，做好人员紧张、有序疏散，确保学员的安全。10：00、15：00两个时间组织学员去洗手间，给3～5人分成一个临时互监组①，通常还有一名值班员跟随。有时后岗值班警察会利用空闲时间找自己分管的学员进行个别谈话，了解他们的心理状况，如果发现较为严重的心理问题，则立即请求心矫中心的工作人员介入干预。

（三）监区警察的"左膀右臂"

在狱内的劳动车间里，经常看到一些穿着不同颜色马甲的学员，他们不需要坐在流水线上劳动，只需要完成监区警察交办的日常任务。不同颜色的服装代表了不同身份、不同职务，他们就是监区的值班员、计分员、卫生员、保洁员、出货员（装卸工）等，特有名称是专项工种犯。②

穿红色马甲的学员整日走来走去，他们时而站在值班警察和监区领导面前汇报工作，时而又被差遣做其他事，看上去他们与警察还非常熟悉，这些穿红马甲的人就是值班员。值班员的数量一般是根据监区押犯人数来确定，笔者所在的W监区就配备了12名值班员，并且从中选拔一名值班组长，负责约束、协调、管理其他值班员。值班组长通常是监区领导格外信任且具有一定工作能力和威望的学员才能胜任，负责传达警察的指令，又要管理好值班员，反馈学员群体出现的蛛丝马迹。

穿粉色马甲的学员，经常在生产线上来回走动，有时还拿着纸笔统计每个岗位的产品数量，偶尔也会被主管生产的副监区长和警察呼唤过去，询问"产量是否正常，有没有超产，超产多少"，有时因为产量低难免会被批评几句，这些人就是计分员。计分员的数量往往是由生产线的数量所

---

① 互监组是指监狱在犯群中组建相对固定的罪犯小群体，一般以3~5人为单位，平时要求一起劳动、学习和生活，罪犯之间可以相互监督，有效防止脱管、失控。有时罪犯参加活动或者离开指定区域还会组建临时互监组。

② 专项工种犯是指某省对于辅助监狱警察从事管理、教育工作的少数学员的统称，通常包括值班员、计分员、卫生员、保洁员、出货员等类别。

决定的，W监区共有4条流水线，也就配备4名计分员。他们不仅要负责统计每个工位和整条生产线的产量、合格率和次品率等，还要为生产线的产量负责。

穿黄色马甲的学员，负责把监区生产的电子表芯，装箱、打包、塑封、堆放到成品区，等待厂家的货车来取货，搬运、安置原材料、打包完毕的成品，这些人就是出货员。在运送过程中，需由一名值班警察对4名出货员进行全程监管，有时厂家赶时间人手不够，值班员也会过来帮忙。

劳动车间里还有一名保洁员，每天上午负责清扫习艺劳动车间各区域的卫生，要为学员的水杯和热水瓶补水。总体说来，保洁员的工作还是很轻松的，从7:30忙到10:30，就基本没有什么事情了。当笔者和他闲聊时，他也对自己的岗位流露出很满足的神情。

监区的习艺劳动车间里并不总是"风平浪静"，偶尔学员之间、专项工种犯之间以及学员与专项工种犯之间会产生一点小矛盾，但是只要不发生严重的违纪和监管安全事故，往往很快又恢复往日的秩序。

（四）习艺劳动车间的时空管理

1. 功能齐全的空间环境

生产区分为警察值班区、学员作业区、半成品堆放区、成品质检区和仓储区等多个功能区域，在各个功能区上方都悬挂着标识牌。劳动车间的安全通道宽度不小于1.5米，延伸到各个功能区附近。警察值班台与学员作业台之间的安全通道宽度不小于2米，劳动工具箱就放置在值班台旁。警察值班台通常设置在车间正门、安全门内侧，高度一般不得低于0.4米。车间前门摆放不少于10个防毒面具和灭火器（按照每平方米配备一个4公斤灭火器的标准）。车间正门和侧门必须是可透视的，安装钢化玻璃和防盗锁，离门内侧0.5米标明警戒线。每个监区根据收押人数和劳动车间面积设置2~4条流水生产线，生产线上的每个岗位都有固定悬挂的标牌和摆放的工具，每名学员都在固定的岗位上，一切都有条不紊地运转着。

2. 精准无误的时间管理

每天早上的习艺劳动是从8:00开始，值班警察每小时清点一次人数，点到名字的学员要立即放下手中的工具后起立，左手紧扣同侧裤线，右手握拳举起与肩平齐，随后大声喊"到"。随后立即坐下又投入劳动，生怕耽误了当日的工作产量。在10：00和15：00，学员集中去洗手间。

11：45左右，随着收工号令的响起，所有工位上的人都要立刻收拾好工作台面的材料和工具，站在工位的椅子后面，按照编排的座位顺序依次通过安检门，再由当日值班警察进行人身搜身，防止学员将劳动原材料、生产工具等物品带入生活区。值班警察面对学员，从其衣领处沿着腋下摸到胸前，再由腰胯处直摸到脚踝，最后要求学员脱下鞋子倒立摇晃。此时，值班员负责关闭车间的空调、巨型排风扇、照明灯及电源，清点工具台面的劳动工具。搜身完毕和清点物品无误后，学员在车间外的空地统一集队，清点人数后，由值班警察带队离开习艺劳动车间返回生活区用餐。

12：00到13：20是午饭和午休时间，狱方通常要求学员把食物吃完，不能浪费。午饭后，由值班员负责将餐具统一摆放进送餐车锁好，再次集队、点名后，学员就可以午休了。

13：30，下午出工程序与上午基本是一样的。14：25，参加九年义务教育的学员则由值班警察带队统一到教学楼集中，按照教务处分配的班级和课室上课。监区余下的学员观看教育视频，或者进行队列训练等。

17：00，上课的学员下课了，由值班警察带回监区。

17：20，紧张且忙碌的一天劳动、学习就结束了。

三　丰富多彩的体育和文娱活动

（一）年度大戏——文化体育艺术节

从2005年开始，雨露未管所每年交替举办一次罪犯文化体育艺术节。第一年是文化艺术的主题，第二年就是体育项目的主题。文化艺术节主要包括书法、绘画、手工艺品、专题征文、板报、个人演讲和歌唱比赛等一系列文化艺术活动；体育节主要包括篮球、拔河、毽球等项目。每年的文化体育艺术节也成为学员们参与文体活动、丰富业余生活、展现特长才能的舞台与盛会。

文化体育艺术节的题材以爱国主义题材的文化作品为主。比赛成绩都是以监区为单位,狱方会把所有项目名次折算成总分,最后一决雌雄。活动的宗旨是重在奖励集体,激励参赛学员代表为集体的成绩和荣誉而奋斗。监区则为获奖的学员发放泡面、火腿肠、饼干之类的零食作为物质奖励,也会为学员的日常考核加分。学员作品见图1-3、图1-4和图1-5。

文化体育艺术节活动得到了各监区的积极配合。既活跃了监区的文化氛围,又调动了学员的乐观情绪,更好地促进监区秩序的稳定。此项活动体现了"教育的最大秘诀是:身体锻炼和思想锻炼相互调剂"。①

图1-3　2014年文化体育艺术节绘画一等奖作品《华山》
图片来源:由笔者指导的警校实习生于2014年10月拍摄。

---

① 郭法奇:《教育史研究——寻求一种更好的解释》,中国社会科学出版社,2012,第77页。

第一章 绪论

图 1-4　2014 年文化体育艺术节绘画一等奖作品《天地有正气》
图片来源：由笔者指导的警校实习生于 2014 年 10 月拍摄。

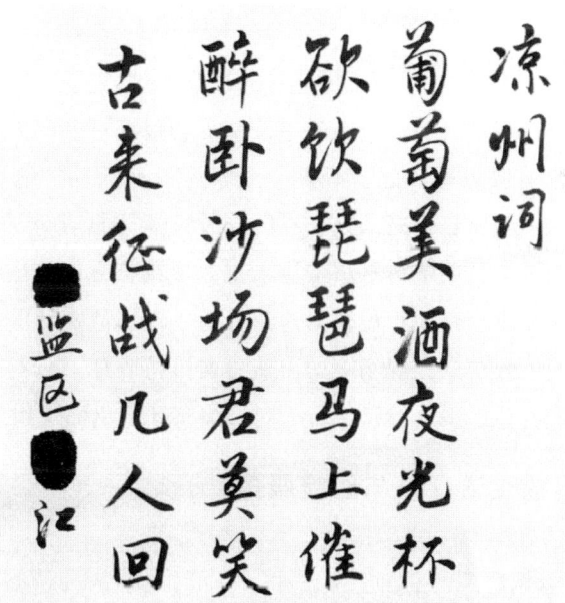

图 1-5　2014 年文化体育艺术节书法一等奖作品《凉州词》
图片来源：由笔者指导的警校实习生于 2014 年 10 月拍摄。

（二） 紧扣时事的应景活动

雨露未管所的各监区会在中秋、国庆、元旦等节日举办晚会、游园等活动。鼓励学员自编自导自演节目，大多数学员也乐意参与到活动中。在佳节之际，排解学员的思家思亲之情，以此来稳定犯群的情绪，通过营造集体舆论的氛围对个体学员进行正面、积极的影响。

近年来伴随着国内优秀传统文化的勃兴，刑矫办又策划了中国汉字听写大赛、唐诗宋词演绎比赛、"猜灯谜"等新式活动。刑矫办会提供展览、学习所用的书籍、板报以及少量的活动奖励经费，并不定期开展巡查，督促活动的进展情况。大多数学员对于狱方组织的各种文体娱乐活动还是非常喜爱的，这给单调乏味的改造生活带来些许色彩。

2008年北京奥运会、2010年广州亚运会、神舟系列飞船发射成功、"我的中国梦"等一系列重大时事都是雨露未管所开展教育改造工作的首选主题。围绕着国家的经济、社会、文化等时事开展相应的宣传活动，还会在狱内组织知识竞猜、演讲、征文等多种形式的比赛，紧贴国家的发展趋势，实施爱国主义教育，构建对中华民族和祖国的文化认同。

（三） "我的地盘我做主"

在晚上熄灯前和周日的业余时间里，学员会根据自己的兴趣爱好来选择读书看报、温习功课、写日记、下棋、打球等各种活动。学员之间自由组队，任意搭配，不为比赛输赢，只求心灵释放。学员的活动现场边界都设有警戒地带，由四名学员用塑料警示带拉出正方形或长方形的区域。任何学员不能跨越警戒线一步，否则将被视为违纪行为。现场值班的警察通常就在警戒区域内的一个位置观察，现场则交由值班员维持秩序。只有当学员间有较为严重的争吵、打斗、脱逃等违法行为时，警察才会出面干预、平息事态。

四 学员的生活保障与医疗服务

（一） "衣食无忧"的生活保障

1. 改造生活住宿篇

未管所为学员提供吃穿住用等基本生活待遇，而且还考虑到学员生理发育的需要，体现无微不至的生活关怀。生活区是学员居住时间最长的空间区域，这里的环境卫生关系到学员的身体健康状况。学员居住的监舍能做到坚固、透光、清洁、通风、保暖。每个监舍住10～12个人，每天都要安排舍友打扫卫生，由舍长和监区的值班员共同监督，监区警察会定期和不定期进行内务检查和评比，赏优罚劣。监区每周给监舍、储藏室、医务室、图书室、活动室、杂物间等生活区消毒2次。图1-6为雨露未管所西区学员的监舍内景。

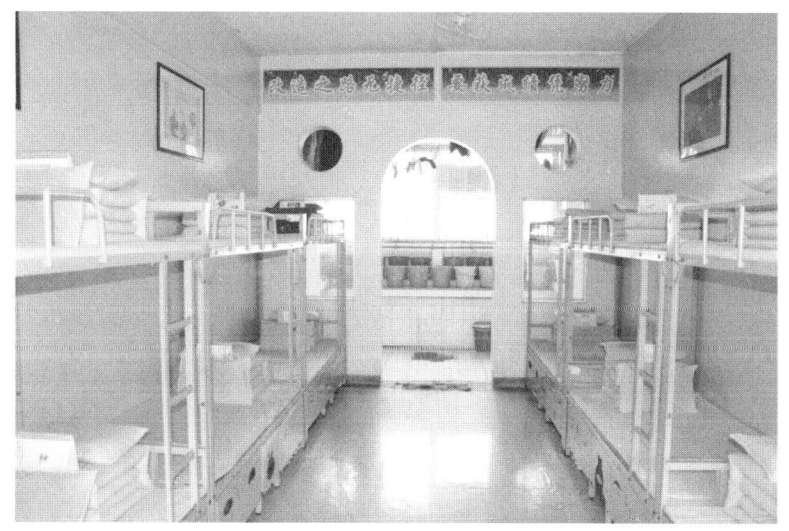

图1-6　雨露未管所西区学员的监舍内景
图片来源：由笔者指导的警校实习生于2014年10月拍摄。

2. 改造生活饮食篇

国家规定未成年犯的饮食应当兼顾实物量与货币量两个标准，并对每名学员每月补贴一定的伙食费，补贴金额标准从2001年的180元增加到2010年的210元。2008年初，雨露未管所又将未成年犯集体用餐制改为分餐制，基本保证了未成年犯吃饱、吃热、吃熟、吃得卫生。对有特殊饮食习惯的少数民族学员和患病住院期间的学员，单独设灶并适当提高伙食标准。

学员的饮食供应是由狱方精心选拔70名左右表现好且没有传染性疾病的学员承担，摘、洗、切、炒、蒸、煮、分装饭菜都由他们完成。伙房监区指派一名警察把装有一日三餐的保温餐车提前送到东、西区的指定位置，再由各监区的值班警察带领三四名学员领回餐车。一日三餐的标准是早餐有一份烤包（或者糖包）和一份白粥，中、晚餐都是两素一荤，素菜多是清水加少量食用油去煮，荤菜多是炒制或焖制的鸡肉或鱼肉，口味相对清淡。

此外，每个监区还配备了两个热水炉，定时定量为学员供应热水，每人配备一个5磅的热水瓶，确保饮用水源的无菌、卫生。如有特殊需要经值班警察同意可以多取用热水。2014年，雨露未管所在西区监管大楼每层出口一侧安装一台直饮水设备。

3. 改造生活用品篇

学员在狱内实行统一着装，狱政办分夏季和冬季来配发衣服。在外穿衣服的肩部、背部，裤子的外侧有黄色布条，这种图案是为了使监狱警察容易识别，也成为学员带有象征意义的文化符号。雨露未管所配发的物品主要有四大类。第一大类是被服用品，配发短袖T恤、短裤、长袖上衣、长裤、棉马甲、遮阳帽、拖鞋、布鞋等①，又有枕巾、枕头、床单、床垫、凉席、毛巾被、棉被等床上用品，还有热水瓶、水桶、脸盆、茶杯、衣叉等日用品。第二大类是学习用品，如九年义务教育教材、辅导书、练习簿、签字笔等物品。第三大类是劳动用品，主要指在狱方组织生产劳动时使用的镊子、铁钳、剪刀、螺丝刀、电焊笔、锡炉、橡胶手套、口罩等物品。对于劳动工具和原材料管理尤为严格，劳动工具实行编号、固化、钝化、定位管理。只有少数专项工种犯在征求值班警察同意后才能从上锁的工具箱里取用铁钳、螺丝刀、剪刀等工具，而且实行严格的追踪管理。比如镊子和电焊笔等流水线上必须使用的劳动工具都用钢丝线固定在工作台上，长度仅有左右各一米，而且是绝对禁止带出习艺劳动车间的。第四大类是文体用品，各监区会配备一定数量的图书、足球、篮球、乒乓球、羽毛球等器材，狱方还为"一区一品牌"活动提供了充分保障。例如，某监区的品牌是"棋艺人生"，另外一个监区的品牌是"威风锣鼓"，就由刑矫办出资为监区购买象棋、锣鼓等。

---

① 学员可由家人提供毛衣毛裤、内衣内裤等内穿衣服。除了监狱统一配发的外穿衣服，均要加印显著标志，目的是防止学员私藏便服，预防脱逃等违法犯罪行为。

(二) 重任在肩的医疗服务

1. 未管所内的"医疗权威"

雨露未管所的医疗服务主要是由具备初级医疗水平的医院监区来负责，承担学员的卫生健康知识的普及与宣传，定期体检，日常疾病的诊治，传染病的隔离与防治以及重大疾病的就医转治等职能。医院监区的前身是 1958 年成立的省少年犯管教所医务室，随着学员不断增加和监管安全的需要，1986 年成立了少年犯管教所医院，1989 年又增设住院收治病犯的职能，1997 年 7 月被市卫生局评为一级甲等医院。2001 年改制为监区建制，医院坚持"预防为主、防治结合"的方针，为所有学员提供免费的医疗服务。医院监区设立在西区，西区学员由本监区领导审批后即可由值班警察带去治疗。东区学员就医则需要向狱政办请示、报批后，由本监区警察将学员用特制封闭的电瓶车送至医院监区。

狱内人口密度较大，南方天气温暖潮湿，难免有流感、水痘、痢疾等传染疫情发生。在各部门的密切配合下，对于患病人员、物品及所居住的环境进行细致的杀毒，医务人员定期复诊，并采取隔离治疗适当提高其伙食标准等措施，经过一段时间的防治，疫情都能得到较好的控制，监区很快恢复到正常秩序。对于肺结核、艾滋病等传染性疾病在入监体检时就能发现，一入监就送往医院监区隔离治疗。如果学员服刑期间出现重大紧急的疾病，医院监区无法治疗的，则立即送往就近的正规医院治疗。

2. 监区里的"健康小卫士"

每个监区都设有一名卫生员，一般是从本监区学员具有一定医疗常识的人当中选拔来担任此职。医院监区还会对卫生员组织上岗培训，使得各监区能为有感冒、发烧、咽喉炎、肠胃炎、关节炎等轻微症状的学员提供便利服务。监区定期在每周三晚饭后，统一组织学员排队候诊，有时会有 20~30 人排队等候卫生员的"问诊"，一切都显得很有秩序。卫生员会保管一些非处方的常用药品，每次只能发单次的药剂量，定时定量供应，做好使用情况登记，并随时接受医院监区工作人员的监督，确保医疗服务和药品使用严格、规范。

第五节　主要研究方法及应用

一　参与观察

田野工作是人类学家"安身立命"的谋生本领，成为一名人类学研究者必备的专业基础和职业技能。"人类学家通常要长期居住在被调查民族的一个小社区中，通过'参与观察'和'深度访谈'这两种方法了解当地居民的生活和行为方式，熟悉当地居民的伦理、道德、价值观念和心理特征等，研究其文化全貌。"[①] 参与观察要求研究者进入"他者的世界"，探寻与自身文化不同的异文化，最好是在相对狭小的研究区域，当地人群数量不宜过多，人员流动不能过于频繁，社会分层不宜过于复杂。

监狱与外部社会保持相对隔离，法律规范与物理设施的双重约束与隔离形成了其特有的社会环境。因此，监狱更像是一个充斥着国家意志，实施高效人身控制、观念塑造的单性别区隔的"小型社区"，必然受到当地的经济发展、人文地理、生态环境、历史背景、政治氛围等诸多因素的影响。

研究者最好不是执法的监狱警察，避免受内部利害关系的左右，以超脱、淡然的心态面对研究对象，更加客观、理性地观察、研究罪犯的各类生活场域。参与观察的前提就是要研究者保证不会对研究对象的社会环境产生实质性的影响，尽可能保持研究者的中立，更不要介入研究对象的利益纠葛和权力倾轧中。当然，国家法律和监狱机关也不会允许研究者以一名"服刑罪犯"的角色进入监狱，也不能以科学研究为由"被监禁"，研究者的真实身份是不能模糊、混淆的。所以，在监狱做田野调查根本无法与研究对象同吃同住同生活，这是此类研究必须要跨越的障碍。

当研究者刚刚进入田野点时，首先遇到的是同质化极强的研究对象，因为罪犯被密密麻麻的规范包裹着，随时随地都处在监控当中，警察、监控摄像头时刻在监视着他们，罪犯之间也处在相互监视之中，个性在严密

---

① 周大鸣主编《文化人类学概论》，中山大学出版社，2009，第43页。

制度化的空间里被压抑着、束缚着,一时无法进行辨别、区分。但是随着调查的深入,特别是观察到罪犯细微的心理、行为变化,接触到罪犯自由活动的时空维度,就会慢慢发现很多新奇的、不同寻常的故事,罪犯就变成了更加生动鲜活的个体,这就意味着研究者已经开始剥离了规训机构"坚硬的外壳",审视到罪犯在规训生活中的真实人性。如果能把一件件相关事件串联起来,就会获得许多陌生的知识、经验和认知。

"参与观察不但要求调查者参与被研究人群的生活,还要保持专业的距离,以便适当地观察和记录资料。"① 笔者努力将自己定位成一名"冷眼旁观"的人,不能把自己等同于监狱警察,对罪犯施以号令、加以干预,而是与其建立一种更加真诚、纯粹的平等关系,深入到监狱的"三大现场②",与罪犯无障碍地接触和交流。参与观察不是僵化的,必须要根据研究对象和客观环境灵活处理,必须要最大限度上忠实于自己的研究对象以及他们的文化境遇。

"在实际的田野调查中,人类学者不仅仅是对调查对象的行为、态度进行客观描述,还要探究行为者的主观动机以及行为本身的意义。"③ 而监狱领域的研究大多涉及罪犯及警察的个人隐私,这是每个人深藏在内心不愿与人分享的秘密。如果人类学研究者在充分尊重报道人的主观意愿基础上,进行长期、真诚、细致的沟通,为了帮助罪犯实现人生救赎以及警醒世人的愿望,或许能够化解其内心的"坚冰",最终人类学研究者把科学研究与感化罪犯灵魂有机结合在一起。

"破冰"之后的调查可以按照关键报道人的生活轨迹进行跟踪调查,同时尽量避免研究者的频繁出现给其日常服刑生活带来的不便,减少监狱警察可能产生的戒备心理。有时监狱内的调查需要同时跨越多个场域,在不同功能的空间里、在不同时间里追寻自己的报道人。田野调查中,研究者尽可能与有关联的警察保持良好的私人关系,特别是那些具有一定级别或人脉较广的警察,他们会提供更多法律、制度许可范围内的帮助和

---

① 周大鸣主编《文化人类学概论》,中山大学出版社,2009,第49页。
② 三大现场通常指监狱内的劳动现场、生活现场和学习现场,也是罪犯日常生活中最主要的活动空间。
③ 周大鸣主编《文化人类学概论》,中山大学出版社,2009,第48页。

支持。

二　深度访谈

访谈是人类学研究者根据具体的访谈对象，在不同的情境下运用各种谈话技巧和经验，与访谈对象建立即时或长期的互动关系，力求访谈效果的真实性、客观性和深刻性的研究方法。访谈要随着访谈主体和背景环境的变化而调整，当时的情景具有不可复制性，往往不能获得研究者所需的信息，但是对与访谈对象建立良好的个人关系则大有裨益，为后续的访谈建立了基础。①

监狱内的访谈对象最主要集中在罪犯身上，笔者采取的做法是尽量在每次访谈之前多方面了解受访对象的个人基本情况，比如年龄、性别、民族、籍贯、罪名、刑种、刑期、家庭关系、生活经历、教育背景、近期表现、思想动态等。这样一方面可以帮助研究者制定更加合理的访谈计划，做好有条理的准备；另一方面可以防范对方故意哄骗研究者，特别是一些罪犯具有狡黠多变的性格特征，想接近他们的内心世界，可谓是难上加难。例如，笔者访谈的一名外省籍未成年犯，声称自己在8岁的时候就已经在社会上流浪，很快就加入了一个盗窃团伙，在年满14岁后，因参与了几起数额巨大的盗窃电力设施案而被判处有期徒刑14年，自称"什么世面都见过了，坐牢也没有什么大不了的"。

根据调查的主题及前期观察和了解，首先应从一个相对独立的犯群中选取若干重点考察对象，紧接着征求受访对象的个人意愿后确定候选报道人，再逐渐深入挖掘确定关键报道人。访谈前，笔者都会先告知自己的真实身份，减少对方原有的抵触、抗拒心理，再慢慢从其日常生活及家庭、社会背景切入，通过长时间的接触、交流与关怀，并给予其生活上和精神上的鼓励和支持，从而建立相互尊重、信任的平等关系，甚至变成能够畅所欲言的伙伴。

笔者重点关注的未成年犯群体，正处在身心快速发育的青春期，既渴望独立、自由又因缺少丰富的社会知识、阅历而苦闷，既充满好奇、憧憬

---

① 周大鸣主编《文化人类学概论》，中山大学出版社，2009，第50~51页。

第一章 绪论

又因为缺乏理性的认知、自控而盲动。他们情绪多变、情感多疑、言语失当、行为失控、思维跳跃、信仰偏移，这也使得与未成年犯建立互信的关系亦易亦难。尤其是未成年犯与父母、监护人以及其他亲朋好友长期分离，这种情感的需求在规训机构中变得更加迫切。在与未成年犯相处的过程中，一些未成年犯对笔者甚至产生了某种程度的依赖、眷恋。虽然监狱警察与未成年犯朝夕相处，也会关心、照顾有需要的罪犯，但是因为两者是管理者与被管理者、执法者与受刑人的关系，加之在监狱内执法工作太长时间，已经形成了"我是警察，你是罪犯，你必须无条件服从我"的思维定式，所以未成年犯即使对自己的主管警察有依赖心理，也无法敞开胸怀，袒露心扉。

记得有一次学员 YWQ 在参加监区组织的集体教育活动时，因为心急有事要向笔者表白，竟然向现场值班的警察谎称说笔者有事要找他。罪犯无故不参加狱方组织的教育活动，甚至有欺骗警察的行为，将要受到非常严重的扣分①处罚。笔者出于保护学员 YWQ 的动机，并没有当场揭穿他的"雕虫小技"，事后则会引导他要讲实话，有事可以等到活动结束之后。就在笔者即将结束调查之前，把这个消息告诉了学员 YWQ 时，他则表现出了很明显的留恋和忧伤情绪。

与未成年犯相比，成年犯的社会阅历、性格特征、谈话动机、语言能力、行为表现等方面都更加复杂，笔者与其交往的经验就是做到"有勇有谋"。大多数罪犯都是理性的，也是有是非观的，有着千差万别的文化需求，只有找准其需求愿意付出艰苦的努力，就有很大的把握实现有意义的深度访谈。例如，个别成年犯企图通过挑战监狱警察及来访者的尊严、权

---

① "分"是对罪犯的服刑生活进行量化考核的一种工具。国内各监狱大多采用计分考核，只是操作方法不尽相同。目前，以笔者调查的雨露未管所为例，考核分为对罪犯认罪服法、行为规范、教育改造和劳动改造四个方面。此处针对行为规范的考核，视业纪情节轻重，一次扣 1~5 分。扣分直接关系到罪犯的处遇级别，甚至影响到罪犯能否按期报送减刑及刑期长短。2016 年 7 月 22 日，司法部出台新的《关于计分考核罪犯的规定》（司发通〔2016〕68 号），以下简称《计分规定》，本规定自 2016 年 8 月 1 日起施行。司法部 1990 年 8 月 31 日印发的《司法部关于计分考核奖罚罪犯的规定》（司发〔1990〕158 号）同时废止。虽然《计分规定》的总分、分数加减以及计分程序等内容作出调整，但是并没有改变管理的基本模式，分的考核和评价功能未发生改变，继续体现赏优罚劣的理念，而且更加侧重教育改造工作，进一步强化客观公正地执法。

威,来树立自己在罪犯群体中的威望。对于这些"居心叵测"的人,研究者关键要识破其真实动机与伎俩,给予他们"有理有利有节"的回击,当他们被研究者的智慧和力量所折服时,往往就愿意做一名"口服心服"的报道人。

笔者深度访谈的另一类重点对象是监狱警察。监狱警察在职业生涯中可能会接触到成千上万名罪犯,他们在狱内工作的时间比很多罪犯的刑期还要长,这也就造就出足智多谋的职业性格和洞察秋毫、处乱不惊的处事能力,所以要想从他们口中获取有价值的信息绝非易事。研究者必须要本着坦诚、包容的心态,努力与他们建立多元的私人关系,最大限度地尊重、理解和帮助他们,与其相互合作、共勉,通过长期的交往和互动建立一种稳固信任的关系。

调查中,除了罪犯和监狱警察两类重点人群以外,访谈对象还包括罪犯的亲属、监护人,派驻监狱行使法律监督权的检察官,负责审理罪犯有关案件的法官,与狱方合作的公司的管理人员、外协师傅,狱方聘请的授课教师及参与社会帮教的志愿者等。

三 文献研究

俗话说,"他山之石,可以攻玉"。文献是前人在该领域研究进行探索、求知的思想印迹,文献质量的高低、内容的真伪、灵感的获取、经验的分享都依靠研究者个人来甄别、选用,这就需要研究者有一定的理论功底,长期持续地关注自己研究领域的发展动态和最新成果。尊重他人的理论成果是研究者必须秉持的学术基本准则,只有站在巨人的肩膀上才会完成有价值的研究成果。文献研究为后来者提供了新鲜的视角,丰富的资源,多元的理解,真正做到博采众长、集思广益,才能学以致用、学有所成。

文献的范畴不仅仅局限于已有大量的期刊、图书等学术研究成果,还应包括典章、文本、标识物、遗存物等各种记录人类历史和传承文明的知识载体。监狱内,还涉及罪犯的作业、笔记、标语、板报、小报、图画、文身等资料,警察、检察官、法官、外协师傅、外聘教师及其他社会人士的文本。特别是完整记录罪犯人生经历的材料则更加稀缺,这对于研究罪犯在狱内的心理、行为、价值观念、成长历程等方面都是不可多得的素材。著名的近代史学研究者杨天石先生就是充分利用收藏在美国胡佛图书馆的蒋介石日记来研究"中华民国"时期的历史,利用日记等个人私密资料研究关键人物的性格、事迹、思想历程以及重大社会事件等,由此进一步结合社会环境和历史背景进行深度挖掘。调查中,笔者有幸搜集到一本学员 LJ 的日记,里面完整地记录了从狱外犯罪到狱内改造再到刑满释放的整个心路历程。

狱内罪犯涉及监狱的敏感性文本资料是不能带出监狱的,或许是出于担心对监狱、法院等国家机关和国家相关法律有歪曲失实的记录。这些材料可能是罪犯内心真切的感受、真实的情感、迫切的需求,是极具个性色彩的畅快表达,能为我们提供更加真实的研究材料,更加准确地把握罪犯的心理和行为表现,它的研究价值应该得到正视。

研究者应该自觉地围绕着关键报道人多方面搜集话语、文本、视频等资料,其中代表国家意志、彰显暴力的官方材料同样不可或缺。监狱毕竟是一个体现国家意识形态的规训机器,同时为了实现社会的公平正义,维护社会的长治久安,保障公民的合法利益,必须承认官方的政治立场、执法态度、教育技术、知识生产的现实价值。大体上,罪犯的文本至少可以分为两大类。一类是罪犯应监狱的管理要求完成的自我鉴定、检讨书、情况汇报、观后感、投稿文章等,无论本人是否已经完全认同狱方的观点和立场,都会表现出一定程度的"顺从",应该说绝大多数人对监狱的改造工作是理解的、支持的。另外一类就是罪犯与内心自我的对话,有些会是真实情感与成长改变的描述、记录和反思,如学员 LJ 和 YWQ 的日记,学员 YWQ 的日记中出现了对主管警察嘲笑的字词,还表现出强烈的自我崇拜感,多次使用了"硪"①"哥"等字词。

四 视频研究

视频研究特指在一个特定的时空范围内,使用监控技术装备把相关

---

① 硪,是一个网络用语,在学员 YWQ 的日记里则使用"硪"替换"我"。在互联网上普遍用于对非主流时代的火星文理解,如同"我"的意义。

人、事物和现象的各种声、光、像活动记录下来，并长期存储以供研究者反复察看、甄别、利用的一种研究方法。"视频观察是监狱管理的一个新型手段，也是田野调查中的参与观察工作的一种新方法。"① 国内使用视频方法对监狱等监禁型机构进行科学研究还处于起步阶段，更多是侧重社会治理和刑事侦查的实践应用。国外关于狱内的监控视频的研究也较少，包括狱内视频监控的目的、对服刑人员违规行为的影响、服刑人员对视频监控的态度等。而将监控视频作为研究工具对狱内情景和人员行为做出观察与分析目前并没有关于方法论方面的学术成果。

罪犯服刑的社会事实每时每刻都在发生，发生在罪犯所出现的各种场域里。这些影像记录大多数都映射到监狱警察的眼睛里、大脑里，很多画面随着时间的流逝而被淡忘，湮没在人类历史中。值得庆幸的是，人类发明了可以记录生产生活瞬间和永恒的摄影技术。

监狱场域里的视频研究主要是以各种视频资源作为研究素材，弥补研究者作为自然人在生理方面所存在的局限性，以观察、检索、整合、分析的一种间接参与性的研究方法。视频研究可以直接用于确认某一时间、某一空间的具体社会事实，这种识别、判断、确认是视频研究最基础的功能。对大量视频资源进行检索、分析，通过某一线索或者逻辑进行整理、拼接，可以获得相对完整的事件流，帮助研究者获取有关人、事物和现象的完整的社会现实。它可以发挥监控技术装备的优点，在同一个场所内可以安装多个摄像头，实现无盲区的全方位监控。特别是对于一些研究者不宜公开身份且不宜出现的场合。因为研究者的出现，可能会对一部分研究对象的心理、行为产生一定的影响。可能出现迎合、抵触、抗拒研究者的多种表现，从而造成调查结果失真。例如，未成年犯课堂教学的现场，如果研究者站在室内观察必然会对教师授课造成干扰，又会吸引未成年犯的注意力，原本师生真实的授课场景变成了另外一种"有意义的表达"；如果站在室外又难以观察到全景的教学现场，也难以观察到师生的眼神、表情、手势等细微动作。如果采用视频研究就成为未成年犯课堂教学活动的

---

① 孙平：《法律人类学研究的方法及运用——以监狱的调查研究为例》，《安徽警官职业学院学报》2011 年第 1 期。

最佳选择。

视频研究中,研究者有时要反复察看大量的原始资料,筛选出有用的信息并要根据时间顺序、空间布局、基本常识、逻辑关系等线索进行整理分类,梳理出事件发展的全程。有时还需要对细节特征进行仔细鉴别,但要受到视频图像质量,观测点位置、角度,天气变化,光线强度,距离远近等客观因素制约。研究者还要考察研究对象的主观态度,受到个人经验、习惯和能力等主观因素的制约。在具体的研究个案中,研究者不仅要遵循常规的程序和方法,而且还要因地制宜,寻找独特的经验和技巧。例如,笔者所调查的监狱,监控摄像头并没有覆盖到所有监舍,但是可以通过安装在走廊通道的监控探头来观察负责夜间值班罪犯的活动轨迹,以此来推测监舍内可能出现的异动。如果他们在哪个监舍门口停留时间过久,并结合观察其面部表情和肢体动作,就可以深挖到未知的警情。

在笔者的调查过程中,因为监狱场所里的工作内容有些可能涉及国家秘密,狱方是不允许笔者携带录音、录像等器材装备进入监管区域的,所以笔者只能将调查中的关键词和梗概记录下来,离开监狱后立即进行回忆、整理、抄写、校验。对于视频资源,笔者会在不影响监狱警察工作的前提下,利用空闲、休息时间边观看边用简易符号、惯用技巧记录下关键线索和信息,事后立即把记忆的图像整理成文本叙事的材料。当然,笔者也获取少量经过狱方审核通过的视频资源,承诺妥善保管且不得随意公开。

罪犯的生活环境不仅处在监狱警察的直接观察下,也处在监控技术装备的监视中。现代的科学技术装备突破了监狱警察的视觉、听觉和触觉局限,充分发挥技术防范的优势,使得罪犯改造生活更加透明,进一步强化狱方改造思想和规训行为的功能。视频研究不仅仅是要还原已发生的社会事实的重构,更重要的是通过这种研究手段揭示研究对象在其所处文化环境中的意义。受到社会结构、历史背景、价值观念、情绪情感、知识体系、生态环境的影响,视频研究已经成为参与观察在现代社会立足的一种更生形式,嵌入到更多难以被挖掘的场域中。

近年来,有些监狱开始要求警察在对罪犯执法过程中必须佩戴具有摄像功能的执法记录仪,这种新型便捷的移动摄像器材可以把警察的执法活动全程摄录下来。执法记录仪的广泛使用,成为视频研究的又一种新资源。客观上,狱方凭借监控技术装备获取了海量的视频资源,记录罪犯在特定时空内的现实表现,成为人类学在监狱研究领域内一种重要的田野资料。毋庸置疑,视频研究大大丰富了参与观察法的实施路径,拓展了其研究范围,使得人类学更加便利地介入都市社会,更好地适应现代科学技术发展带来的挑战和冲击。图1-7为警校实习生正在观察监控屏幕。

图1-7 警校实习生正在观察监控屏幕

图片来源:由笔者指导的警校实习生于2014年10月拍摄。

　　除了以上几种主要研究方法之外,笔者还会辅之以跨文化比较(Cross-cultrual comparison)、问卷调查、焦点小组等手段。跨文化比较就是要把社会上同一研究对象的各种不同文化作为样本,进行比较研究,以此来验证关于人类行为的某些假设,期待获得对人类社会及自身文化的新认识,亦可以排除固有偏执的文化观,祛除文化自卑感,从而促进各种文化之间的友好交流、共同发展。① 犯罪人类学家龙勃罗梭说:要想获得关于犯罪的真正认识,就必须对犯罪人的体质和心理进行研究,并将分析结果与守法的人和精神病人进行对比。② 监狱内的人类学研究不会忽视对比研究,这

---

① 周大鸣:《现代都市人类学》,中山大学出版社,1997,第4页。
② 〔意〕切萨雷·龙勃罗梭:《犯罪人论》,黄风译,北京大学出版社,2011,第3页。

种研究会为我们认识自己所处的社会提供宝贵的经验和认识。问卷调查会根据笔者田野调查的需要自行编制,并请相关行业专家进行修改,力求调查问卷的针对性、科学性和实效性。焦点小组是参与观察中经常再现的一个"经典场景",一种是笔者参加由监区、监狱、省局等机构组织的关于犯情动态分析、教育改造等各种形式的正规会议、专题研讨等;另一种是与监区或者其他部门的警察关于罪犯服刑生活、时事政治等话题开展的非正式座谈,这种形式气氛更加融洽,大家能够畅所欲言。

文化人类学用于研究社会与文化、历史与人文、人性与人格等问题,如果用来审视监狱这样一个历史悠久且意义丰富的社会现象,有利于我们深刻反思自己所处社会的多元发展及其文化的终极价值。

第六节 本书研究的价值、不足及存在困难

一 研究的价值

本书是基于一群迷失的、特殊的未成年犯群体的人类学调查,虽说是一项侧重于教育实践的应用性研究,但究其理论根源就是体质人类学与文化人类学分别对应的"先天"因素与"后天"因素的探讨。

(一)理论价值

第一,探讨社会主流文化边缘的罪犯群体中极弱的未成年犯群体的教育问题,不仅拓展了人类学在监狱这种非主流却属于新兴研究领域中的影响力,而且能充分体现出人类学的学科优势与人文关怀。近年来,人类学特别是文化人类学以其特有的文化整体观、文化比较观与文化相对论,扎实深厚的田野调查的方法体系,强大的发现探索功能与知识解释能力赢得了学界内外的广泛认同。本书以人类学视角揭示、解读全景式的未成年犯教育改造生活,并做到长期追踪一个未成年犯的规训机构,系统性地研究未成年犯的教育改造问题应该尚属首次。本书不仅拓展了受规训未成年人群体的教育问题的研究,实现人类学与教育学、心理学、法学、监狱学等

学科的融合，而且让我们的社会更加理性地认识到未成年犯及其他有不良行为的青少年群体的行为表现与人格特征，从而有助于寻求有针对性的教育实践。

监狱作为一个充满权力与秩序、抗争与服从的暴力场域，这里既有监狱警察依照国家法律进行的执法活动，又有未成年犯对抗主流文化而创造的犯群亚文化传播。监狱教育就是国家传播、灌输社会主流文化的一种重要载体，也是驱逐犯群亚文化的重要手段。未成年犯教育不仅仅只是刑罚体系内的一个代名词，还是涉及一个社会如何塑造自身社会接班人的更为复杂的社会现象。它集合了监狱长年累月教育改造未成年犯传承下来的多种教育方法、手段和技术，依托于以监狱警察为主体、其他主体参与的文化实践。它还需要造就未成年人的感官功能、健康的身体素质、积极的价值观念、良好的人际关系、乐观的心理品质，促进其个性发展、知识积累与职业素养的养成。

教育学家郭法奇就认为："由于儿童的精神是与身体同时发展的，因此，教育还应关注儿童早期精神的发展，使儿童在不断发展中成为一个有独立精神的人。"[①] 未成年人的身心成长不仅关切到本人乃至家庭、家族的根本利益，而且还是国家和社会长久发展、进步的重要保证。只有这样，具有独立人格且身心发育同步的青少年才能成为国家兴盛、民族繁衍、社会继替的生力军。未管所绝不能把惩罚功能作为首位的价值追求，而要凸显教育塑造人的重要功能，使未成年犯最终得以顺利回归社会。

第二，本书尝试与美国人类学家米德进行对话，讨论"先天"（nature）因素还是"后天"（nurture）因素导致了未成年人的违法犯罪行为以及社会环境对其"弃恶从善"转化的决定性影响。将"先天"与"后天"如何形塑现实生活中的"人"这一世纪争论，进一步引申到未成年人犯罪以及实现其再社会化的问题中来。反思米德提出的南太平洋美属萨摩亚社会哺育和培养未成年人的教育方式，消除了西方社会未成年人所表现出的青春期叛逆、躁动的现象。即便弗里曼等人批评米德所描写的萨摩亚社会并不存在那种普遍的随和性，而是充满了冲突、矛盾与不和谐的文化现

---

① 郭法奇：《教育史研究——寻求一种更好的解释》，中国社会科学出版社，2012，第54页。

象，但他无法否认萨摩亚的社会环境对当地未成年人成长所产生的影响以及减少了诸如西方社会青少年普遍具有的青春期不良反应。

近些年来，社会上兴起的校园暴力、未成年人吸毒、乡村"混混"①、虐待儿童等一系列问题，都与未成年人密切相关，其中恶性更大、积习更深、法律意识淡薄的部分未成年人走上了违法犯罪道路，最终锒铛入狱。生活中，越来越多的儿童表现出较为强烈的自私、任性、叛逆心理，具有极强的占有欲、破坏欲，具体外显为吸烟、酗酒、痴迷网络暴力游戏、夜不归宿、打骂父母、离家出走等不良行为。这些轻微越轨行为很有可能异化为犯罪行为，凸显出青少年成长环境中越来越严重的危机。

未成年人的生理遗传因素固然对其发育成长起到了一定的作用，但究其犯罪的主要原因还是后天的社会环境。著名的犯罪学家萨瑟兰在"差异接触理论"中提出，未成年犯之所以走上犯罪道路，是与习得了不良社会亚文化人群长期或者密切接触所造成的，这种犯罪行为是由他们所浸淫的社会环境造成的。因此，要想实现未成年犯顺利回归社会，就要从他们所接受的教育实践和狱内生活的文化环境寻求解决问题的根本路径。这一点与人民教育家陶行知先生提倡"生活即教育"的主张有着异曲同工之妙。

再社会化教育是未成年犯转变犯罪思想、矫正不良行为恶习，掌握生活技能与职业技能，与其他社会成员和睦共处的必然选择。未成年犯的再社会化教育还必须兼顾其入狱前与出狱后的社会环境，同时把未成年犯与成年犯、未成年犯与普通青少年以及未成年犯之间的差异性考虑在内，体现了教育的文化整体观和文化比较观。这与2014年中国监狱工作协会教育改造专业委员会征文活动"矫正社会化"的主题不谋而合，可以说这是理论界与实务界人士的基本共识。

2016年，国家首次提出教育扶贫应该是实现精准扶贫的重要措施，表明教育培养人才、培育创新、带动地方经济、提高国民素质、促进社会发展的作用愈发重要，赋予了教育更加丰富的内涵。必须指出，国家亟须加大保护未成年人合法权益的力度，当然也应包括未成年犯这一特殊群体，

---

① 乡村"混混"是指不务正业、偷鸡摸狗、打架闹事的农村不良青年，甚至成为村里一霸。参见黄海《从留守儿童到乡村"混混"》，《当代青年研究》2008年第7期。

打造公平、健康、适宜的未成年人成长、成才的社会环境，此时不改更待何时。

第三，在长期的田野调查基础上，笔者结合典型个案提炼、梳理了一套关于视频研究的方法论，进一步丰富了文化人类学的参与观察法。未成年犯的教育生活环境不仅处在监狱警察的直接观察下，而且还处在狱方广泛适用的监控技术装备的监视中。现代科学技术装备已经大大突破了监狱警察视觉、听觉、嗅觉和触觉等感官的局限，充分发挥了技术防范的优势，进一步挤压未成年犯生活中的私密空间，强化狱方对其人身的控制和支配。狱方凭借监控技术装备获取了海量的视频资源，记录了未成年犯在特定时空里的现实表现，也成为人类学在监狱研究领域内一种独特的田野资料。

视频研究取得的成果有赖于研究者获取到视频资源的数量和质量，也受研究者掌握技术的娴熟程度和操作经验所影响。笔者在值班员JH与学员YWQ、学员QXA以及学员LDS等人的个案研究中就运用到了宝贵的视频资源，这些资料有助于还原、剖析他们的初始动机、行为表现、性格特征以及关联事件。当然，研究者仅仅通过冰冷的监控画面观察研究对象，获取的认识将是有限、单薄的，缺乏对研究对象作为活生生的"人"的理解，所以还必须与其他研究方法相结合，才能进行更加完整、更加充实的个案研究。

一次偶然的机会，笔者获悉了央视纪录频道制作的一档介绍有"高考加工厂"之称的安徽省六安市毛坦厂中学生活故事的节目，校方在教室、走廊、通道、学校大门及周边围墙等空间都安装了摄像头，用于观察、防范学生扰乱教学秩序、违反校规校纪、破坏教学设施等各种不良行为，包括学习、课余活动、就寝、就医等日常活动都处在监控之中，有时也会招致学生和家人的不满和抵触。但是这种控制人身自由与规训日常行为的做法却有增无减，大量出现在各类教育机构，就连医院、商场、银行、酒店、路面等场所也安装了大量的监控摄像头。摄像头在日常生活中出现的频率越来越高，覆盖的面积越来越广。显而易见，视频监控已经不再是监狱等机构的专利，监控技术已经延伸到现代人生活的每一个角落，即使在广大农村地区也越来越普及。

视频资源已经成为人类学研究中越来越重要的田野资料的来源，视频研究已经成为人类学研究中不容回避的一种新技术，它不仅丰富了参与观察法的实施路径，拓展其研究范围，大面积、多领域运用视频研究法将是大势所趋。它使得研究者更加便利、巧妙地介入各种类型的文化中，更好地适应现代科学技术发展给人类学带来的挑战和冲击。

（二）实践价值

实践中，未管所过分依赖少数年长学员对其他年轻学员进行管理，势必造成原本由法律赋予监狱警察权力的异化，加之两者在年龄、社会阅历、狱内生存经验以及与警察关系等方面的悬殊差异，极易在犯群中形成多层次的身份差异，滋生带有私利性的压制与役使，助长了警囚之间的"次生权威"。异化的未成年犯群体进一步创造、传播、教习与监狱主流文化相排斥的亚文化，有时还公开与主流文化对抗，如狱内的隐语、诈病、自伤自残、故意伤害等现象。那么，是不是这些未成年犯注定"人性本恶"？还是其所处的社会环境造成这样的不良后果？调查中，笔者发现在大多数罪犯内心深处也有社会公认的是非观、价值观，并不是所有人都是邪恶的、冥顽不化的，关键是要软化他们的消极、绝望的生活情绪，化解他们对抗狱方、报复社会的原罪动机。

作为主导未成年犯再社会化教育的未管所，则应引导监狱警察树立积极乐观的、理性成熟的工作理念，不要受监狱中弥漫的懒散习气和固有陈旧认知所影响，时常反思自身的功过得失，加强自身的文化修养，减少自身给未成年犯模仿带来的不良效应。多数监狱警察还保持着强烈的绝对服从意识，更多地体现在对秩序的维护、对权威的迷恋、对虚荣心的满足。监狱警察在对未成年犯实施管理、教育的过程中，要树立合理的心理预期，不要期待未成年犯短期内悔过自新，更不要期待会得到对方的感激和报恩。适度的期望值与细微的成就感才是激发、保持警察工作积极性和持久动力的有效途径。如果没有破釜沉舟的决心就绝无可能根除这些不良的习气和保守的惯性，这些文化中不良的因素就会投射到未成年犯身上。

要想彻底摆脱未成年犯教育工作中存在的掣肘，就必须解决以下问题：一是着眼于国家、社会和未成年人长远利益的再社会化教育理念缺失；二是以改造罪犯为本且相互尊重的警囚关系易被虚化；三是在现有教育实践中警囚双重话语体系分立；四是狱方提供未成年犯再社会化的教育实践供给不足。如果国家能够正视这些问题，将有助于破解未成年犯教育中存在的瓶颈，纠正未成年犯思想、心理、行为上出现的越轨问题，使其顺利回归社会。未成年犯教育的经验、技术不仅仅是监禁机构的"专利"，而且还能帮助父母、教师更好地理解未成年人违反道德以及违法犯罪的主观心理态度，施加更为积极的干预，将已经偏移的人生轨迹进行扶正。

二 研究的不足

未成年人的研究本身就具有非常大的挑战性，这不仅是出于研究对象自身的易变性、可塑性和敏感性，还因为研究成果的信度和可靠性将影响世人对他们的认识和评价。特别是针对已经严重越轨的未成年犯的研究，笔者坚信自己秉持人类学特有的人文关怀和学术伦理开展这项研究肯定是有价值的，但是仍需坦诚地面对它所存在的局限性。

（一）关于未成年犯群体的研究必须要面对一定时期、一定区域内研究对象呈现的差异化、地域化等特征

未成年人是对新事物、新技术、新现象最为敏感的一个群体，极易受其所处社会环境的多重影响。当前未成年犯群体的成长背景、家庭教育、学校教育、社区环境以及社会治安状况等因素促成更加复杂易变的生活方式与成长环境，他们受到不良文化浸淫的风险在不断增加。

例如，20世纪末，各种互联网娱乐方式的兴起，就会造成繁华、开放的大中城市里成长的孩子与相对封闭落后农村长大的孩子之间存在显著差异，造成狱内外生活环境的差距越来越大。腾讯公司在2011年1月21日推出了一款叫微信（WeChat）的智能终端提供即时通信服务，微信支持跨通信运营商、跨操作系统平台收发语音短信、视频、图片和文字，语音、视频通话，消费、理财以及多种服务插件的使用。① 例如，2010年入狱的

---

① 《微信》，百度百科，https://baike.baidu.com/item/%E5%BE%AE%E4%BF%A1/3905974?fr=aladdin，最后访问日期：2019年6月24日。

自考状元 QXA 虽然学习成绩优异，但要提到微信这一新鲜事物，估计他即使知道有此一物也不会使用。然而，刚入狱的小学员们肯定已将新的聊天工具用得滚瓜烂熟。年纪相仿的未成年人使用微信，却有着截然不同的用途，有人可以用来建立一个相互探讨学业的交际网络；有人却用来传播、贩卖涉黄的小说、图片、视频，甚至利用网络聊天室的服务功能从事色情直播服务，更有人利用微信红包进行新式赌博。反之，学员 QXA 的生活里没有出现过微信这种新的即时通信工具，因此不会受到其中夹杂的负面、消极信息资源的骚扰和毒害。

（二）针对关键报道人出狱后的追踪研究难度极大，受制于研究对象、研究者及官方等多方面原因

文中涉及关键报道人出狱后的追踪研究往往受到社会环境的剧烈变化，当事人及官方的冷漠，研究对象生活变故以及笔者所能获取的社会资源等因素制约。比方说，笔者能够获取学员 LJ 真实描述个人内心世界的题名为《一生有你》的日记实属不易，笔者多方寻找学员 LJ 也没有任何音讯。如果没有这本日记就不可能较为完整地记录学员 LJ 入狱前和服刑中的生活境遇与内心活动，但是对于学员 LJ 本人也许并不愿意一次一次去揭开曾经让其痛苦不堪的伤疤。

客观上来说，作为雨露未管所都无法掌握学员 LJ 出狱后的生活动向，以笔者一人之力就更难完成从其最初的童年遭遇到监狱服刑阶段再到未来人生道路的生活史追踪。书中涉及的学员 QXA 和学员 LDS 等人的田野调查，与其花费大量的时间、精力、财力，还不如充分利用与报道人长期相处的机会去深挖素材，这样对于本书的研究可能受益更大。

三 研究存在的困难

本书与大多数人类学研究的显著差异就体现在研究对象所处的社会环境是国家意志下的规训机构，从而使得研究方法、策略和关联效应必须独辟蹊径。研究者在监狱这样敏感、特殊又威严的国家机关进行调查，不仅关乎工作人员的职业成就和切身利益以及未成年犯的个人隐私，而且还要受到社会舆论乃至国内外执法环境、外交政策和政治氛围的影响。所以，

自研究者想进入田野点的那一刻开始，就要格外小心谨慎地处理好自己与任何人及各群体之间的关系，甚至当自己离开田野点"置身事外"时，也要慎重拿捏研究的尺度和分寸。

特别是自从20世纪下半叶以来，少数持有敌对思维和具有利益冲突的国家以人权为借口公然干预我国的内政，加之近年来接连发生多起严重的监管安全事故，硬生生地把监狱推到了社会舆论和公众评判的风口浪尖，使得监狱的敏感性和知名度陡然增加，监狱领域的研究成果也具有了学术研究之外的诸多边际效应。因此说，作为一位有良知、有爱心、有责任感的研究者，既要以高度负责的态度去处理与未成年犯相关材料的取舍，又要严密保护好研究对象的个人身份和生活隐私，必须分清科学研究与保守国家秘密之间孰重孰轻，避免让国家和社会的重大利益受损。

近年来，监狱自身存在的基层警力不足、职业风险潜藏、社会压力激增等问题，进一步增强了监狱警察的风险意识和责任意识，使得他们更加反感和防范"陌生人"的干扰。研究者要格外小心行事，避免因为自己的不当言行给他人的工作和利益带来负面影响。为了能够更多地接触未成年犯从而获取第一手资料，笔者尽力建立友好、和睦的关系，以便能够继续开展研究。

法学家苏力先生的《送法下乡》介绍作者在基层法院调查过程中所遇到的重重阻力和艰辛困苦。再想一想早期的人类学家到达异常偏远地区从事研究，克服气候、饮食、语言、风俗、规范等文化差异。离家数年，不远万里，忍受误解、敌视，遭受病痛、挫折，有时还要冒着人身危险去调查。想到这些，不由得让我们年轻一辈心生敬意，为了实现自己的学术理想，再苦再累都要勇敢地走下去。

第二章　学员生活的多彩人生

第一节　狱内"吃墨水"的人

夜已深，人已静，唯独天空那颗流星给黑夜带来一丝星光。此刻的我，内心此起彼伏，伫立窗前，抬头望着家的方向，久久凝望……

夜风偷偷翻开稿纸，像是要窥看我笔记处对昨日的无限感慨。失落的情绪宣泄在纸上，往事如云般逝去，只留下一种情愫在心底徘徊，隐隐作痛，挥之不去。家就在不远的天边，似乎能够触手可及，又似乎是那么虚缈，那么遥远。在这寂静的夜里，看着不远处的万家灯火，不禁勾起了我的念家之情。

想家的时候，仿佛是为自己错误的脚步和走过的那段弯路悔恨交加；

想家的时候，耳际响起了亲人的叮咛，老师的教诲，警官的指引；

想家的时候，想出了悔恨，想出了力量，也想出了一份美好的希望。

于是，我忘却了忧愁，没有了悲伤，隔着冰凉的铁窗，高高地放飞心灵的幻想，把一切一切的祝福，坦荡的真情和热腾腾的信念，一起捎给近在咫尺的家……

夜深人静，

此起彼伏的流星，闪烁……

黑夜中丝丝的飞光；

> 缧绁缚身,
> 此呼彼应的情愫,洒落……
> 寒窗中汩汩的暖流,
> 家
> 是想你的时候……

这是一首学员用心写的诗歌,一名在狱内服刑的未成年犯在黑夜里思潮涌动、感慨万千,其中饱含了对亲人的渴望与眷恋,充满了对昨日犯罪行为的悔恨,通篇贯穿对家的无限向往和依恋。家庭是罪犯与社会连接最为紧密的地带,血缘、亲情的纽带是难以割舍的,为罪犯提供了重要的精神寄托和情感依赖。家庭的哺乳、抚养和教育更是未成年人不可或缺的精神养分,确保其身心健康成长。

学员的话语与文本是学员在狱内服刑期间思想与知识的结合,因为语言受到特定空间的限制就更倾向于用隐蔽或公开的文字去发泄、表达,这是学员情感与欲望多彩纷呈地抒发,是学员意志与信念坚守与抗争的载体。其实在狱内到处充斥着属于学员以及学员创造的文化符号,在文化符号的深层意义世界里揭示了学员肉体与灵魂的存在。

一 我们心中想说的话

先让我们品阅由同一名学员谱写的两段朴实而真挚的文字。

文字一:《那些年,父母的唠叨》

> 小时候,父母催促我起床时,我总是很不耐烦地对他们说:"好了,好了,知道了,真啰唆。"这句话我不知道说了多少遍,每天都是如此,可父母总是不厌其烦地对我说:"等会儿上学该迟到了。"
>
> 上学后,每次回到家,便听到父母的唠唠叨叨:"学习怎么样啊?在学校吃得饱吗?"面对父母的嘘寒问暖,我却冷冰冰的一句:"烦不烦啊!"直截了当地搪塞了父母对我的唠叨。每当母亲以过来人的身份教我为人处世时,我会毫不留情地打断她的话:"你那一套,早就过时了!"母亲听完也不生气,还是语重心长地说:"不听老人言,吃

亏在眼前，总有一天你会明白我说的话的。"

"说了你也不懂，还是别说了。"这是我青春期常对母亲说的话。我不知道母亲听到这样的话是什么感受，但是，我却对她说了一次又一次。出来工作以后，母亲的电话更加频繁。而我每次接电话的开场白都是："有事吗？没事的话，我就挂了，我正忙着呢！"不知是害怕父母的"唠叨"，还是为了掩饰自己当初离家时的豪言壮志，每次还没等母亲反应过来，电话里就已经传来了冰冷的挂断声。

原以为可以凭着一腔热血就能闯出一片天地，直到后来，我才发现，脱离现实的梦想是那么的不堪一击。迷失在了来时的十字路口，我找不到回家的方向。

再次看到父母时，已是身陷高墙。望着眼前的父母，不知道从什么时候开始，他们的两鬓都已经沾满了银霜，那一条条被思念和牵挂刻画出的深深的纹沟，像一把无情的刻刀，深深地刺痛着我的心。泪水不停地在眼眶里打转，而我却哽咽得无法言语……

都说时间是治疗伤口的灵药。但是，我们每一次脱口而出令父母伤心的话语，都深深刺痛着父母的心，虽然父母不曾记起，但是在他们心里却永远留下了痕迹。

我们从小到大，每一次的任性、犯错，父母都不曾责怪，甚至于今天犯下如此不可饶恕的罪过，父母仍然没有放弃我们，反而用他们最温暖慈爱的心，包容呵护着我们。他们从不奢望什么，只是希望我们能够平安、幸福。哪怕是用自己的一生作为代价。

面对父母的这份深情，我们又该拿什么去报答。

上文是作者回忆起曾经面对父母的叮咛，总会说出很多自以为是的话语，认为父母的关爱是多余的、令人心烦的，经历了人生的曲折与坎坷，体会到因犯罪而带来的苦痛和忏悔，此时此刻才更加深切地感受到那份永远的慈爱，这是作者现实生活的精神支柱与未来人生的情感灯塔。

父母对于子女的物质养育和精神支持是任何人、任何力量都不能取代的。自从婴儿来到世界的第一啼哭开始，以父母为核心的家庭教育就开始了，一个人最早的启蒙教育就已经播下了成长的种子。如果有温暖、和谐的亲情伴随，他将获取成长的润滑剂和催化剂；但如果这种教育是非理性或偏离社会主流文化的，那将对他产生不可估量的负面影响。

未成年犯因为实施了严重违反社会规范的行为而被关押在未管所服刑，造成与父母和亲情的事实分离，但是这种感情纽带不仅不能割断，而且变得愈加珍贵，甚至可能成为大部分未成年犯生存下去的希望。

文字二：《朋友，以诚待之》

"朋友一生一起走，那些日子不再有，一句话，一辈子……"这首歌，应该都是我们耳熟能详的了。周华健一曲婉转悠扬饱含沧桑的歌调，唱出了无数人掩藏心底的那份纯真的友情之声。朋友，这个用"心"灌溉的名词，在越来越不被人们推崇的时代里，不知还有多少纯真的友情值得我们去珍藏，值得我们去怀念。

社会发展，物质充裕，本是历史的必然，也是顺应时代的要求。只是，在不断被世俗物质裹挟的新时代里，越来越多的人被繁华的表象和物欲的世界所迷惑，抛却了本质的纯真，隐藏了人性的良善。以前，总是听长辈们谈起"朋友"时，脸上洋溢着的全是自然而欣慰的幸福感。如今，听得最多的是"酒肉穿肠过，朋友心中留"，越来越多的人把酒桌当成了培养感情的训练营和助推器。想起长辈们为了一个承诺可以用一生去践行，为了朋友，甚至不惜付出自己的生命。这样的友情，值得他们用一生去铭记和珍藏。走的路多了，就会发觉越来越少的东西值得我们拿感情去衡量值得与否，所以，常常在走的路上，便迷失了自己，忘却了最本质的东西。

而今，深陷囹圄服刑改造，听得最多的是"朋友兄弟一起捞，出事之后谁接招"。有过这样的朋友，对于服刑改造之后的大部分人来说，或多或少都留下了"背叛"或"伤害"的阴影。如若今天还有人和这部分人谈起友情，恐怕他们会说你在瞎说。但是，如果真的抱着这样的想法为人处世，恐怕带来的不是信赖的支撑与纯粹的真诚，我想更多的是利益的纠结和猜测下的算计。当人人都抱着这样的想法相处时，试问：还有何真诚可言？当我们生活在这样的环境里、这样的人群中，我们又该以什么样的方式去对待，去处之。

我们总说待人要真诚，似乎忘了出发点正是我们自己。

如果说亲情是未成年人成长的根，那么友情就是未成年人成长的枝叶，它不断地吸收水和养分才能茁壮成长。第二篇短文正是作者表达出父子两代人对朋友之情的感悟，反思现实生活环境中最需要的精神内核是真诚做人。

在当前剧烈转型的社会中，友情的内涵发生了改变，这也是让作者迷惑、困扰的一个重要原因。但是不能因为与部分人的友情变质发霉就否定友情存在的价值，我们需要有一双慧眼，识别出促膝谈心、荣辱与共的朋友，远离别有用心、见利忘义的小人，寻找到真正属于自己的友谊。

以上两篇文章行文如流水、语言如丝绢，主题鲜明、情感细腻，不免让人心生感动。如果我们知道它们均出自一名仅有小学文化程度且仍正在服刑的未成年犯之手，就会更加有感于字里行间流露出的真情实感，对作者充满了好奇，他就是狱内"以墨水为生"的学员LNW。

二　自学成才的拼搏之路

学员LNW是W监区的通讯员①作者，从一个只有小学文化程度的"无名小卒"，通过自己坚持不懈的努力和默默无闻的付出，用文字书写个人发自心灵深处的声音，实现了自己别样人生的一种超越。

在2011年，学员LNW就有6篇文章先后被《新苗报》②或新苗网采用，这可是从每年六七千份稿件中精心选拔而出的。学员LNW当年因为这方面的成绩获得了记功③的行政奖励，在全所3000余名学员中只有7个人享有这份殊荣。之后的2012年又有10篇文章被《新苗报》或新苗网采用，在同年他被任命为监区的"御用"通讯员。2013年又有10篇文章被

---

① 通讯员是指监区选拔具有一定文字功底的罪犯专门围绕人生理想、改造生活等主题进行创作。

② 《新苗报》是狱方组织个别有专业特长的学员进行采稿、统稿、编辑且供全所服刑学员浏览、阅读的内部刊物。在2014年初，省局下文规定不得再使用学员担任报纸的编辑，此后改由监狱警察担任此项工作。

③ 记功是指雨露未管所依据《监狱法》而设立的一种行政奖励手段，还可以作为罪犯减刑的改造成绩。

登载出来,其中还有一篇文章被某省的《监狱报》① 转载,这代表了学员 LNW 写作事业的又一个巅峰。表 2-1 为 2013 年学员 LNW 发表文章汇总。

表 2-1 2013 年学员 LNW 发表文章汇总

文章标题	发表时间	版面	登载媒体
永远的旗帜	2013 年 3 月	3	新苗报
朋友,以诚待之	2013 年 4 月	4	新苗报
这种"冒险"要不得	2013 年 5 月	4	新苗报
做任何工作都需具备的能力	2013 年 6 月	3	新苗报
从今天起……	2013 年 8 月	4	新苗报
欲成功者,需做好"三件事"	2013 年 9 月	3	新苗报
找自己	2013 年 10 月	4	新苗报
再见,旧时光	2013 年 11 月	4	新苗报
小议"面子"	2013 年 3 月	3	某省监狱报
你在为谁读书	2013 年 10 月	—	新苗网

学员 LNW 作为《新苗报》和新苗网的专职编辑,这里就是他的习艺劳动岗位,他和其他学员的劳动内容不同,少了枯燥乏味的机械性劳作,多了几分多彩的文学创作,是狱内备受尊重的"劳动岗位",也成为狱内学员心目中的明星人物之一。作为学员 LNW 是如何从一个名不见经传的普通学员成长为一位狱内的"写作高手"?他又有什么样的成长经历?

让我们走进学员 LNW 的内心真实世界,下面就是学员 LNW 的一段真情告白,讲述了自己成长的心路历程。

我是 W 监区的服刑学员 LNW,2010 年到雨露未管所服刑改造,于 2012 年 7 月份开始担任新苗报报刊编辑员,至今已有半年多了,今天非常荣幸作为一名发言人来与大家一起探讨关于"如何写作"

---

① 该报是省局主办的旨在宣传本省监狱系统内重大事件、弘扬监狱内发生的好人好事以及刊登少数罪犯的优秀作品且用于内部交流的报纸。目前,该省押犯在 10 万以上,每月一期刊发罪犯个人的文章数量不过数十篇,难度是非常大的。

这个问题，那么怎样才能培养写作能力呢？因为我对写作有现实需求，而且还是新苗报的一名编辑，所以对这一问题我也曾进行过长时间的思考。当然，我目前的写作能力依然谈不上很好，但经过不断的思索和努力也正在逐渐进步，希望我的经验能够给大家一些帮助。

谈到写文章，我个人认为，其实只要达到小学毕业的水准就行，但要写出好文章，即使是大学毕业也未必能做到，因为写好文章的背后需要投入大量的时间和精力。

记得刚入所时，对于如何写好文章，我也是个愣头青，不仅不会写文章，就连写封像样点的汇报或有点水平的信都会令我头疼不已，每次拿着笔绞尽脑汁，思考良久也不知该往哪下手，半天之后纸上仍然是一片空白，特别是每次看到身边同改写的稿件都一一刊登在新苗报上时，我都羡慕不已，所以从那时起，我就在心里渐渐滋生了练好文笔的想法，而且心里也非常渴望自己笔下的字都能成为那一行行的铅字。只是，想象中的事物始终是那么美好，而现实中的困难却又此起彼伏，对于一个没有任何文字功底的我来说，要想写出一篇能上报的文章，又岂是嘴上说说这么简单啊？仅是一些稍微难点的生字词自己都要拿着字典翻弄半天，更不用谈写出好文章了，面对眼前这些现实的困难我在心里不止一次想过放弃，可是细细想想又不甘心，为什么别人能做的，我自己却不行？

于是，为了证明自己并不比别人差，同时也为了坚定自己那练好文笔的决心，我开始拿着身边那些文采较好的通讯员当作自己的学习奋斗目标，而且每一次他们都会成为支撑我努力向上的一种力量。每一次到了我实在坚持不了的时候，我就拿着新苗报认真地看，认真地读，想方设法地使自己那写好文章的迫切心情，再一次热起来。所以说，人总是跟着心底的热望前行，为了达到自己的目标，我做了各种努力。最初只是向其他通讯员请教，不过即使是这样也无法真正提高自己，因为别人给的，只是一些建议，真正能够让自己提高的，还是要靠自己多看书学习，俗话说得好："读书破万卷，下笔如有神"，为了能找到书中蕴藏的那个"神"，我阅读了很多有关写作、语法、修辞和逻辑基础知识的书籍，因为这些书籍中所包含的知识是前人写作实践经验的总结，可以说是万卷书中蕴藏的那个"神"，也可以说是写作的指南，依靠它便能少走许多弯路，除此之外，为了扩展自己的知识面，我还每天挤出最少1个小时的时间来学习一些其他方面的书籍，并且认真做好读书笔记，将书上看到的经典语句都用笔一一记录在自己的小本子上，争取让自己的每一个细胞都能感染到文学写作的气息，于是，随着时间的积累，自己的文字也开始一点点有了味道，写作水平也在潜移默化中有了提高，后来，我开始往新苗报投送自己那一篇篇辛勤耕耘而来的稿件。

而后，又盼星星盼月亮地期待着报纸上会出现自己的名字，起初并未如愿，但是，我始终没有放弃，为了使自己的稿件能够顺利刊登在报纸上，我开始注意出版的每一期新苗报，为自己写好的稿件找到适合的版面，终于，辛勤的耕耘收获了甜美的果实。当我看到新苗报上出现自己的名字时，心里真是激动万分，好长一段时间我都不敢相信，自己终于做到了，心中的那份喜悦溢于言表，如今回头想想那一个个挑灯夜战、奋笔疾书的夜晚，而今都已消逝得无影无踪，只有那无尽的甘甜缓缓流淌进我的心窝，让我欢欣鼓舞，倍感欣慰。而后，我更是笔耕不辍，慢慢地也成为新苗报上发表文章的常客，然而，命运总是如此垂青那些万事有准备的人，一次偶然的机会我被警官挑选为新苗报的一名编辑，一个新的挑战摆在我的面前，一块充满文化底蕴的土地正在等着我去耕耘，随着肩上的责任越来越重，我更是丝毫不敢懈怠，为了做好自己在通讯员中的榜样，我会整装待发用全新的面貌去迎接这个新的挑战。

同改们，同所有的事情一样，写作水平也不会一蹴而就，不可能瞬间就变好，而是需要刻苦练习和不断积累的，不过须切记，这种模仿绝不是照搬照抄，而是模仿别人的写作语气和手法，效仿别人的写作风格，切勿将其混淆不清，要知道文章最起码的是文字要有条理，能够完整地表达出自己的思想，并能够说服别人。文字不仅要有表现力，还要有思想深度和严谨的逻辑。写得一手的好文章就可以更加有逻辑地思考问题，并将自己的说服能力展现给别人，这是我们最需要也是最重要的能力。

学员 LNW 的成长之路并不是一帆风顺的，之所以取得了宝贵的人生历练和财富，得益于他精准无误的目标定位、不断进取的创新精神、脚踏实地的努力拼搏、持之以恒的意志品质。狱内的环境或许在很多人看来是闭塞的、匮乏的、枯燥的、严苛的，但是学员 LNW 的励志人生验证了一句经典的谚语"多好的草地也有瘦马"。

三　写作能手身边的"兄弟"

在狱内，学员 LNW 的光环是和他超群的写作能力密不可分的，他与身边的学员都共处一个相同的社会环境，他们会写出什么样的文本？会有什么样的生活形态？

笔者有幸在教务处警察的办公台面上看到了几摞初一年级学员的语文作业簿。按照相关管理规定，学员作业等各种文本资料是不能带离监狱的教学区域，也就意味着九年义务教育的外聘教师只能利用课间休息或无课的空闲时间批改作业。

其中一次语文课的作业题目是"我是一个什么样的人？"。学员的答案真可谓是五花八门、无奇不有。

一名学员写道："我就是什么都不想说，就是那个样。"寥寥数字而已，似乎是在和语文教师隔空喊话，其实也是对自己内心消极心理的一种写照——破罐子破摔。

还有学员写道："憎恶自己的罪行，对家人所造成的伤害感到十分后悔……狱中苦闷的心情，使得自己加倍想念家人……"

一次语文作业呈现了学员之间的知识广度、语言能力、生活心态、不同诉求及多样情感，学员通过作业、日记、书信、聊天、亲情电话、亲属会见等多种途径抒发情感、张扬个性、感悟人生。学员 LNW 选择了与身边的学员不同的人生轨迹，这种巨大的反差不仅是眼前服刑生活的路演，更是未来人生走向的显著分歧。

学员 LNW 的写作奋斗历程体现了一个人对事业成功的强烈渴望，显露了一个人在身处逆境中乐观向上的从容心态，一个人不计眼前的个人得失,勤劳耕耘、默默地坚守,最终把服刑生活中的艰难险阻化作自己前行的勇气和动力。当有了梦想支撑他的精神世界时,他迟早有一天会成长为一棵"参天大树"。"教育不仅应当发展人的理智,传授他一定范围的知识,还应该燃起对认真劳动的渴望,没有这种渴望,他的生活既不可能是可尊敬的,也不可能是幸福的。"①

让我们用学员 LNW 抄下来的一首诗歌——《新生》,用来勉励所有罪犯:

> 曾经我是一个良好少年
> 曾经我的笑声洒遍整个村庄
> 如今面对监狱的高墙
> 我不能将自己想象成一只小鸟
> 如今将我养大的爸爸妈妈
> 他们过得还好
> 风雨人生总坎坷
> 迷途不知往何处
> 昔日误己今日悔
> 明日我亦当自强

第二节 学员 LJ 的日记——《一生有你》

以下是学员 LJ 写的题名为《一生有你——那魂已孤独》的一本日记,它记载了从学员 LJ 离开老家到临近刑满释放前的生活经历,较为完整地呈现了学员 LJ 曲折坎坷的一段青春期遭遇。

一 入狱前的"幸福生活"

2008 年 8 月 5 日,我从乡下来到城市,心里充满了犹豫、彷徨、失

---

① 许章润:《监狱学》,中国人民公安大学出版社,1991,第 192 页。

落，见到城市高楼林立备受震撼，感到祖国非常强大，对自己的未来不免有些担心。

学员 LJ 或许从来没有想到几个月时间，自己就喜欢、迷恋上了大城市时尚现代、光怪陆离、灯红酒绿的大千生活。

2008 年的最后一天，学员 LJ 和叔叔、阿姨，最亲的妈妈和哥哥在一家酒店吃了团圆饭。饭后，散步、打牌、玩游戏。当夜深人静的时候，学员 LJ 一人又来到网吧与几个来自天南海北的网友聊着、聊着……

2009 年春节后，我带着佩佩①到江西做卖淫服务，临行前并未告知母亲，家人找了很久未见其人，感到非常生气。LJ 一边思念家人，一边吃得好、住得好、玩得好，又可以赚很多钱，沉浸在快乐当中。

就这样，学员 LJ 用女友佩佩卖淫得来的金钱供自己挥霍，过着自认为像神仙一样的日子，两人还依旧保持着恋人关系。

到了十一国庆长假，中秋与国庆重逢的日子，我玩得特别开心，沉浸在女友佩佩在身边的虚荣而忘记了节日的气氛。我只把女友当作赚取的工具②，对此也很愧疚。

到了 2010 年 5 月发生了一系列令学员 LJ 懊恼和沮丧的事。先是女友弃他而去，返回老家，自己又因为辞职一事与老板发生激烈争吵。随后，学员 LJ 为了一群狐朋狗友与女友彻底闹翻，还与家人搞僵了关系，此时已成为众叛亲离的"孤家寡人"。不久，自己又因为与朋友一同致他人重伤，而被当地警方抓捕归案。此时，他对接下来要承担的刑事法律责任还稀里糊涂，哪想到这可是故意伤害的重罪啊！

2010 年 11 月 12 日，我被法院判处了有期徒刑，直到 23 岁才能出狱，对自己的人生很迷茫。我认为这是老天对自己亏欠女友的惩罚。

学员 LJ 已经坠入了犯罪的泥潭越陷越深，正处于一个极度彷徨和迷离的时期，此刻则变得愈发想念女友和家人，可是已经无人能够听到他凄惨的呼唤声了。一个游离于主流文化之外的年轻生命正准备重新开启自己的人性救赎之旅。

---

① 笔者注：佩佩是学员 LJ 的女友。
② 笔者注：利用女友卖淫获得丰厚收入供两人高消费。

二 入狱后的蜕变与转型

2010年12月17日，今天是我从看守所①送到未管所的第一天，被监狱严格和规范的管理所折服。在入所的一个月里除了上课就是训练，想要努力拼搏拿嘉奖早日减刑出狱。

学员LJ进入未管所即将开始入监教育，一整套较为严厉、有固定套路的"教育大餐"在等待着这个新人。入监教育对于大多数人而言都起到过渡性、适应性的作用，使他们逐渐熟悉监狱的监规监纪、生活节奏和服刑环境，调整自己的心态和作息习惯。学员LJ通过入监教育考核后，被分流到了W监区。到监区的第一个月，学员LJ就拿到监区超产第一名。个人的突出表现慢慢得到了监区警察的关注，随后经常代表监区参加队列比赛，还受到监区领导的重视担任一名质检员。其间，学员LJ不仅熟练掌握了监区生产项目的工艺和技术，而且还学会了很多管理的技巧、经验，提高管理协调的能力，慢慢成长为一名合格的管理者。

2011年8月26日，我被吴队长②提升为二车间统计员，同时付队长③让我去做严管组④组长，慢慢地成为20组⑤组长，20组在我的带领下，步步上升，可是那时我与值班组发生了巨大的矛盾，自己被压制得很难过，可是自己努力又把这件事解决。后来由于监区需要人才，加上警官认可我的能力，于2012年5月12日，也就是四川汶川地震纪念日的那天我被调进值班组。

学员LJ进入了值班组，就意味着他跨入了学员中的"上流社会"。因为值班员与警察走得更近，更利于施展自己的才华，更容易获得成绩、荣誉、身份和虚荣心的满足。眼前的一切似乎让他有些飘飘然了。

联想到酷热的夏天在田里锄地的农民，皮肤晒得黝黑，豆大的汗珠从

---

① 看守所是指公安系统内用于羁押犯罪嫌疑人的国家机关。被法院终审判处有期徒刑、无期徒刑的未成年罪犯，且剩余刑期在三个月以上的则要送往未管所执行剩余刑罚。看守所与监狱均是以剥夺或限制人身自由为主要特征的管理模式，只是两者羁押的对象有较大差别。
② 笔者注：吴队长是指负责管理二分监区（二车间）的警察，学员也习惯称之为吴队长。
③ 笔者注：推测付队长是主管狱政的副监区长LQ。
④ 严管组是指狱方将处遇级别定为严管级的少数罪犯所排的小组。
⑤ 20组指监区以罪犯监舍为单位编排的一类罪犯群体，排列序号为"20"，人数通常为8~12人。

头上渗出，从身体上加速滚落，重重地摔在地面，自己感觉还是很轻松、很惬意听着音乐，浮想联翩，觉察这个世界已经今非昔比，对周边的一切似乎产生了怀疑。

人生古来只有几十载，灯红酒绿生活五六年。

低谷之中辛酸三四年，试问人生还剩多少载。

忆起飘然的世界，思乡之愁浮出来，欲借酒消愁，谁知越是让人痴，狱中男儿哪有不思情矣，奈何命运悲……

人心，人心啊，你的命运。

人心，人心啊，你的世界。

学员 LJ 不禁回忆起老家乡亲艰苦劳作的场面，对比自己做值班员的工作状态，慢慢产生了久违的优越感和满足感。但是，当自己"身陷囹圄"，又不由得产生五味杂陈的复杂情感，对浸染自己的社会产生了些许迷茫、悔悟和忧思。短短几个月时间，学员 LJ 从一个饱含辛酸的"毛头小子"转变为 W 监区数一数二的习艺"劳动能手"，再到既受监区领导器重又受学员敬畏的值班员，完成了自己犯罪人生的转型与蜕变。

三 在狱中的五味杂陈

（一）值班员的跌宕起伏

自从 5 月我被提拔为值班员以来，我的世界目空一切，只有我自己，居高临下，随意"卡购物"……这样的日子总是不长久的。在 7 月的时候，我被人捅出来了，在忐忑不安中度过了难熬的几天，等到被约谈的一天，所有事物好像都凝固了，我在三楼①能听见一楼发出的细微声音。

学员 LJ 作为值班员有协助监区警察管理其他学员的"权力"，自然而然地通过传达警察指令的便利条件，利用与警察接触较多的身份优势，容易在犯群中形成不同于普通罪犯的威信。当学员 LJ 手中有了"权力"后，自己的心态和欲望都发生了异化，为了满足一己之私强占其他学员的私人物品，又不懂得有所节制。这种霸道的行为在狱中是属于严重违纪，受到扣分处罚

---

① 笔者注：W 监区的劳动区、住宿区和活动大厅都在监管楼的三层。

是必然的，还可能被免去值班员的职务，又回到初入 W 监区时的状态。

结果出乎所有人的意料，包括自己。李队长①找我谈话说："这一路走来，都是很顺利的。今天你跌下去我要看你怎么爬起来！"最后，我被保留了职务，只扣 2 分处理。

虽然学员 LJ 侥幸逃过一劫，但是自己的心理却不知不觉产生了微妙的变化。

自己心里也没有太大的勇气站起来，思绪一波未平一波又起，未来该如何抉择……

进入十月，正当学员 LJ 对自己未来的前途感到困顿、迷茫之时，值班员的工作压力又开始让他不堪重负。

昨夜值班只睡了 5 个小时，在车间很困倦想睡不能睡，只好发呆。监区换了生产品种，从五金到电子变压器再到手表机芯。② 现在值班组只有 10 人，每天晚上值班很辛苦，白天还要身兼前岗和车间统计，觉得很累，分身乏术，很想念外面的人们。

俗话说："屋漏偏逢连夜雨"。学员 LJ 的心结还没有解开，又看到值班组长因为监区内部的利益纷争而被撤换，搞得自己更加心神不宁，大有一种看破世态炎凉的悲怆之情，从而自己突然萌生辞去值班员的念头。正如日记里写道：

> 坐牢的人都说值班员是最高的境界，从某个角度讲是这样，但是压力很大，任务很重。近期，有值班组组长说两个分监区搞对立，我很困惑，思索不通，看到组长在拿成绩的最为关键时刻被撤。自己又因为报表的事情被阮队长③和女内勤④批评，搞得焦头烂额。同时还有两名值班辞职也没有得到同意，只好硬着头皮干活。

虽然学员 LJ 担任值班员意味着身份和地位在犯群中大大提高，但是获

---

① 笔者注：李队长应该是享有管理监区值班员权利的警察。
② 笔者注：近几年，狱方更换了几次生产项目，意味着监区要重新组织学员培训，以便熟练掌握新的技术。
③ 笔者注：阮队长是监区负责生产管理的警察。
④ 笔者注：在监区担任文员角色的女性警察。

得权力的同时也承受着巨大的工作压力,有时可能会处在警察与学员之间,成为费力不讨好的"夹心层"。

学员 LJ 在 2012 年 12 月 31 日的日记里,开始反思:

> 今天是具有划时代意义的一天,也是 2012 年最后一天,在今天 16:45 时我才意识到:我的贪玩、我的懒惰、我的脾气、我的个性,都随着 2012 年而改变,我也真的回味种种不堪和坎坷。

(二) 青春期成长的烦恼

学员 LJ 的 2012 年经历了太多的事情,在他身上发生了太多的变化,青春期成长带来的烦恼是其中不得不提到的部分。

今天有位学员告诉自己长得很可爱,这个名字深深地印在了我的心里,我都快 20 岁了,怎么还用可爱来形容英俊潇洒的大侠呢。只有一种可能,那是就是这位大侠历经的世事不够多,本身并没有领会那种超凡脱俗的境界。一种可能,太成熟;另一种可能就是这位大侠真的还年轻,虽然年龄有 20 了,但相貌只有 18 岁的样子,这种事不好吗?①

过了几天,我问一个新投犯:"我现在多少岁?"他说:"18 岁。真的吗?"虽然表面有点开心,但内心早就知道,已经回不去了,17、18、19、20,这是人生最精彩的时段,而这时段,都在这个笼子度过。

老是发现自己习惯性摸下颚,发现自己的胡须长了不少,想到坐牢让人憔悴? 又对未来充满了困惑。

图 2-1 ~ 图 2-3 为学员 LJ 在个人日记中的截图。

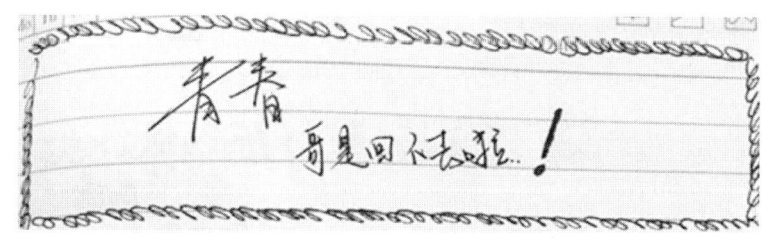

图 2-1　学员 LJ 在个人日记中的截图 1

图片来源:笔者于 2014 年 12 月拍摄。

---

① 笔者注:青少年非常希望得到别人的夸奖和赞美,这对于他们的成长是必不可少的养分。

随着年龄的增长，学员 LJ 的生理发育加剧了由此衍生出的心理危机，感觉时间一点点流逝，自己可能会被社会发展的洪流所抛弃。

人的自然生长是学员 LJ 无法控制的，但是基于对社会和文化的基本认知，学员 LJ 为此做出的改变还是非常大的。

昨天有位学员跟我说，能力这个问题。此时我想到了一句话"能力超群但品质差的人，他一生注定失败"。我的品行改了三年，但还是不怎么样，我得继续努力，继续加油，为我的明天去奋斗，去实现我的梦想。

这几个月来，我们处理问题的时候都没有考虑别人的感受，连最基本的都忘记了，还怎么改造。经过这事，要提醒自己凡事要从多个角度思考，多考虑一下别人的感受。不懂得知恩图报还威胁人家，真是太愚蠢啦，我对不起你们。

这些事情连接在一起的话，让人想通很多事情，让一个人成长，不是看他的年龄有多大，而是看他经历的事有多少，吸取的教训有多少。让一个人真正地成长，就是要不断地遇到挫折、解决挫折。而不是遇到事情就退缩，那样一辈子都长不大。

以上几段文字表明了学员 LJ 有了难得的自省意识，能够看到自身成长中存在的问题，并有意让自己变得更加勇敢、更加坚韧、更加成熟。正如他在日记中留下的那句话：

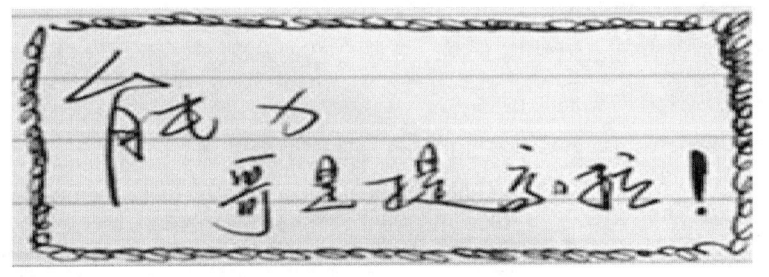

图 2-2　学员 LJ 在个人日记中的截图 2
图片来源：笔者于 2014 年 12 月拍摄。

（三）塑造灵魂的思想教育

在学员 LJ 的文化世界里，国家和民族的大事似乎显得有些遥远，但是狱方会用倍受学员欢迎的方式表达出来，不是通过强制性的灌输压服，而是慢慢地寻求学员发自内心的认同。任何一名学员都离不开思想教育的培养和塑造，并努力在狱方创造的社会环境里实现自己的人生救赎。

2012年11月8日，今天是十八次全国人民代表大会胜利召开的日子，伙食不错，吃了4根腊肠。①

狱方开展思想教育更要另辟蹊径，好比《士兵突击》等一系列接地气的影视作品似乎更符合未成年人的年龄特征、兴趣爱好、理解能力和知识水平。

过年期间看了一部电视剧《我是特种兵之利刃出鞘》，看到了太多令人兴奋不已的场面，有许多搞笑的画面，最主要的是那种为祖国和人民牺牲一切的精神。爱情在这部电视剧中是随时准备为祖国和人民牺牲的。"不抛弃，不放弃"这六个字，是自从《士兵突击》之后在电视剧中表现出来的。学员LJ梦想着成为电视剧的主角，把自己变成一个天才、天使，去创造奇迹，拥有世界，拥有未来。

主题鲜明、制作精良的影视作品成为和学员LJ一样的同改接受爱国主义精神、塑造价值观念的良好载体，采用受教育者喜闻乐见的形式和内容，容易引发学员们的情感共鸣。与每个人生活休戚相关的环境污染和资源枯竭问题也会成为他们关心的话题。在未管所自编的思想教育教材《读本》第二章"我国的基本国情和国策"的第一部分内容，透过人类生存现状的危机，传递出的隐含信息是引导学员们要懂得珍惜水、电、粮食等。日记里提道：

> 长得飞快的胡须让自己感慨青春离自己越来越远，庆幸有人与他做伴。想起外面的世界很精彩，又想起地球的资源还够人类挥霍几年。目前尚无发现其他星球可以居住人……广播里的一个搞笑桥段说现在可以到火星上旅游，不过需要10亿美元，可以尝试一下飞翔太空的感觉，不过有没有命回来就不知道了。自己想，但愿火星上居住人类。

---

① 笔者注：按照未管所的规定，每天都有一位监狱领导带队到各监区巡查。

学员 LJ 巧妙地运用幽默的语言暂时化解了自己对生存环境恶化的忧虑。可见，学员从教育改造中获取的知识、资讯对于他们价值观念的形成起到了直接或间接的作用。

（四）无法割断的情感纽带

学员 LJ 之所以能够进入很多人梦寐以求的值班组，与自身的综合素质和工作能力密不可分，而他心理成长却离不开伙伴的支持与扶助。"同是天涯沦落人"，彼此之间相互扶持，共同分享生活中的酸甜苦辣。此人就是学员 LJ 的好兄弟——阿伟，两人之间为此结下了深厚的友谊。这份难得的友情成为学员 LJ 在狱内成长的精神支柱，也让他倍感珍惜。

正如他自己所说：

> 2012年7月26日，一个再普通不过的日子，心里却有点落寞，自己最难得的朋友阿伟出所了，我是非常不舍但又知道这是对方必须要走的路。回首两人曾经互相搀扶，从沉陷的坑里爬起来，诉说不愿意轻易揭开的尘封许久的往事，但还是感觉很满足。由此，对个人未来出所的路感到很无助。

除了"手足兄弟"的阿伟，近在眼前的友情与远在天边的亲情同样是学员 LJ 的精神食粮。他的日记里写着：

> 2012年12月14日（农历十一月二日），今天是妈妈的生日，自己在这里没有什么能够送，只能在心里祝您身体健康，万事如意，寿比南山。
>
> 祝您生日快乐　祝您生日快乐　祝您生日快乐
> 妈妈　祝您生日快乐!!!

就在 2013 年 2 月 8 日，学员 LJ 在新年即将来临之际，还特意向所有亲人和朋友送上了一份最真挚的祝福。

四　出狱前的憧憬与忧虑

2013 年 3 月 27 日，今天的天气有所好转，昨天整整忙了一天，忙完

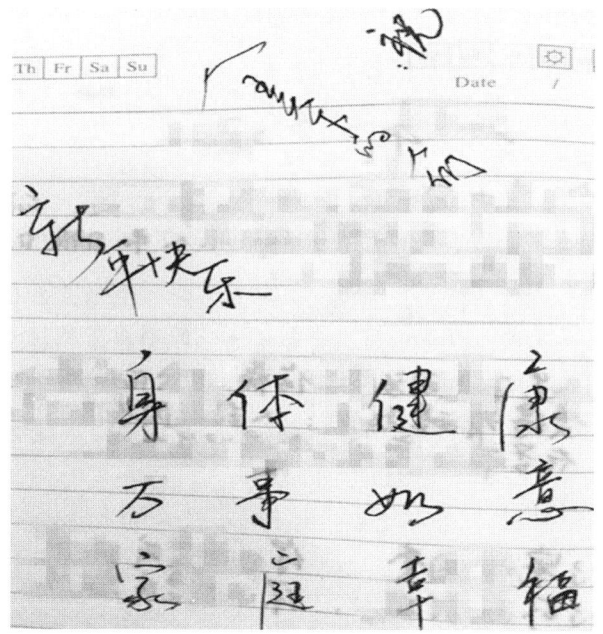

图 2-3 学员 LJ 在个人日记中的截图 3

图片来源：作者于 2014 年 12 月拍摄。

了就开始想外面的世界。以前是为自己找借口不想，现在不想都不行，外面的世界什么样，未来怎么办？

因为春节后发生的许多事情让自己唏嘘不已，学员 LJ 也渐渐感受到了出狱的气氛，也会尽量让自己转移注意力，不要让自己承受难以负荷的压力。

眼看就要回到社会上，时间已经进入了出所前最后的倒计时，心里难免有些激动，但是对未来的期许让学员 LJ 颇感焦虑。此时，他意外获得了另一种形式的鼓舞：

> 一天晚上，老大（监区长 WG）找我们开会制定了一些规定，他说了一句"这些东西对你是没有什么用的啦"。① 听区长这句话，真的让人高兴。努力地控制着自己，不去胡思乱想，不行啊，控制不住啊，因为我没事做啊。

---

① 笔者注：学员 LJ 即将出狱，监区新制定的规范对他已经没有约束力。

监区长 WG 的"金玉良言"让学员 LJ 有了暂时的优越感和满足感，但是对未来生活的忧虑还是挥之不去。

出所的日子一天天逼近，心情甚是矛盾，但还会努力让自己振作起来。自己鼓励道：

外面的环境已不是我所想象的那样，可是，要勇敢地面对现实，不要埋怨，不要气馁。相信自己，一定行的，加油！！！

人生正是因为有了伤痛，才会在伤痛的刺激下变得清醒起来；人生正是因为有了苦难，才会在苦难的磨难下变得坚强起来。为了察觉圈套，你必须变成狐狸。为了吓跑豺狼，你必须变成猛虎。

学员 LJ 在狱内获得了很多社会生存的经验，经历了几度轮回以后，大彻大悟的人生经验可以用下面一句话概括：

不希望惊天动地，只求平平淡淡过日子。岁月无情，伴你喜怒哀乐，伴你成长，时间珍贵，一定要懂得珍惜。

2013 年 8 月 2 日，应该是学员 LJ 刑满出所的日子，原本属于他和自己狱内人生的日记就此留在了 W 监区，这段记忆或许会永远尘封在一个无足轻重的角落里。正是这一段机缘巧合，让笔者发现了他的日记，让一段鲜为人知的故事展演在众人面前。

学员 LJ 的日记描述了一个年青的生命在狱内发生的多维转变，监狱提供的独特的改造环境，让其从一名以违法犯罪手段为生的未成年人转化为依靠自己的知识、劳动和智慧立足于世的优秀管理者。学员 LJ 在异常艰难的环境中摸索出了一整套生存策略，练就了适应逆境的多种求生技能，期待最终能实现改造其人生的目的。

最后，真心地祝福学员 LJ，祝愿他一路好走！

第三节　学员生活里的象征符号

在学员的服刑过程中，狱方为转变学员错误的思想观念，矫正其不良的行为恶习，培养其健全人格，从而提供的各种物质文化设施、文化实践以及由此形成的思想观念、道德准则、行为模式、生活方式、物质产品等成果的总和，称为监狱文化。① 监狱文化的建设是监狱以自我理性认识为基础，对自身物质文化、制度文化和精神文化的改造和构建，并推动罪犯人格的良性发展。② 监狱文化在学员生活空间里处处可见、时时可见，特别是那些能够表达官方意志的文化符号。

一 狱内处处可见的文化符号

雨露未管所监管区大门附近的花坛中矗立有一块三四米高的巨型黄蜡石，上面刻有"雨露之源，涅槃之所"八个红漆大字。似乎对外界昭示，这里救助、哺育了一群曾经迷失人生方向而误入歧途的青少年，帮助其实现凤凰涅槃、浴火重生。当你在监舍、车间、其他公共空间里近距离接触这些未成年犯时，你会轻易寻找到传播"雨露精神"的文化符号。

2014 年未管所在 W 监区等部门开展了监区文化环境布置的试点工作，刻意选取了一些励志向上、朗朗上口的标语口号，并配有高尚职业和表现积极学员人物形象的图画，在监区活动大厅、餐厅、图书室及监舍等显著位置张贴条幅、海报、纸板、宣传画册等饰物。这些文化符号都是带有明显的倾向，宣传守法、知礼、遵纪、服从的生活理念。还给每个监舍安装了床头小书架，方便学员放置图书。允许学员在床上放置家人的相片或写有个人感言的小镜框，让学员时刻感受到亲情的温暖与家庭的支持。

（一）监舍里的文化标签——标语

W 监区的每个监舍大门正对面的墙壁顶端都贴有一幅简洁明快的标语，红色宋体大字贴在绿色的背景纸上，显得格外醒目。这些标语都是由刑矫办一名从部队文职军官岗位上退役下来的老同志所想所写，融入了他丰富的人生经历、深刻的道德感悟、积极的生活态度和对学员的殷切期望。

---

① 王晓山：《浅析当今监区文化建设》，监狱文化网，http://www.jywho.com/jylt/201204/10-476.html，访问日期：2019 年 4 月 15 日。
② 陈士涵：《人格改造论》，学林出版社，2001，第 778~780 页。

W 监区监舍标语

1. 第一组拿第一那是必须的
2. 定好目标不要动摇
3. 不要等和拖　今天就去做
4. 今天的付出是为明天打基础
5. 日日有反思　天天一进步
6. 昨日已成过去　今天把握未来
7. 在反思中进步　在进步中成长
8. 只有多付出　才有大收获
9. 改造之路无捷径　要获成绩凭努力
10. 别放弃　相信自己一定行
11. 成功与失败往往只一步之遥
12. 积极争取才有成绩　消极对待注定失败
13. 世上没有绝望的处境　只有对处境绝望的人
14. 不怕起步晚　就怕不追赶
15. 用汗水洗涤心灵　用双手放飞梦想
16. 认罪悔罪明方向　积极改造有前途
17. 梦想只是愿望　实干才能成功
18. 失足未必千古恨　今朝立志做新人
19. 莫为失败找借口　须为成功寻正途
20. 要想改变命运　先要改变自己
21. 任何改正　都是进步
22. 学好规矩　改掉恶习
23. 悔罪净化灵魂　劳动重塑新我
24. 失足未必千古恨　幡然悔悟犹未晚
25. 良言一句三冬暖　恶语伤人六月寒
26. 勿以善小而不为　勿以恶小而为之
27. 忍一时风平浪静　退一步海阔天空
28. 心量狭小则多烦恼　心量广大智慧丰饶
29. 尊重他人　等于尊重你自己

W监区的监舍标语口号可谓是朗朗上口,字里行间蕴含的人生哲理跃然纸上,这些也是未成年犯成长过程中应该懂得的。这种做法可见"国内的一些监狱在合适的场合悬挂名言警句,可以起到随时提醒服刑人员反思的作用"①。未管所的监舍区文化建设目的就是激发未成年犯学习、领会、认同这里的监狱文化。这和我国中小学德育主要手段之一的陶冶有着异曲同工之妙,采取人格感化、环境陶冶、艺术陶冶等方法。② 图2-4为W监区参加监区文化建设试点的大厅内景。

图2-4　W监区参加监区文化建设试点的大厅内景
图片来源:由笔者指导的警校实习生于2014年10月拍摄。

标语的内涵与意境指引着他们在"曲径幽深的人生道路上"执着前行,努力寻找自己未来的生命支点,开创属于自我的幸福人生。当学员走进监舍抬头一望便是这些标语,但是紧张而忙碌的规训生活使得他们无暇顾及身边的文化符号。监区警察似乎太过熟悉标语而忽视它的存在,很少关注学员是否主动接收标语传达出的信息,而是更关注学员是否遵规守纪。

(二)车间里的行业标准——"5S"

习艺劳动是未成年学员培养劳动技能、养成劳动纪律的一种有效手

---

① 王平:《中国监狱改革及其现代化》,中国方正出版社,1999,第227~229页。
② 王道俊、王汉澜主编《教育学》,人民教育出版社,1989,第396~412页。

段。在习艺劳动现场里，车间的公示栏、廊柱的侧壁及流水线工作台支架的挡板等处，都有标识着现代企业管理的"5S"标准，即整理（Seiri）、整顿（Seiton）、清扫（Seiso）、清洁（Setketsu）、素养（Shitsuke）五个项目。"5S"标准的内涵是指：常整理，就是区分各种物品的不同用途，清除多余不相关的东西；常整顿，将劳动所需的物品分区放置，明确标识，方便取用；常清扫，经常清除劳动现场的垃圾和污秽，防止对生产项目造成污染；常清洁，环境洁净制定严格的标准，而且要形成制度，确保长期执行；常自律，养成良好的劳动习惯，提升学员的人格修养与品质。与"5S"一起被悬挂出来的标语还有："安全重于泰山，责任就是使命""培养竞争意识，适应社会发展""树立劳动观念，激发劳动热情"等。

习艺劳动现场的管理内容和形式似乎并未与"5S"标准有机结合在一起，劳动产量还是作为评价学员的一个重要标准，未达标的还要被扣分，这与监狱劳动的社会公益属性是存在分歧的。习艺劳动现场推行"5S"标准，最核心的要求就是让学员遵守秩序，养成良好的劳动纪律意识和劳动习惯，重在对学员人格的塑造与行为的规训。"5S"标准是现代企业先进管理经验和管理水平的一种表述，是基于追求经济效益最大化而提出的。我们不能把简单"5S"标准等同于"美化监狱环境"的装饰品，应注重给学员阐释"5S"标准对其自身成长的意义，成为对未成年人心智成长有益的精神食粮。

（三）公共空间的宣传素材——板报

板报是学员生活中最为传统、最为常见的一种宣传载体，从学员精心制作的板报能看到美的存在、美的发生。蔡元培先生提出："美感具有普遍性和超脱性，在现实世界和实体世界架起了一座桥梁，故认为美育是世界观教育最好的途径。美育还被看做是促进生产力发展的一种动力，可以培养高尚的情操和伟大的抱负，可以发展人们的个性，调剂人们的生活，给人以正当的娱乐和有益的消遣。"[①]

[①] 转引自高奇主编《中国教育史研究》（现代分卷），华东师范大学出版社，2009，第93页。

板报一般会被安放在监区生活现场或学习现场的显著位置,以便让本监区的学员都能够看得见,经常关注监区及监狱近期发生的事情。同时板报还成为未管所文化艺术节的评比项目之一,是监区之间比拼教育改造工作的一个标尺。作为统筹教育改造工作的职能部门——刑矫办,主要从板报主题、版面布局、色彩搭配、书画水平等方面进行评比,把得分计入监区年底的考核总分,并按成绩高低决出名次。每两年一次的文化艺术节的总排名更被认为是狱方评价各监区教育改造工作质量的一项重要内容。因此,每期板报的主题通常都是由 W 监区分管教育改造工作的副监区长 XQ 审定,还会在每月 3 日晚至 4 日、23 日晚至 24 日两个时段,特意叮嘱当天的值班警察检查、监督板报完成的进度和质量。

笔者对 2014 年其中的一期板报进行统计,当期采用的主题有"世界卫生日""缅怀革命烈士""感恩母亲节""音乐之友,乐海拾贝""缤纷二月,启程义化艺术之旅""朱氏家训""心理健康""安全与生产""雷锋精神,永放光芒"等。板报题材主要集中在近期宣传热点和安全生产两个方面。狱方组织的教育会通过板报这一常见的宣传阵地进行展播,安全生产又关乎学员、警察、外协师傅等人身安全,关系到监狱秩序的稳定和有序。板报主题的确定,板报内容的选择以及板报布局的搭配自然体现狱方的工作重心。

笔者曾多次向学员询问是否有关注过这些文化符号,大多数学员表示对这些文化符号没有太多新鲜感,已经熟视无睹了,文化符号的象征意义有时大过它的教育意义。为什么狱方大力宣传、推行的监狱文化建设不曾引起学员足够的注意,更难以获得学员发自内心的文化认同,这里面存在的症结到底是什么?

二 监区的名片——"一区一品牌"

(一) 什么是"一区一品牌"?

早在 2008 年以前,雨露未管所就提出了一个监区创建一个品牌活动的监区文化建设思路。在建设初期,刑矫办提示各监区要慎重考虑,尽量选择具有趣味性、观赏性和可操作性的文体活动项目,同时考虑经济投入与活动收益等因素。品牌建设中，刑矫办不仅在经费、外联、宣传等方面为监区提供了实际的支持，而且还利用与省文化馆建立的社会帮教合作关系，专门聘请了专业教师给监区开办短期的葫芦丝、巴乌、合唱、街舞、吉他等免费艺术培训班，为监区培养了一批文艺骨干学员，进一步带动监区"一区一品牌"活动的建立和普及。

现如今，各监区基本树立了自己的文化品牌：W监区是50人的威风锣鼓队；S监区是10人的舞狮队；F监区是20~30人的葫芦丝、巴乌民乐队；女学员监区是12人的魅力绣舞队；D监区是百名棋手的中国象棋队；H监区是20人的醒狮表演队；L监区是百人太极拳表演队；T监区是百人健身操队；P监区是20人的机械舞队；Q监区是20人抖"空竹"表演队；N监区是20人吉他队；出所监区是餐台艺术与茶道文化等。

D监区"棋如人生"的特色监区文化活动，就是利用学员晚饭后和周日休息的时间，通过个别指导、分组对弈、擂台挑战赛等形式普及中国象棋的规则、知识，培养学员对棋局对弈的浓厚兴趣，帮助学员感悟这一国粹所蕴含的哲理与文化，进一步培育学员沉稳内敛、不骄不躁的性格特质。各监区的文化品牌发展越来越成熟，形成了以点带面、以老带新的发展格局。在狱内形成了百花齐放、各领风骚的氛围，对营造和谐稳定的改造秩序具有十分积极的促进作用，也受到广大学员的真心欢迎，一时间监区的文化名片树立起来了。

（二）警囚之间的自说自话

W监区的威风锣鼓队是雨露未管所"一区一品牌"最早确立的品牌之一。大鼓、小鼓、大钹、小钹等民族乐器交相呼应，响声震天。在每一年监区开放日的现场，20多学员头戴黄绸帽，上身着黄绸衣，腰间挎着锣鼓，下身着红绸长裤，脚蹬黑短靴。个个精神抖擞、生龙活虎，表演得特别卖力。监区近200名学员只有少数幸运的人才有登台表演的机会，更多的学员则是"有缘无分"。

笔者在2015年参加的一个课题中，随机访谈了几名到监区服刑半年以上的学员，当问及监区的"一区一品牌"活动时，每个人都是面面相觑。

问题一：你们知不知道W监区的"一区一品牌"活动是什么？

学员1答："不知道。"

学员2答："什么是'一区一品牌'……"

学员3答："不太了解"。

问题二：你们是否看过同监区的学员穿着鲜艳的戏服，挎着锣鼓等乐器去表演？如果有，看过多少次？

学员1答："那有看过，次数不记得了。"

学员2答："那是'一区一品牌'啊？以前不知道。次数就说不清了。"

学员3答："好像有吧！"

问题三：你们平时都是和大家一起学习、生活、劳动吗？

学员1答："是的。"

学员2答："没有区别，都是一样的。"

学员3：未作声，点了点头。

笔者在雨露未管所的田野调查经历验证了几名学员的说法。"一区一品牌"的话语、符号、意象最先属于监区集体，特别是以监区警察为代表的教育主体。它在学员群体中的传播与普及则被放置于次要的地位，更多人是无法按照个人意愿充分参与到"一区一品牌"活动中，难以内化为自身的知识、经验，让所有人对其产生文化认同是做不到的。

从监区层面来看，由于各监区选取"一区一品牌"的项目不同，客观上也存在普及程度、表演水平、成本投入、警察责任心等方面的差异。特别是对专业性较强的项目，监区通常会优先选择专项工种犯以及具有一定文艺、体育特长的学员参加，至于学员参与面与活动推广程度则未能引起足够重视，渐渐形成了监狱与学员之间两套不同的话语知识体系。

从监狱层面来看，之前狱方领导班子出现调整以后，新上任所领导对"一区一品牌"的关注越来越少。"一区一品牌"本来就是由狱方的宣传网络与传播媒介控制，却在"不经意间"忽视了在犯群内培养这种文化品牌的认知。到了2015年初，随着雨露未管所押犯模式的调整，一些已满18周岁的文艺骨干被调往东区，一些学员刑期届满出所，造成了品牌活动人才的严重流失。文艺骨干的断层割断了之前以老带新的传承机制，狱方又不愿意重新投入大量资源培养新人，这使得"一区一品牌"慢慢开始萎缩，有些监区甚至不再推动这些活动，监区的"一区一品牌"活动日渐式微，可能成为监区文化建设的"历史名片"。

三 监狱的招牌——"5·25"心理健康操

2000年，北京师范大学举办了"5·25全国大学生心理健康节"，活动取"5·25"的谐音"我爱我"，意思是关爱个人的心理健康成长，以大学生人际交往和互助为主题，口号是"我爱我——走出心灵的孤岛。"① 2004年，教育部、团中央、全国学联办公室向全国大学生发出倡议，就把每年的5月25日确定为全国大学生心理健康日。

为了引入有关全国大学生心理健康日的宣传活动，雨露未管所于2011年组织了第一届"5·25"心理健康操比赛。2014年5月29日上午，第四届雨露未管所"5·25—我爱我—我真的很不错"心理健康操比赛在十三监区活动大厅拉开了帷幕。笔者则有幸与主管教育改造工作的副所长LH以及刑矫办等领导一同观看了比赛。

在活动大厅里，比赛歌曲《我真的很不错》在奏鸣着："没有时间在无谓的承诺叹息，让太阳晒一晒充满希望的背脊。迎着世界的风，我要无畏地挺立。对于必须做的事，我一点都不怀疑。要做就做最好的，不要明天才说真的可惜，我知道我能做到的，就是不停不停不停不停不停不停地努力。哦，我真的很不错，我真的很不错。我的朋友，我想骄傲地告诉你……"

来自全所13个押犯监区的代表队齐聚一堂，每支队伍都有8~12名朝气蓬勃、活泼可爱的学员。每支代表队都为了今日的决赛苦练了一个月有余，个个都铆足了劲，力拼出优异的成绩。各监区的参赛队伍按照抽签顺序依次登场，每名队员都使出浑身解数，饱含学员对心理健康操活动的喜爱，凝结团队辛勤的汗水和努力，充分展示监区集体的智慧和风采。美妙的歌声，优美的旋律，激荡的青春，弥漫了整个比赛现场。精心设计的发型，富有创意的服饰，青春欢动的舞姿迎来了现场观众的一阵阵喝彩。

学员CZJ是W监区代表队的一名"新兵"，服刑已有8个月，这次是

---

① 《大学生生理健康日》，百度百科，http://baike.baidu.com/link? url=GWDSzbXmvLy0gTDgPtadq6jqd1zh7UptypBZDRSI-ZhKwUYZngen5NjSE-MZk-6QvjvD62newKG47sFsSYtLfq，最后访问日期：2019年6月13日。

他第一次参加全所的大型比赛。他的父亲是南方某省的一名村干部，母亲主要以打零工为生。在他 2 岁时父母离婚，随后他一直与父亲、继母以及两个弟弟和一个妹妹生活在一起。从小到大，他很少能得到家人的关心和照顾，犯错后就是父亲的一顿打骂。直到小学四年级时，父亲才让他与自己的生母一起生活。叛逆、倔强的学员 CZJ 回到母亲身边，学习成绩虽有了明显的进步，但是仍然非常贪玩，与社会上的不良青少年厮混在一起，对母亲的教育和引导则是不理不睬，直至走上犯罪道路锒铛入狱后，才感到痛心疾首，幡然悔悟自己的罪行。

场下学员 CZJ 的心情格外激动，一时难以抑制内心激情的澎湃。突然听到主持人说道："下一个出场的队伍是 W 监区代表队，请做好准备。"学员 CZJ 才猛然怔了一下，看到身边的队友起身正要走向观众席后面的等候区，自己很快跟了上来，紧张的情绪稍稍得到了缓解。五分钟犹如五年一样漫长，终于轮到 W 监区上台表演了。学员 CZJ 看到身边队友的脸上都露出微笑，自己也就逐渐放松下来，在歌声里尽情地跳跃着、舞动着，全身心地抒发自己的情感。就在完成最后一个动作的那一刻，场下响起了雷鸣般的掌声，他内心的喜悦和兴奋似乎像洪水一样奔腾而出。

精彩的表演离不开每一名队友的艰苦训练，离不开大家的齐心协力。学员 CZJ 不禁回想起之前训练的一个个日夜，上午参加习艺劳动，下午参加九年义务教育，晚饭后参加队列会操的训练到晚上七点，接着看完每日必修课的《新闻联播》后，才开始心理健康操的练习。在练习舞蹈动作时，学员 CZJ 还经常可以和队友交流，而平时只能和同一屋檐下的舍友接触，不知疲倦地忙碌到晚上九点才能回监舍洗漱。每天都重复这样的事情，背痛了、腰酸了，手麻了、脚软了，全身瘫软在床上一动不动，但是心里还不时思索着每一个手部、腿部动作。无论再怎么辛苦、劳累，在学员 CZJ 看来都是值得的。

人类学家米德认为，"正式的舞蹈表演是一种公认的社交性娱乐"[①]。"舞蹈在萨摩亚人的儿童教育以及社会化过程中的意义非同寻常，一是冲

---

① 〔美〕玛格丽特·米德：《萨摩亚人的成年》，周晓虹、李姚军、刘婧译，商务印书馆，2010，第 122 页。

淡了儿童在一般情况下受到严格支配下而产生的消极情绪，促使个性的张扬；二是舞蹈降低了儿童对羞怯的敏感性，这种非正式的教育更接近我们的教育方法。"① "5·25" 心理健康操的舞蹈表演确实被赋予了多重象征意义，它不仅是科学化教育未成年犯的一种艺术手段，而且是对未成年犯进行思想转化、心理干预、心灵陶冶的有益方法。我们呼唤真善美的社会和文化，这才是一群迷失的未成年人群体的"回家之路"。

第四节 来自狱方的文本、话语与行动

未管所是国家设立专门用于监管、教育未成年犯的刑罚执行机关，这里充满了制度性规范、法律性文本、参与性话语与行动性策略，依托监狱警察的文化实践与官方文本得以转化其思想，规训其言行。

一 行为养成的制度文本

《行为规范》是监狱所有罪犯都必须遵守的金科玉律，这部法规性文件在其服刑生活中占据非常独特的位置。首先要求其言行表现始终如一，以期达到对其犯罪思想及不良行为恶习进行改造，从而实现把罪犯改造成为守法公民的监狱工作宗旨。然而，在司法实践中，法律法规和监规纪律是静止的制度性约束，必须由未管所及警察的参与才能发挥法律效力，才能树立法制的权威。

（一）《行为规范》的落地生根

现行的《行为规范》是以司法部令的形式在 2004 年 5 月 1 日起施行，1990 年 11 月 6 日颁布的《罪犯改造行为规范》同时废止。《行为规范》是学员接受改造必须遵守的行为准则，是考核学员实际表现、实施奖惩的重要法律文本。《行为规范》分为基本规范、生活规范、学习规范、劳动规

---

① 〔美〕玛格丽特·米德：《萨摩亚人的成年》，周晓虹、李姚军、刘婧译，商务印书馆，2010，第 119~120 页。

范和文明礼貌规范五个部分，是围绕着罪犯的学习、劳动、生活三大现场制定的一整套制度性规范体系。《行为规范》对学员的日常行为提出了特有的标准和要求，构建了警囚之间互动且分明的行为准则和社会关系，力求用严格的行为管束和纪律养成来促其改恶从善，培养健康良好的生活习惯和生活方式，最终实现罪犯的再社会化。

雨露未管所根据自身监管、教育未成年犯的需要，于2009年4月出台了《实施细则》（详见附录）。《实施细则》是在严格遵循《行为规范》的内容和原则基础之上，保留了上位法的基本架构，为了适应社会发展和社会环境的改变，针对执法活动的具体操作进行补充、细化。例如，《实施细则》的第16条规定增加了"服刑人员可以拨打亲情电话"的有关条款，这在《行为规范》中是没有涉及的。随着通信技术的发展与普及，有线电话、移动电话和其他即时通信工具的使用，监狱允许罪犯拨打亲情电话已经逐渐成为监狱处遇管理中的必选内容，对于罪犯日常改造的激励作用不可小觑。

《实施细则》是《行为规范》具体化呈现的重要文本，表现为一种易于操作执行的约束性规范，指引未成年犯在狱内"该做什么"或"不该做什么"。前者就是后者在雨露未管所教育实践中的"投胎转世"，实现后者的本土化，为自身的执法活动量身定制一套制度性规范体系。如果未成年犯没有做到制度性规范体系中的"规定动作"或做了违反《实施细则》的事，那就会被认定是违纪，要受到扣分等处罚。"分[①]"就成为评价未成年犯服刑改造表现的刻度尺，进行量化考核，是非一目了然。同时把分的加减与未成年犯的行为联系在一起，再依照现实表现适用《监狱法》中规定的表扬、记功或物质奖励等行政奖励和警告、记过或禁闭[②]等行政处罚。《实施细则》与未成年犯朝夕相处，并在其日常改造生活中切实发挥着影响力。

---

① "分"作为考核、评价罪犯服刑生活的一种量化工具，适用极其广泛，也在监狱实践中得到认可。司法部于2016年7月22日出台的《计分规定》，自2016年8月1日施行以来，关于"分"的加减以及统计虽有分值较大变化，但与之前已经废止的部门规章相比并无显著改变，所发挥的激励作用和局限性仍然存在。

② 《监狱法》规定的三种行政处罚措施，从警告、记过到禁闭，处罚力度越来越大，扣分也越来越多。从司法实践来看，狱方大多慎重使用行政处罚措施，一般先以批评教育为主。

熟记《实施细则》是所有未成年犯进入雨露未管所服刑的第一课,也成为他们最熟悉的制度文本之一。狱方通过《实施细则》的传播、灌输来统一、规范未成年犯的言行,建立起狱内的秩序,并服务于国家治理和维护社会秩序的整体需要。虽然大多数人都会在这种雷霆之势下乖乖地服从,以免招致严厉的处罚与犯群的疏离和排斥,但仍会有少数人因为无法适应狱内的服刑生活,表现出一种本能或刻意的抗争,违规违纪行为的发生是难以完全避免的事实。

(二)《实施细则》的以小见大

《实施细则》的真正威力不能只停留在制度文本中,必须体现在对未成年犯的考核奖惩上,也就是对未成年犯权利的给予、剥夺与限制,对义务的附加、强制与免除。如果制度性规范缺少强制力,就丧失了约束和惩罚功能,好比缺少了牙齿的纸老虎。为此,雨露未管所专门出台了《某省未成年犯管教所罪犯考核奖惩规定》(以下简称为《考核奖惩规定》)。《考核奖惩规定》分为总则、分则和附则三个部分,总则主要是对考核的目的、原则、适用范围、实施机构、操作程序等内容进行规定;分则主要是依据《实施细则》的条文一一列举出具体的违纪行为,并根据违纪情节轻重予以扣分等处罚,也会奖励其积极改造及有突出表现的行为;附则主要是说明其中规范用语的含义及规范的生效时间等内容。《考核奖惩规定》对每名学员要产生广泛而持久的约束力,还是通过易于量化的"分"来实现的。

扣分相比加分适用得更多,如何实现精准扣分?狱方首先要查清未成年犯违法行为的事实,以此来判断违规违纪的性质、类别、程度以及是否有悔改①表现。

作为制度文本里设计出来的"分"成为监狱量化考核、奖惩学员的重要工具,它既可用于威慑、惩罚学员的违法违纪行为,同样也可以激励、引导学员弃暗投明。"分"的得与失,对于警察而言有时就是一念之差,

---

① 悔改表现是指监狱评价罪犯有认罪服法、积极改造,并且具有达到监狱的改造标准的改造表现。

但是对于学员的服刑生活乃至价值观念的形成却天差地别。验证了"纪律不是正确教育的原因、方法和方式，而是正确的教育的结果"①。

(三)《实施细则》的"功能妙用"

入监教育后，《实施细则》手册仍然是学员生活里的必需品，有时还会被监区警察作为一种处罚轻微违纪的工具。当学员有轻微违纪尚未达到扣分处罚程度时，监区警察就会让学员抄写《实施细则》，少则一遍，多则三遍甚至更多。

抄写《实施细则》看上去只是一件动动笔的小差事，实则有着非常精密的操控技术。抄写必须在警察规定的时间里完成，除去监区组织就餐、集体学习、习艺劳动、九年义务教育、职业技术培训以及其他统一管理的时间以外，学员只能利用个人的午睡、文体活动、晚上洗漱等时间来完成。当其他学员在休息、娱乐、放松的时候，自己必须抄写乏味枯燥的《实施细则》。身体的劳累姑且不算，未成年人天生就有贪玩、活泼好动的特点，看到他人逍遥自在，自己却孤苦伶仃，更容易产生强烈的心理落差，惩罚的效果陡然增加。抄完一遍后，还要找犯群中的值班员签字确认，才能被认为是有效的，否则又要重新抄写一遍。学员用于抄写的纸笔只能从监狱代管的现金账户里支取购买，对于一些零花钱本就拮据的学员而言会有更大的经济负担，如果一人经常向舍友借用纸笔也不是长久之计。

对于绝大多数学员来说，《实施细则》的文本内容已经慢慢变成了他们的一种生活习惯，甚至成为潜意识当中的思维定式。在监狱系统内还流传这样一个故事：通常监狱会给每一名罪犯一个编号，长此以往，编号甚至取代了该人的名字而成为个人在狱内的专属象征符号。即使出狱一段时间后，当别人突然叫到编号时，自己都会下意识地喊"到"。当一个人回归到社会正常人的生活中，仍然把一个符号当成是身份识别的工具时，原本属于个人的姓名及身份则成了多余的附属物。这种长期训练带来的后果在一些人身上形成了持久而牢固的身体意识和身份意识，可见这种文化熔

---

① 〔苏〕A.C.马卡连柯:《家庭和儿童教育》，丽娃译，上海人民出版社，2011，第15页。

印对一个人的影响力有多么大。

二 "下仓"表达的两种话语

2010年4月,雨露未管所开始实施"下仓"活动,该制度也称为"约警接谈",是指学员在服刑过程中,为了解决某个问题,主动约请自己比较信任的警察(包括监区警察、科室警察或监狱领导),某一警察受约后,在狱方规定的时间内向该犯了解情况,并尽力给予释疑解惑以及遇到自身无法解决的问题时及时向有关部门和领导报告的一种谈话教育形式。"下仓"给大多数警察提供了实施个别谈话教育的一种新形式,体现了监狱更加关注学员的精神世界与实际需求。"下仓"以话语沟通工具与学员进行情感意志、价值观念、生活经验的交流、互动,帮助他们解决改造生活中遇到的各种现实问题,特别是未成年犯成长过程中遇到的心理问题。这种行动方式有助于培养未成年犯主动维权的意识,畅通其表达个人合理诉求的渠道。

"下仓"具体包括"下仓夜"和"下仓日"两种形式,"下仓夜"是安排在每月单周周一晚上的七点到九点;"下仓日"则安排在每月双周周四下午的两点半到四点半。每名警察每月必须完成两次"下仓夜"或"下仓日"的谈话任务。每名学员每月有5张约警单,也就意味着每人每月最多可以找5人次的警察谈话。每次约谈的时间一般不会超过狱方规定的两小时,约谈地点就安排在监区的日常活动大厅或室外空旷场地。

"下仓"话语操作的具体程序是:监区将"约警接谈表"发放到学员个人或所在小组,学员首先填写"约警接谈表",监区在每次下仓开始前收集并转交给受约警察,受约警察在下仓夜或下仓日进行接谈、处置,并将有价值的谈话记录及时填写到"个别谈话教育记录本"等台账中去,监区领导则负责时时督促、跟踪处理结果并作出适当反馈。

(一)第一次亲密接触"下仓"

2013年11月4日晚上6:50,笔者在西区的大门口等待W监区主管生产的副监区长ZL已有半小时,因为他邀请笔者一同参加本月的第一个"下仓夜"活动。

第二章　学员生活的多彩人生

在西区大门保卫室，经过提交证件、核查身份、安全检查后，笔者跟随着副监区长 ZL 来到了监区的活动大厅。大厅里面摆着八张椅子，分开两排，每排四张，同一排相邻椅子的距离大约有 3 米，两排椅子中间留有 5 米间隔，应该是为了彼此之间不受干扰，学员通常会坐在距离警察一米远的位置。副监区长 ZL 大概是有意要考验笔者，遂对笔者说："我的小组有一名犯人①不太好管理，情绪不是很稳定，有没有兴趣聊聊？"笔者心想这是下战书，看一看警校教师会不会出丑，现在就是上刀山下火海也不能退却了，很快答道："好，试一试吧，自己尽力而为。"副监区长 ZL 说："那好。"随后，转身对旁边的一名值班员说把学员 CSW 叫过来。值班员刚接到指令，就健步如飞地跑回监舍去喊人。笔者坐在活动大厅一角的椅子上等了不到两分钟，学员 CSW 就被值班员带到笔者面前，示意学员在 CSW 离笔者近一米的位置站立，并用双手从腋下摸到脚踝，检查其是否携带了违禁品，以免对警察进行袭击或者造成伤害。

因为这是一次突如其来的考验，笔者无法事先了解学员 CSW 的情况。笔者示意学员 CSW 上前两步，在离自己半米处的位置坐下。笔者首先向他表明了自己的真实身份，告诉他我们只是随便聊聊，尽量让他放松心情，减轻对陌生人的戒备心理，以便接下来的访谈能够进入比较自然的状态。从学员 CSW 的年龄、籍贯、家庭成员等生活话题聊开去，开始的对话还算顺利。随后笔者开始尝试打探他近期在狱内的表现，当问及平时有无家人会见时，他则流露出了一丝丝难过的表情。他说自己的哥哥在外面打工很忙，三个姐姐都已经嫁人，大姐、二姐还在老家照顾小孩，从入狱至今仍未见过家人。学员 CSW 突然讲了很多，但很快又沉默不语。

笔者见其有难言之隐，避免让其情绪出现较大波动，就开始询问学员 CSW 狱内习艺劳动的情况。他说劳动压力还是蛮大的，自己要想完成生产任务会比较吃力。笔者接着问是不是技术不够熟练？还是有什么困难，有没有找主管警察反映过？可能是很少有人这么随和地倾听他的讲述，学员 CSW 敞开了心扉，主动说起自己之前在工厂打工的经历，每天工作 10 个小时以上，每月只能休息四天，到头来一个月才挣到 2000~3000 元，连自

---

① 在狱内，特别是在日常管理中，警察对罪犯的称谓更习惯使用"犯人"一词。

己的日常开销都不够，后来就干脆辞掉工作到社会去闯荡。

笔者说："你不要怕吃苦，先争取掌握一门过硬的技术，这样工作才有保障，收入也会慢慢提高，生活环境就会改善。你的父亲年纪越来越大，孤苦伶仃，也需要你和兄弟姐妹来照顾，父母生你、养你是最大的恩情。你马上就是成年人了，应该要学会自立……"

笔者看到学员 CSW 听得很入神，接着说："刚开始学技术的时候可能会辛苦一点……你要坚持下去，等到学成了一门手艺，以后的日子会慢慢好起来的。"

学员 CSW 频频点头，眼泪一直在眼眶里打转。一个小时很快过去了，时钟已指向晚上 8：30。

副监区长 ZL 过来打探我的"战况"，看来也想早一点"收工"，就指着学员 CSW 说："学员 CSW，你要好好干，很快出所了，不要惹事啊！"

学员 CSW 看了一下副监区长 ZL，又瞄了一眼我，马上站起身，答道："是。"就匆匆回监舍去了。

笔者与学员 CSW 的接触虽然是短暂的，但并不像副监区长 ZL 所形容的那样，他是一个油盐不进的"钉子户"。学员 CSW 还是非常渴望得到警察、家人以及身边人的关心和照顾，特别是在缺乏家人关爱的环境里更加凸显了警察角色的重要性，几句嘘寒问暖的话就能让学员内心暖烘烘的。

学员 CSW 还有几个月即将出所，这应该是副监区长 ZL 特别"关心"他的缘故。学员 CSW 长期无家人会见，家庭经济基础又差，自己更无过硬的劳动技能。难免为出狱之后的生计担惊受怕，焦虑、苦闷和恐惧的心理萦绕着他，在关键时期万一发生自伤自残的事故，会让监区乃至监狱都吃不消的。

笔者第二天查询到了学员 CSW 的电子档案资料：

> 学员 CSW，广东茂名人，17 岁，母亲过世，现在与父亲一起生活，家中还有一个哥哥和三个姐姐，第一次因为抢劫罪被判处缓刑，这次因为贩毒被判处有期徒刑一年，2013 年 2 月入所。从 2 月到现在，学员 CSW 一直没有家人接见，偶尔有违纪扣分，在副监区长 ZL 主管的 3 组。平时几乎没有知心朋友，少言寡语，从不主动与人交往。

学员 CSW 小小年纪已经是一个准"二进宫"①了。但是应该看到他所在的社会环境对其成长是非常不利的,与家庭结构残缺、家庭教育缺失、社会不良诱因等有着密切的关联。学员 CSW 的内心有悔恨、良知,不忘亲情、希望,还有健康的体魄、正常的智商,完全可以走上"人间正道"。在狱内,监区警察对他的理解和关心不够,更谈不上耐心、细致地教育和引导,又加之其内向腼腆的性格和自卑心理,进一步加深了他与外界的隔阂,从而使得自己的生活空间越来越狭小,陷入一种孤立无助的生活状态。

(二)供不应求的"下仓"服务

笔者到心矫中心调研期间,与具有二十多年工作经验的心矫中心负责人就教育改造未成年犯的一些做法和经验进行探讨,随后她给笔者介绍了这样一个案例:某监区里有一名学员 RH,总是喜欢孑然一身,坐在车间的一个偏僻的角落里,不言不语,神情呆滞,甚至连姿势都极少有变化,与其他忙忙碌碌的学员形成了鲜明的对比。学员 RH 到底出了什么状况,这也是笔者非常好奇的。心理档案中记载:

> 该学员 RH 夜晚睡眠质量很差,常常在睡梦中突然惊醒。平时从不主动与人说话,对监区警察有着非常高的警惕性,性格显得不合群且十分古怪。时常会黯然流泪,但是当有人在场或者路过时,他却一言不发。有时会长时间不洗澡,吃饭也不积极,当一同生活的其他学员催促他洗澡洗衣服时,会看到他咬紧牙关,攥紧双拳,面露凶相。但有时又会自己去洗澡,做个人卫生。

监区通过各种手段均无法联系到学员 RH 的父母,也没有亲属来会见,显然学员 RH 的家庭关爱和亲情支持是严重缺失的。监区也非常担心学员 RH 的心理健康问题,就让他去接受心理咨询。他能够与心矫中心工作人员正常对话,可以准确说出自己的姓名、年龄、罪名、刑期和兴趣爱好等个人情况。学员 RH 在后来的"下仓"活动中,多次主动找心矫中心负责

---

① "一进宫"特指因为第一次犯罪入狱服刑后,又因再次犯罪而入狱的罪犯,还有针对多次犯罪入狱罪犯的"三进宫""四进宫"等说法。

人诉说内心的苦闷与哀愁，终于实现了一些可喜的变化。

针对学员 RH 的情况，心矫中心负责人给监区领导提出以下几点建议：

1. 多带罪犯散步，尽量到开阔的空间放松心情。
2. 积极联系其家人，增强其安全感。
3. 适当给予学员关爱，恢复其改造信心。
4. 若异常行为恶化，要及时申请心理矫治专业人士治疗。①

"下仓"谈话作为实施心理健康教育的个别化手段弥补了心理分类教育覆盖面广但缺乏深度的不足。如学员 RH 的心理活动具有一定的私密性、易变性，不愿轻易与人交流、分享。"下仓"有利于监狱警察与学员之间建立相对固定的联络关系，帮助学员增强对警察的认同与信任，使得原来一些较为隐蔽的心理问题得到积极干预，促进学员的身心协调成长。

（三）冰火两重天的"下仓"体验

1. 学员的热情与渴望

在 2012 年，雨露未管所刑矫办在全所共选取 440 名学员，对"下仓"谈话活动进行了大面积的问卷调查。此次调查共发放问卷 440 份，回收问卷 440 份，其中有效问卷 438 份，有效率达到 99.55%，其中有 86.82% 的学员表示很期待"下仓"谈话，12.73% 的学员表示"下仓"谈话可有可无。从调查的数据来看，绝大部分学员对"下仓"谈话还是持欢迎态度的，并期待从中受益，少部分学员对"下仓"谈话则持中立的态度。

自从"下仓"谈话执行以来，65.23% 的学员表示下仓的警察能帮助自己解决实际困难，31.13% 的学员表示下仓的警察能够帮助自己解决思想问题，7.73% 的学员表示下仓的警察能够倾听自己的诉说。警察能够通过话语的沟通，更精准地了解学员的需求、意愿，帮助学员解决各种问题，化解思想上的困惑、误区和偏见。通过警囚之间的互动可以减轻或化解学员因为长期服刑与社会隔绝而带来的种种消极情绪，引导他们改变服刑生活的不良心理认知，有助于其保持乐观向上、积极进取的心态。

---

① 该案例的素材由笔者 2014 年 10 月指导实习的一名学生提供，经笔者加工、整理而成。

下面让我们从学员给狱方的留言中,进一步理解学员对"下仓"谈话所持有的具体建议,以求得个性化的深入理解。

在问卷末尾部分,部分学员建议摘录如下(节选):

学员1反映,虽然时间短,但是心理遇到障碍时还是能够及时解决。

学员2反映,可以帮助解答思想上的问题,增强法律意识。

学员3反映,下仓的时间太短,有时都不能找到要找的警官。

学员4反映,希望犯人讲话的时候能让犯人表达完整。

学员5反映,个别警官对一些实际问题管到最后又不管,建议各位警官对日常生活中的小事要详细管理。

学员6反映,可以向我们咨询的问题做出多面的讲解,能多透露一些所务政策,以及所里即将举办的一些活动,等等。

学员的态度就是渴望有更长时间、更加真诚、更多警察的积极参与,希望警察能从学员生活的细微之处入手,表明大多数学员拥护"下仓"制度,个人需求与狱方提供的信息、资源存在不小距离,急切表现出更强烈的存在感。

2. 警察的奉献与无奈

相对学员而言,参与"下仓"谈话的警察又是什么样的态度?笔者汇总了各监区的意见,摘录了几个有代表性监区的发言意见(节选)。

监区 A 提出下列建议:

1. 每次安排一半的警力下仓,采取主管警官与辅教警官错开下仓的办法。如果两位警官同时不在,则由挂钩小组的监区领导下小组谈话教育。

2. 要求警官下仓时,集体教育的时间尽量缩短,腾出更多的时间用于学员的个别教育。

3. 谈话地点可以在礼堂、饭堂、小组,由下仓警官自主选择。多数警官采取了下到小组的做法,把两个小组集合在一起进行教育。

4. 下仓采取干部自报时间(上半月或下半月)和监区统一协调相结合的方式为宜。

监区 B 提出下列建议：

1. 广泛动员，向学员申明开展此项活动的作用、目的和有关要求，使学员明白怎样有效提出约警申请。为了避免学员出现完全依赖约警接谈才能报告、解决问题的不当认识，重点向学员申明，在遇到紧急或其他需要尽快向警官报告、汇报的事务，仍需要及时报告和汇报。

2. 做好准备工作，印发约警接谈表并及时回收，按照学员点约警官进行分类。

3. 及时将约警接谈表分发给各受约警官，由各受约警官利用值班时间或下仓日（夜）时间，有针对性地解决学员提出的问题。

4. 活动结束后，将各受约警官收到的问题汇总，总结出犯群主要关注的问题，为下一步监区开展学员监管改造工作做出指导。

5. 对监区无法解答需要向业务部门或所领导汇报的问题，及时做出汇报，并将反馈结果告知于提出问题的相关学员。

监区警察的态度其实很值得我们去玩味，他们是"下仓"谈话的主要执行者，了解学员的需求、意愿，精通谈话的技巧、技术，但又是付出辛勤劳动最多的一类群体。综合评估会有以下三个方面因素的影响。一是"下仓"谈话实施以来，在现有警力和工作任务的基础上必然增加了警察的工作量，作为一项制度长期贯彻执行确实会有阻力和反对声音。二是监区领导力求在本部门基层警察的工作情绪与上级领导的工作要求之间寻求一种平衡，如果过分袒护本监区警察的私人利益，必将引起上级领导的不满与压制；如果一味迎合上级领导，也可能会激起本监区警察的抵制与反抗。三是"下仓"谈话确实有助于化解学员的不良心理情绪、及时获取犯群思想动态，为学员解决一部分现实困难，进一步稳定了监管秩序。

令人遗憾的是，狱方不得不于2013年底废止了"下仓"谈话，同时要求各监区要做好10%的所谓"问题学员"的教育工作。"下仓"谈话的"降世"无疑需要未管所高层的大力推动，同时还要辅以加班补贴与定期检查等多种制度配套执行。全省要求取消国家机关工作人员工资、福利、津贴之外的其他补贴性薪酬的政策出台，则成为压垮"下仓"谈话制度的最后一根稻草。

三 泰山压顶的雷霆行动

（一）"山雨欲来风满楼"

1. 从天而降的"5号文"

"5号文"是指中央政法委于2014年1月21日印发的一个指导性文件，"为严格规范减刑、假释、暂予监外执行，切实防止徇私舞弊、权钱交易等腐败行为，坚决杜绝社会反映强烈的'有权人''有钱人'被判刑后减刑快、假释及暂予监外执行比例高、实际服刑时间偏短等现象，确保司法公正，提高司法公信力"。这份文件出台以后，紧接着在同年4月23日南方某省高级人民法院公布《关于减刑、假释案件审理程序的规定》（法释〔2014〕5号）（以下简称《减刑规定》）。同年5月6日，两院两厅①为了细化高法的司法解释颁布了《关于审理减刑、假释案件实施细则》（下文简称为《减假细则》），自5月15日开始实施。这一系列法规性文件的出台，直接相关的就是全国监狱系统在押的近170万名罪犯的切身利益。

雨露未管所为了严格落实《减假细则》的有关规定，制定大量所内制度性文件。其中《减假细则》中第39条规定："未成年犯及老、病、残罪犯，符合减刑条件的，提请间隔时间可缩减六个月以下……"监狱向法院报送的减刑材料则取期限中间值的三个月，很多学员就提出为什么减刑期限不取上限"六个月"。还解决了之前被判处五年以下有期徒刑的罪犯与被判处五年以上有期徒刑的罪犯具有同样的改造成绩，反而刑期长的罪犯减刑幅度更大等问题。

中央政法委的"5号文"进一步体现了我国"宽严相济"的刑事政策，对于职务犯罪、破坏金融管理秩序和金融诈骗犯罪、组织黑社会性质组织犯罪三类罪犯及十年以上的暴力犯罪的罪犯从严控制减刑、假释，加强对这几类罪犯的惩罚威慑力度。对于雨露未管所而言，客观上造成了一部分原判刑罚较重的学员减刑的幅度缩小、间隔期增大、标准更高，包括自考状元QXA在内的部分学员也出现了不满情绪，特别是犯群里出现的骚

---

① 两院两厅是指同一省级行政区划内的省高级人民法院、省人民检察院、省公安厅、省司法厅等国家机关。

动迹象，引起了狱方的高度警觉。

2. "5号文"的余波犹在

"5号文"的影响还在持续发酵，此时正值笔者与雨露未管所刑矫办合作"预防未成年人犯罪之实证研究——基于102名重新犯罪未成年犯的调查"的课题。调查中，有一名学员EF在访谈即将结束时，向笔者吐露了心声。

笔者问："你最后还有什么想和我说的吗？"

学员EF迟疑了一会儿，答："有，就是减刑吧！"

笔者问："你有什么困难吗？"

学员EF答："按照原来减刑的规定，我本来是今年第三批呈报减刑的，但是现在新政策出来后，我要推迟到明年第一批减刑了。"①

笔者说："这是上面下的文件，所有的监狱都会受到影响，我想监区不会耽误你们的。如果有什么疑问，可以向监区或者其他有关部门反映。"②

学员EF似乎是意犹未尽，就说："那好吧。"

3. 一起偶然的袭警事件

2014年10月的一天，某监区发生了一起学员针对警察的泄愤事件。上午的习艺劳动结束后，学员PJ跟随队伍回到本监区的活动大厅，等待开饭。那天已是上午11：45，伙房送饭的餐车还迟迟未到。值班警察想着让在场的学员跑几圈，午休就可以睡得踏实一些，就命令在场的学员顺时针跑圈。南方的十月依旧酷热难耐，在跑步途中，学员PJ突然从行进的队伍里冲出来，朝着值班警察身前的茶几就是凌空一脚，踢翻的茶几随即翻了一个跟斗，刚好砸在一名警察的小腿上，台面的茶杯、警帽、墨水笔、台账登记本等物品散落一地，其他学员都被眼前的一幕惊呆了，注视着刚刚发生的一切。说时迟那时快，学员PJ很快被两名警察和身旁的几名值班员合力按倒在地，嘴里还不停地嘟囔着："放开我……"

学员PJ的一时冲动，可能是源于内心的烦躁，对压抑情绪的释放，对

---

① 因为该学员是第二次犯罪入狱，属于此次被限制减刑的一类学员。
② 笔者是警校教师，立场要尽量保持中立。一方面避免给狱方工作带来负面影响，另一方面尽量安抚学员，让他的情绪趋于稳定，鼓励其通过正规的渠道反映问题。

枯燥环境的无力挣扎。虽然对值班警察造成的只是一点点皮肉的痛感，但这会被认为是对警察权威的挑战，对监狱秩序的极端挑衅和巨大威胁。如果哪位警察被未成年犯"欺负"了，会被认为是无能、软弱的，甚至作为大家茶余饭后的笑谈，使得受侵害的警察今后都难以在众人面前立足。

客观上讲，在监狱里总会有极低比例的学员存在脱逃、行凶、自伤自残、自杀等行为，这种潜在的风险时刻存在。特别是在警囚比例悬殊的监狱里，狱方单纯地依靠强制力树立权威必然会受到抵触和挑战，那么，狱方该如何应对这突如其来的事件？

（二）狱方打出的组合拳

1. 监狱层面的行动策略

省两院两厅的《减假细则》出台之前，省局与省高法基本达成共识，既要坚决贯彻中央政法委的"5号文"精神及高法关于减刑、假释等作出的司法解释，又要保证监狱减刑、假释工作的连续性和稳定性，符合本省刑罚执行的实际情况，实现制度文本的本土化。

省局为此专门组织全省监狱的刑罚执行部门负责人和专管警察学习《减假细则》，通过文件解读和专家授课等形式，确保每个人吃熟吃透。再由每所监狱组织所有警察培训，确保做到人人懂、骨干精，满足下一段减刑、假释工作的需要。

《减假细则》的出台对未成年犯产生直接影响的是黑社会性质组织犯罪和十年以上的暴力犯罪的罪犯，减刑的幅度和间隔时间比照之前都更加严格，意味着服刑时间会更久。经所务会审议，为了使得减刑假释工作得以顺利推行，将在全所范围内开展《减假细则》的宣传、解释和引导工作，并把2014年减刑的批次和时间公之于众，具体见表2-2。

表2-2 雨露未管所公示的减刑各环节时间

减刑批次	第一批	第二批	第三批	第四批
学员考核截止日期	1月31日	4月30日	7月31日	9月30日
监区呈报材料日期	2月25日	5月25日	8月25日	10月25日
预计法院裁定日期	4月25日	7月25日	10月25日	12月25日

要做好此次减刑、假释受到影响罪犯的教育改造工作，务必首先做好其主管警察的工作。监区警察能够掌握新政策、新法规的精神，才能耐心细致地给学员做好解释、引导工作，阐明国家的刑事政策，教育广大服刑学员认清形势，顺势而为。其次，未管所各级领导都应身先士卒，带队到监区组织开放日活动，为每名学员发放政策法规小读本，鼓励大家平时多学习、常查阅，并主动为有疑问的学员进行答疑解惑，力求让国家政策和法律法规的精神、原则和内容入心、入脑。可见，监狱的行动策略重点还是放在警队整体的意志力、执行力和战斗力上，只有警队的畏难情绪、保守意识消除了，才能真正把国家意志灌输到犯群中去。

2. 监区层面的行动策略

监区所面临的冲击是最大的，因为这里是教育改造学员的第一战场，监管秩序的稳定维系于此，最大限度地避免出现学员脱逃、自杀、自伤自残、故意伤害等重大监管安全事故。

监区看家本领的"三板斧"——夹控、说服、解释可谓是三管齐下，必要时刑矫办还要与监区警察合力做好学员的思想（心理）工作。夹控是指监区严格落实互监组制度、五固定制度，充分发挥值班员监督的桥头堡作用，对个别顽危犯和情绪异常的学员进行监控，建立耳目①进行情报搜集工作。说服是个别教育谈话的一种，主管警察对学员进行一对一的教育、引导和感化。这种教育方法容易接近学员的内心世界，给学员以情感上的依托，缓解学员因亲情、友情缺失带来的负面情绪，已经废止的"下仓"谈话制度就是其中的一种特殊形式。解释是指按照狱方的统一要求，积极开展减刑、假释制度的宣传、解读和答疑工作。监区教育工作能够做到于法有据，于法有理，于法有利，这是监狱教育万变不离其宗的规律。

（三）官方行动的一记重拳

针对学员 PJ 泄愤袭警一事，雨露未管所上下都受到极大震动。为此，所领导指示狱政办、涉案监区和特勤监区组成专案组，搜集学员 PJ 暴力袭

---

① 耳目是监狱侦查工作的一个专有名词，主要是启用少数符合条件的罪犯充当狱方的秘密侦查力量，提供有价值的线索、证据和情报。

警的犯罪证据,并向驻监的检察机关提请进入司法程序,准备追究学员 PJ 的刑事责任,这是监狱对服刑学员采取的最为严厉的惩罚手段。

2014年11月下旬,狱方又决定在全所范围内针对所有服刑学员开展一次"打击抗改歪风 弘扬改造正气"的专项教育活动,来势汹汹的"严打"行动即将到来。下面是一段狱方开展"打击抗改歪风、弘扬改造正气"专项教育活动的记录(节选):

> 11月,全所改造秩序总体稳定,但学员间争吵、争执、推拉、打架等违纪行为较前期有所增加。其中罪犯间争吵、争执、推拉、打架行为49人次,较上月增加12人次,占11月违纪扣分的20.9%;违反生产操作规程36人次较上月增加28人次,占本月违纪扣分的15.3%;不按时完成劳动定额或违反现场劳动纪律21人次较上月增加12人次,占本月违纪扣分的8.9%……违反学习纪律14人次较上月增加12人次,占本月违纪扣分的6.0%。截至11月25日,被扣分学员共有235人次,较上月增加89人次,行政处罚5人次。
>
> 为此,所领导指示,要在全体学员中开展一次"打击抗改歪风 弘扬改造正气"为主题的专题教育活动……
>
> 对于违纪违规行为,我所一向是保持高压态势,坚决予以严厉打击,坚决不让其得到任何好处,以维护正常的监管改造秩序,营造健康向上的改造氛围。
>
> 八监区学员A(抢劫罪,原判2年3个月)自入所以来自我改造意识较差,自认为无刑可减,可为所欲为,多次出现劳动质量问题。10月29日上午在车间劳动期间,专项工种犯检查该犯产品质量时,认定学员A产品质量差,他遂认为受到专项工种罪犯的故意刁难,随即产生不满情绪,将生产工具摔到工位上,擅自离开工位喊道:"我不干了"。态度嚣张恶劣,其互监组成员对其离开工位行为进行制止时,学员A不听劝阻。鉴于学员A未经警官批准擅自离开工位不参加劳动,且态度恶劣,经研究决定给予其扣4分,降严管级,送集训21天处理……
>
> 这次专题教育活动时间,拟安排4个晚上进行,第一个晚上进行

动员教育；第二个晚上学习法律法规；第三个晚上以小组为单位，由主管警察组织进行对照检查；第四个晚上小结讲评，由各监区组织。

要求：

1. 每个人都要按行为规范写出对照检查材料，并在小组进行对照检查。

2. 每个人都要背行为规范，背不出的要按规定扣分。

3. 要敢于揭露其他学员的违纪违规行为，知情不报的，如被发现，要按规定扣分。

"打击抗改歪风 弘扬改造正气"行动是针对学员集体开展的运动式"整风运动"，以树立平稳监狱秩序为导向，使用各种行政、刑事等处罚手段，充分调动狱方的人力、物力、财力，运用话语、文本、情感等多重资源，情、理、法三管齐下，真是不达目的誓不收兵。监狱上层已经下定决心要开展整治活动，监区自然不敢麻痹大意、敷衍了事，坚决地执行上级的决定和意志，工作不得力、成效不显著还可能被树立成反面典型，此次教育活动的整治力度是空前的。此次运动中，绝大多数人都会被狱方强大的震慑力所折服，不愿冒天下之大不韪。但是，只有"当法律得到'自愿地'（willingly）和'自觉地'（spontaneously）遵守才能有效地运作"[①]。

（四）"胜于雄辩"的事实真相

一场在狱内审理服刑学员减刑的庭审在出所监区的活动大厅如期举行。在接下来的两天时间里要完成近百人的减刑案件审理，开庭时间是上午10：00~12：00和下午2：30~4：30。

第一天10：30，有30名学员在焦急地等待市中院少年庭法官的"过堂"，他们是从狱方推荐的100人名单中随机抽取出来的，这30人的案卷材料已经早早交给法官。现场有三名穿着黑色法袍的法官坐在一面大法徽的前面，法官前方的两侧分别是负有法律监督职能的检察机关、为学员提供证明的警察代表。法官的正前方坐着一名书记员，负责传递证据、案卷

---

① 〔英〕马林诺夫斯基：《文化论》，费孝通译，华夏出版社，2002，第14页。

材料和法庭记录，书记员的前面摆了一套桌椅，是留给上庭学员坐的。

当一名学员被带到书记员面前坐下时，法官首先会询问学员的姓名、性别、出生年月、民族、籍贯、原判刑罚等信息。核实学员的身份后，将重点提问其服刑期间的主要表现，涉及学习、生活、习艺劳动、履行罚金刑等各方面情况。法官会问："你是否有悔改表现？"上庭的学员大都回答："有……"法官继续问："你的悔改表现具体是什么？"上庭学员的回答就五花八门了，有的学员因为过于紧张竟然一句话也说不出来。

其间出现一个蹊跷的情节，法官问："你的几份认罪书怎么笔迹不同？"那名学员战战兢兢地辩解道："我去洗衣服了，是同改帮我写的。"（其实该学员是半文盲，识字太少，字迹又难看，请其他学员代劳，却被法官发现了"劣迹"）。法官又追问："你有缴纳罚金吗？"那个学员答道："没有，家里太穷了，真的还不上。"这次庭审又延续了十余分钟后，主审法官合议后当庭宣布裁定："减刑十个月。"与刑矫办呈报的减刑期限1年则有一点差距，这也为其他学员敲响了警钟。

参与此次减刑裁定的法官是严格依照高法《减刑规定》第 2 条规定："（一）减刑或者假释建议书；（二）终审法院裁判文书、执行通知书、历次减刑裁定书的复印件；（三）罪犯确有悔改或者立功①、重大立功表现的具体事实的书面证明材料；（四）罪犯评审鉴定表、奖惩审批表等；（五）其他根据案件审理需要应予移送的材料。"上文提到的那名学员让他人代劳完成认罪书，这种表现显然与立法本意存在较为明显的抵触，要真心悔改，而不能投机取巧。

从连续两天的庭审结果来看，学员渐渐形成了一个共识：法院今后的减刑尺度会越来越严格，减刑的幅度会越来越小，减刑的间隔时间越来越长，新法规出台之后量刑有了不小的变化。通过这次庭审，学员对狱方的猜忌少了，认同狱方立场的人多了，全所的教育改造秩序逐渐恢复到往日的平静。

未成年犯虽然生活在封闭的监狱环境里，但是属于他们的文本和话语

---

① 立功是指国家刑罚执行机关对罪犯积极改造表现评价的一种称谓，具备此种情形可以获得减刑。

并不是单调乏味的,而是丰富多彩的,给予他们生活多重意义的呈现,与之相伴随的监狱警察同样是他们生活环境里不可或缺的教育者、参与者和陪伴者。两者之间的接触、交流和碰撞还可以通过视频的形式得以再现,并给我们带来更加缤纷多彩的人生故事。

第三章 学员生活的视频展演

第一节 自学考试中的"金牌状元"

自考是个人自学、社会助学和国家考试相结合的高等教育形式,是我国社会主义高等教育体系的重要组成部分。① 在司法部出台的《教改规定》中第26条规定:"监狱组织的文化教育……鼓励罪犯自学,参加电大、函大、高等教育自学考试,并为他们参加学习和考试提供必要的条件"。

仅2013年,雨露未管所就有636人参加了大专学历的自考,上半年324人报考506科,下半年312人报考518科,全年共有157人次获得了单科成绩合格证,通过率为15.33%。近期,在W监区涌现出一名在全所赫赫有名的自考"状元郎"——学员QXA。

一 颇感意外的初次谋面

早在2013年10月,笔者去W监区调研时,和主管教育改造的副监区长XQ聊天,被问及:"邵老师,你们的学生有参加自考吗?"笔者说:"一个班大约有三分之一的学生会报自考,但是能坚持到最后的人则寥寥无几。"副监区长XQ不无自豪地说:"我们这儿有一名叫QXA的学员,自学考试已经通过了10门,很快就可以拿到大学毕业证书了!"据统计,未

---

① 《高等教育自学考试》,白度白料,http://baike.baidu.com/link?url=QZk7GtZMh77Hz5LKCDgV37GWuioMqfEr7wFIcigCLPEXXLaAx_O3ryP3D5cDO5giXIOAO-ICjzOsDK0NWiV5vOBRSw0GfirYJ8rOuCJCdznv6Y1mJ_q5bV-64pSWiijGnsGn3kSWCorK4sWY64aOQ51k4PvcYlPhhV39LRqaLawqDh4C22UCSWfTuTgWJQm_,最后访问日期:2019年7月25日。

管所的学员文化程度大多在初中以下，大部分的生活时间都被由狱方组织的习艺劳动、九年义务教育、队列训练、文体活动等占据，再除去一日三餐、睡眠、洗漱等时间，在这么少的时间完成这么多学科的考试确实有些不可思议，巨大的好奇心驱使着笔者去结识这个人。

趁着副监区长XQ有事离开的间隙，笔者立即冲向习艺劳动现场，在车间里不停地扫视着，放眼望去相似的短发、相同的服饰，似乎难以寻觅。笔者干脆找来前岗值班员让他帮我指明学员QXA的位置，顺着那个方向走了过去。眼前的学员QXA其貌不扬，略显瘦削的身材弓坐在蓝色的塑料方椅上，双手的拇指和食指都戴上了橡胶指套，因为需要长时间拿着金属镊子和生产原料，这样就不容易磨破手指，也不会沾浸太多机油。笔者站了一会儿，对方似乎没有察觉有人在身后，就轻声叫了一声："QXA。"当听到有人呼唤自己名字时，学员QXA下意识地应了一声："到。"转身面向笔者站立起来，这应该是他在雨露未管所多年来养成的习惯吧！他的身高在175厘米以上，身材干瘦，双眼很小但很有神。

按照未管所的管理规定，笔者进入监管区域必须着警服。为了不让对方误以为我是新来的警察，便主动介绍自己是警校的实习指导教师，是为了指导学生在监区一线开展实操训练，与未管所的管理活动无关，他则不住地点头。

我接着问道："你就是QXA，大家口中的'自考达人'吧？"

学员QXA马上说："还好吧，也没什么。"

我接着说："你边服刑还能有如此突出的成绩，不容易啊！我很好奇也很想知道你是怎么做到的。你现在很忙，能否空闲时写写你自己的故事让我们认识一下？"

学员QXA说："可以啊！那你什么时候要？"

我说："看你的时间！"

学员QXA说："明天就可以写好。"

我说："会不会占用你的时间？"

学员QXA说："还好。"

我应了一声："好的，辛苦啦！"

在狱内，以如此平和的语气与学员对话还是不多见的，警囚之间的界限是异常分明的。各有各的身份、地位和行动准则,双方都不能够随意越界。学员如果对警察不够尊重,会被认为是不服从管理的表现,必然受到批评;然而,警察如果对学员的言行失度,会被认为有损警察的声望而助长了他人的威风,会被其他同事鄙视、疏远与排挤。笔者的一番作为或许会让一些监区警察觉得太过谦和,其实这就是作为一个中立研究者所保持的基本立场,必须充分尊重自己的研究对象,努力建立一种相互尊重又彼此信任的人际关系。

第二天,当笔者来到劳动车间走到学员 QXA 的工位时,他很爽快地拿出了两页信纸伸手递给我。笔者善意地向他点头示意,学员 QXA 又立即投入到紧张的习艺劳动中。下面是学员 QXA 的自传(节选):

> 学员 QXA,18 岁,湖南邵阳市人,家中有一个哥哥。刑期 15 年,故意杀人。
>
> 从小就热爱学习,初中二年级因为家庭生活困难辍学,因为游手好闲走上犯罪道路。入所后依然报考了市场营销专业,一直憧憬"大学梦"。明白笨鸟先飞的道理,自考书籍未发下来,找老生借书来学。学习方法很简单:早上背诵、晚上看书,依据考试大纲一章一节复习,学完之后再从头复习。用心去学,一定会有收获。有一种间接记忆法,有时几分钟的回顾就有意想不到的收获;其次,要注重首尾相连,融会贯通。再次要注重复习……

这就是笔者和学员 QXA 的第一次亲密接触。学员 QXA 稍稍显得有些拘谨,似乎不善言谈,不苟言笑。在其平淡无奇的外表下,却展现出与众不同的沉稳淡定的人格特质。

二 不寒而栗的犯罪经历

笔者对于学员 QXA 的好奇心陡然增加,而只看他的自述并不能看出什么端倪,有志向、能吃苦的孩子怎么会成为阶下囚?带着深深的疑问去查询他的个人档案,或许能找到一些信息。翻看档案时,学员 QXA 的犯罪经历不由得让笔者惊出了一身冷汗。狱方保存的电子档案里记录如下:

学员 QXA……因犯故意杀人罪被判处有期徒刑 15 年，2010 年 4 月入所，并在 2012 年 4 月、2013 年 7 月获得两次减刑。

基本犯罪事实：2010 年某月某日，学员 QXA 的表妹到他家做客，中午见表妹熟睡，被其美貌打动，于是对表妹实施奸淫。事后，学员 QXA 惧怕罪行败露，于是将表妹活活扼（掐）死，为了进一步隐藏罪证，随后将表妹分尸并用塑料袋包裹装入皮箱，就在外逃打的藏尸的路上，血迹外溢滴在了汽车的后尾箱内，离开后被的士司机举报，根据线索，学员 QXA 很快被警方抓获。

一名年仅十四的未成年人见到貌美的表妹，竟然不顾亲情、伦理，不惧怕法律、刑罚，实施了毫无人性的性侵，后又因为怕被表妹揭发而痛下杀手，还想到碎尸、弃尸，这一系列残忍的罪行无论怎样也难以和眼前稍显腼腆的"自考状元"联系在一起。笔者试着从学员 QXA 的舍友、值班员、主管警察、监区的刑罚干事和监区领导等人去了解他，审视学员 QXA 平时的服刑表现，努力探寻学员 QXA 真实的人性。

几乎所有接触过 QXA 的学员都会这样评价：做事非常认真，从来没有被扣分，学习也很刻苦，业余时间大都用于学习。熟悉学员 QXA 的监区警察也认为：学员 QXA 自从入监以来，表现积极，有着很强的自律性，与他犯关系较为融洽，自考和生产的成绩都非常突出，可以说是监区里的佼佼者。笔者多次从监控视频里观察学员 QXA 的现实表现，在监区组织的集体教育活动中，都一如既往地严格要求自己，非常守规矩；在习艺劳动现场，一个上午都能专注于手头的劳动，偶尔累了才会稍稍放慢速度，揉揉眼睛，伸伸懒腰，很快又开始赶工；在监舍里，作为小组长的他从来没有和舍友发生过激烈的争执和矛盾，有些事情还会主动为舍友代劳，更不会故意违规违纪。

一次，笔者询问学员 QXA："你如何看待自己与值班员的关系，你们之间的身份会不会有差别？"

学员 QXA 说："法律规定了人人平等，谁也不能欺负谁，大家都差不多，大家都是服刑人员。"

笔者问："如果你不小心妨碍或得罪了某一值班员，会不会担心被

'整'?"

学员QXA说:"有问题就找警察,没有什么解决不了的问题。"

学员QXA表现得很坦然,不卑不亢,有着很强的自我保护意识,做事又显得有章法,更不担心自己会受到不公正的待遇,骨子里透露出一股硬气,这似乎和他在自考中的表现如出一辙。

三 来之不易的自考成绩单

学员QXA和其他学员一样每天都要面对习艺劳动,所以笔者每次找他访谈都会提前做好准备,尽量不占用他的劳动和休息时间。笔者与学员QXA的交流越来越多,一来二去,他也少了几分戒备、几分顾虑。对这位"自考状元"的了解一次比一次丰富,让笔者看到一个农民儿子的迷途、醒悟和励志的人生故事。

据学员QXA介绍,自考之路并不是一帆风顺的。狱内的服刑生活内容大多被"设置"好了,就连节假日也不是完全在自己的掌控之中,个人支配的时间非常有限。第一次备考时,总是担心复习时间不够,更担心考试不过关,心里始终悬着一块大石头。就在这样忐忑不安的状态下参加考试,又经历了一段漫长且煎熬的等待期。当得知两门课程的成绩都不合格时,对自己的打击太大了,开始怀疑自己的能力,信念动摇过、迷茫过,但是最终没有选择放弃而是选择坚守,自己的大学梦支撑他熬过最艰难的时期。

当参加完第二次自考的三门课程考试时,学员QXA的心态就平静许多,"思想道德修养与法律基础"考了66分,"企业管理概论"考了60分,"毛泽东思想、邓小平理论和'三个代表'重要思想概论"考了60分。此役不仅实现了个人自考成绩零的突破,而且还是连中三元,获得了立功的行政奖励,创造了雨露未管所单次自考及格科目最多的历史纪录。从此在W监区乃至全所"一战成名",真可谓是不鸣则已一鸣惊人。

学员QXA于2013年又通过"基础会计学""谈判与推销技巧""经济学概论"三门课程,还有之前通过的"思想道德修养与法律基础""毛泽东思想、邓小平理论和'三个代表'重要思想概论""政治经济学""大学语文""世界市场行情""企业管理概论""国民经济统计学概论",共计十门课程。如果再取得"广告学""高等数学""消费心理学""市场营销学"等四门课程就可以取得市场营销专业的自考大专学历。

学员QXA并没有因为个人自考成绩突出而沾沾自喜,在习艺劳动等方面一样做得非常出色。在W监区的劳动任务统计中,他在产品数量和质量两方面均高于同一生产线上的其他学员,2013年,月均超产30%以上,全年超产累计达66%,被监区警察和学员亲切地称为"快枪手"。踏实、沉稳、任劳任怨,专注于自己的目标,成为对他服刑生活最朴实无华的评价。

之后的时间里,笔者只要有机会都会来W监区,了解学员QXA的近况。2014年10月,笔者在刑矫办挂职期间,有一次随同刑矫办负责人到W监区参加监区文化环境建设试点工作的推进会,利用会议间隙又去监区看望了学员QXA。

笔者问:"最近生活还顺利吗?"

学员QXA说:"都还好。"

笔者又问:"今年有报自考吗?"

学员QXA说:"上半年没报上名。"

笔者问:"为什么没报上名?"

学员QXA说:"是因为监区负责统计自考的内勤工作人员把我的信息填报错了,结果错过了报考时间。"

笔者问:"那你怎么看这次考试?"

学员QXA说:"这次没报上,下次再报吧。以后还有机会。"

笔者紧接着问:"那你还会继续考吗?"

学员QXA说:"应该会吧!"

因为工作人员的一时疏忽,学员QXA错过了一次自考机会,可能就要推迟完成自考学业。不管怎样,学员QXA表现出令人钦佩的从容、淡定和意志力,丝毫没有表现出埋怨情绪,一切似乎都按照原来的生活节奏继续着。学员QXA已经成为监区警察的炫耀性资本,还被W监区推选为全所十佳优秀改造之星,这是学员在狱内所能获得的至高荣誉。

四 电视荧屏上的明星人物

(一) 双十佳优秀改造之星

很多人知道自1990年以来,由中华全国青年联合会创意策划,联合中国青少年发展基金会及人民日报、中央电视台等新闻单位共同主办了"中国十大杰出青年"的评选活动。"十杰"青年具有鲜明时代特征的丰满形象,艰苦创业、追求卓越的成长经历,极大地激励了广大青少年要脚踏实地,锐意进取,开拓创新。[①]

雨露未管所为了在犯群中树立学习榜样,弘扬狱方提倡的改造正气,鼓励学员在自己平凡的岗位上做出优异的成绩,定于下一年年初组织上一年度服刑学员的"十佳优秀改造之星""十佳改造之星"评选活动。为了体现评选活动的公平公正,刑矫办提前将双十佳的评选条件和程序向全体学员公开。

"双十佳改造之星"的评选条件向各监区公布,选拔优秀的学员要按照以下四个条件:

1. 遵守法律法规,本年度无扣分;
2. 认罪悔罪,积极改造;
3. 积极参加各种学习,考试全部合格;
4. 积极参加生产劳动,完成任务好。

具体的程序如下。

第一步由监区推选出的多名学员进行自荐。

第二步由监区警察集体讨论初审推荐2名先进典型改造个人。

第三步由全所终审评选出"十佳优秀改造之星"与"十佳改造之星"的人选,予以公布和奖励。

2013年度的评选活动已经"尘埃落定",最终将花落谁家?这在2014年1月的所内视频新闻里作了重点报道,新闻词这样写道:

[①] 《中国十大杰出青年》,百度百科,http://baike.baidu.com/link?url=zEQ13eBlc_9CMup8YoONaZ7mQjLM3G061GvS9K23y_zqp3yMjaf8wnQtclv2KTeOWI7gNSasN5ToYweI1AeSGa#20,最后访问日期:2019年7月24日。

2014年1月14日下午，未管所2013年度"双十佳改造之星"的慰问服刑学员暨改造之星颁奖仪式在十三监区的活动室隆重举行。

某副所长、刑矫办副主任、各监区分管教育的副区长和带队警官、"双十佳改造之星"及服刑人员代表共180余人参加了颁奖仪式……

学员QXA光荣地站在领奖台上，从主管教育改造工作的副所长手里接过荣誉证书，此时的他是幸福的、荣耀的，特别是在众多学员中脱颖而出。据笔者统计，在"十佳优秀改造之星"中有4人是专项工种犯，其中值班员2人、图书管理员1人、医护卫生员1人；在"十佳改造之星"中有5人是专项工种犯，其中值班员3人、通讯员2人。能够入选双十佳的普通学员，一定是在学习、劳动、比赛活动、重大立功表现等方面获得骄人成绩的佼佼者。

在监狱这样封闭、限制颇多、有限表达个人意愿的特殊场域中，特别是这群稚气未消、涉世不深的未成年人，能够得到狱方及警察的一点点肯定与鼓励，都显得弥足珍贵。"双十佳改造之星"的颁奖仪式使得获奖学员的归属感和成就感得到了极大满足。在大庭广众之下接受所领导的慰问和祝福，经过颁奖仪式的放大作用，俨然使得这二十名学员成为代表各监区的品牌代言人。未管所还分别为"十佳优秀改造之星""十佳改造之星"颁发奖金150元、100元。虽然这笔钱看似微不足道，但是它的象征意义却远远超出货币本身的价值，获得精神上至高的荣誉才是它的真谛所在。

（二）学员权利表达的代言人

学员QXA在成为W监区乃至雨露未管所的明星人物之后，他的身影又一次在电视荧屏上惊艳亮相，这次是作为学员表达切身利益的代言人之一。

2014年的"5号文"出台之后，未管所为了化解一批被限制减刑的学员出现的情绪起伏波动，由刑矫办提出制作一期宣传有关减刑、假释政策的法制宣传节目——"新苗聊天室"，第一期的主题确定为"新细则实施的系列话题"，并得到了所领导的肯定和支持。

"新苗聊天室"是雨露未管所尝试的一种新型宣教模式，也是雨露未管所针对国家刑事政策和减刑、假释等法规的调整,就在押学员的犯罪构成和思想动态,开展政策宣传、舆论引导和思想指引所采取的一项创新型的教育手段与预防措施。通过警察与学员代表一起面对面座谈的形式,让学员代表发声,适度、合理地表达一些共性需求。狱方有意把自己的立场和政策解读融入到温馨的对话中,并适时对本所减刑、假释制度的执行情况进行详细说明。就在众多的候选人当中,学员QXA有幸成为刑矫办选中的学员代表。学员QXA是省两院两厅联合出台《减假细则》的直接"受害者",因为他自己属于严重暴力罪犯一类。他将面临监狱报送减刑延期、两次减刑之间的间隔期增加、每次裁定减刑缩短等一系列变化。

荧屏上的学员QXA面对镜头侃侃而谈,语言精练,条理清晰,切中主题,紧紧抓住了广大学员最为关心的痛点,真正说到了大家的心坎里。

当主持人问道:"请几位学员谈谈自己对本次政策调整的看法。"

学员QXA答道:"我来讲讲吧。我觉得这次减刑对我们的影响大致可以分为三种情况:第一情况是短余刑的人,对于他们来说,以前是没有减刑机会的,但是新的减刑政策出台,让他们拥有了减刑的机会;第二种是刑期相对较长的人,以前我们都知道5年以上一个年度可以减1年4个月,5年以下一个年度可以减1年,但是我们一个年度只能够减到10个月;第三种情况就是被限制减刑的人,据我知道我们监区,很多被限制减刑的都是严重暴力犯罪,在减刑的方面受到很大的影响,在减刑的间隔期、起始时间,还有减刑的幅度都受到了很大的影响……"

在学员代表各自发表了对本次减刑、假释政策及具体操作的看法之后,主持人便邀请刑矫办L主任对新法规出台的社会背景进行了较为详细的介绍。

这时,主持人接着问道:"就你们自身而言,是不是受到了影响?"

学员QXA答道:"是的,我也受到影响。本来我是2013年报的第三批,减去1年8个月。然后呐,预计报2015年1月的第一批,一个年度1个表扬、1个记功[①],就可以减1年8个月。但是由于新政策的出台,只能

[①] 此处的记功是指按照雨露未管所现行的《考核奖惩规定》第37条:"罪犯在考核期内没有一次性扣3分以上、累计扣5分以下(第八款除外)具有下列情形之一的,可以提请记功:……(二)参加高等教育自学考试取得毕业证或2科以上单科合格证的……"学员报送减刑时,如果有一次记功的情形,一般可以提请减刑"3个月"。

呈报明年（2015年）的第二批，最多只能减到1年。"

接着主持人问了第三个问题："当服刑人员获得了改造成绩是不是一定会获得减刑？"

学员QXA说："既然监狱把减刑作为一种奖励措施、鼓励措施，当我们获得了成绩、获得了条件，就应该减刑……如果当一个人达到了某种条件，他不能达到自己的目标，心里就会有那种（停顿片刻，受主持人提示）失落感，就会挫伤他的改造积极性，这会是不利的。"

主持人最后问道："今天在座的学员是否还有什么疑问，需要我们L主任解答的？"

学员QXA就第一个发言说："你好，L主任。我有个问题想要提问，根据新的《实施细则》第7条、第39条都作出明确的规定，对未成年人作出间隔时间、减刑幅度都相应地缩短和从宽的。第39条规定：'未成年人、老残病犯减刑的间隔时间可以相应地缩短六个月以下……'"

时长近46分钟的第一期"新苗聊天室"收官了，节目录制得非常成功，经过刑矫办电教中心编辑后，利用晚上集体教育时段在全所播放视频。所有的服刑学员都看过这期节目，目睹了学员QXA等代表人物的风采，为他们解答关于减刑、假释政策调整而带来实际刑期变化的问题，对犯群的思想波动起到了安抚作用，本次教育活动的创新也得到所领导的高度赞许。

作为"新苗聊天室"第一期节目的"新细则实施的系列话题"，从代表的选拔、话题的选择、政策的解读、视频的编辑等方面来看，每个环节都有条不紊地进行着。学员代表在特定的范围内发表个人的见解，也替狱方解释新政策带来的有关利益得失。对于闪亮登场的学员QXA而言，他虽然是刑事政策改革的"失意者"，但是因为惊人的劳动产量和突出的自考成绩成为狱方树立的学习榜样，实现自身在所处生活环境中的人生超越，获得了尊重和美誉，收获了愉悦感和成就感。

五　悄然圆梦的幸运儿

就在2015年2月，雨露未管所的监管模式作出重大调整。在这次押犯布局的调整中，学员QXA的生活也发生了改变，被调往专门关押成年犯的东区服刑。然而到了东区的学员QXA，在第二年又被新到的监区评为十佳优秀改造之星，并于1月26日参加了2015年度的"双十佳表彰大会"。笔者又一次在所内2016年1月的视频新闻里看到他的身影。事后，听W监区的一名领导跟笔者介绍说："自从2012年来W监区任职，直到2015年1月底离开，学员QXA原来的圆脸渐渐长出棱角，外貌变化蛮大的，身高也从一米七已经长到现在的一米八多，眼看着他发生这么大的变化。"

就在学员QXA离开之后，W监区又涌现出了一名自考新星——学员LDS。学员LDS服刑将近三年了，是监区的值班员，报名参加行政管理专业自考大专学历的考试，并且已经通过8门课程，获得了2个立功奖励。现在只差4门课程就可以申请大专学历了，此时还有两门课刚刚考完，正在等成绩。

在众人眼里，学员QXA是幸运的，是其中的佼佼者。但是他要想攻克"高等数学"这样的学科难度会非常大，实现自己的大学梦仍然充满难度。而作为学员LDS而言，他的发展目标则更加清晰，在当初选择报考专业时，就充分考虑到自己的兴趣、特长及劣势，并没有盲目追逐时下热门的MBA、移动电子商务等专业，而是选择了偏重文科的专业——行政管理。入所两年多的时间里，他不仅通过了大部分考试课程，而且利用业余时间阅读了监区藏书中的百余册。从《把时间当作朋友》一书中总结出一套时间高效管理的方法，从《小民经济学》中领悟到"人在利己不贪婪的范围内满足自己的欲望，对整个社会都是一种福利"，从循序渐进的学习中摸索出一套自学的方法体系。他对自己完成自考入专的学业充满了信心，显得更加从容、稳健，离自己的梦想也越来越近。

劳动创造价值，成功点亮梦想。如果狱方能够帮助像学员QXA和学员LDS一样的学员实现自己的梦想，不断挖掘自身的潜能和优势，弥补自身的缺陷和不足，因人施教，因势利导，或许会有更多学员去实现自己的高等教育梦想。自考不能当作是监区和监狱的炫耀性资本，而应该回归到学员自身的需求和成长上来。

自考应该是木管所学员通往更高层次教育的一条有效路径，是实现其人生跨越不可多得的机遇。在紧张而忙碌的改造生活里，应该多留给学员一点点时间和空间。即便大多数人在服刑期间无法完成自考学业，但如果他有这个梦想,就能够为未成年人的成长、成才种下希望的种子,终究有一天他们会收获累累硕果。

第二节 W监区里的"欢喜冤家"

一 "绝代双骄"轮番登场

2016年4月初,笔者在W监区留意到一名眉目清秀、身姿挺拔,口音里还带有一点川蜀一带口音的学员,他担任监区的值班员。经过连续几天的观察后,笔者在监区习艺劳动车间与他有了第一次正面接触。

笔者问:"你在W监区多久了?"

他答:"三年多。"

笔者说:"我在监区经常看到你的身影。"

他马上说:"哦,我知道您。您是带警校学生过来的老师。"

笔者说:"是的。你怎么知道?"

他说:"听警官讲的。"

笔者点了点头,接着问:"你叫什么?是值班员吧?"

他说:"我叫JH。现在是负责前岗的值班员。"

看到值班员JH脸上面露焦急的神态,笔者就对他说:"你有事,先忙吧!"

笔者在狱内的电脑系统里查询到:

> 学员JH,男,20岁,汉族,小学三年级,家住四川省遂宁市蓬溪县大坡村,犯故意伤害罪致人死亡,被判处7年有期徒刑,2012年5月入所服刑。

虽然第一次与他的见面很短暂,但我们可以算是"老相识"了。因为值班员JH早早知道了笔者的身份,并不会因为笔者穿着警服就把笔者等同于"这里的警官",这将有助于我们之间进行无利益瓜葛的交流、互动。值班员JH还接受了一份特殊的任务,主管监管工作的副监区长让他监督另外一名在警察眼中"爱惹事"的学员，这就注定两人之间会发生一连串的故事。

4月最后一周的周六上午，正好是W监区上半年组织的高墙书市①活动。通常是由一家狱方指定的书商先把样品图书搬到监区的活动大厅，然后学员分组挑选欲购买的图书并将购书单交给书商的工作人员登记，书单转交给狱方财务部门从为学员代管的资金账户里扣除书款，最后再由书商将预订图书送到监区，分发到学员手中。

当其他学员在选购图书时，笔者却看到一名学员蹲在窗边，眼睛直勾勾地盯着一箱箱书籍，值班员JH则一直盯着那个人。当值班员JH发现笔者在远处注视着那名学员时，他就走过去摸了摸对方的头，顺势往购书的方向推了一把。那人迟疑了一下，用眼神与值班员JH对视，看到他点了点头，立即眉飞色舞地一跃而起，向购书方向跑去。他沿着每个书箱走动并小心地翻动着，但当他看见笔者在不远处观察他时，难为情地笑了笑，继续挑选着图书，时不时掌起一本书翻看。此人身高不足1.6米，滑溜溜的眼珠转动极快，笑容常常挂在脸上，一旦发现有人在看他，立即显得有些害羞，似乎是在逃避着什么。最后，他空着手同大家一起返回监舍了。

笔者找到值班员JH询问起刚才那名学员时，值班员JH犹豫了一下，就说他叫YWQ，是因为前天故意打散生产资料而被监区内部登记，要求反省三日，不能参加任何娱乐活动。听监区警察介绍，学员YWQ平时在监区里是那种大错误不犯、小错误不断的"刺头"，还有一个小毛病，一着急说话就口吃，但在监舍内说话却很少结巴。为此，监区领导特意安排值班员JH盯紧学员YWQ，担心他给监区找麻烦。俗话说：不是冤家不聚头。一个是让警察放心的值班员JH，一个是让警察担心的学员YWQ，两个人的服刑生活却被扭成了一对。

二 两人身世多维探秘

监区警察给两人截然不同的评价：值班员JH工作得力，认真负责，

---

① 高墙书市是指狱方每年定期把书商请进监区为学员举办的购书活动。学员可以自由翻看、选购，但不能损坏图书，一旦购买则不能退换。

受到警察器重,是典型的"改造积极分子";学员 YWQ 性格古怪,行为懒散,稍稍放松就惹麻烦,就是一个令人头疼的"刺头"。笔者通过查阅档案资料、视频观察以及深度访谈等多渠道去接近他们,呈现一对个性鲜明、难舍难分的"欢喜冤家"。

(一)"恪尽职守"的值班员 JH

值班员 JH 与笔者的交谈,慢慢多了几分亲近,除了谈论他的工作、学习,还听他讲述了自己的犯罪经历,话语间不免透露出一些无奈和懊悔。据他自己讲述的犯罪经历:

> 几年前的一天中午,自己和几个小伙伴在一家饭店吃饭。席间,隔壁桌的一群大龄青年出口调戏自己同桌一个兄弟的女朋友,还扬言要那名女孩去他们那桌喝酒。兄弟不堪忍受侮辱就张口大骂对方。对方自恃身强力壮还用木棍敲打自己兄弟的头。眼看自己的兄弟被人欺负,JH 就非常生气,边起身冲向对方边从口袋里掏出一把匕首,朝着对方腹部捅了一刀。那人应声倒地,鲜血从腹部不断涌出,其同伙见状赶快来施救伤者,学员 JH 一行人则趁乱逃离现场。起初,学员 JH 等人并没有在意中午发生的事,还是照旧吃喝玩乐。突然在第二天傍晚得知消息,那名被捅伤的青年不治身亡。此时,学员 JH 才意识到事情闹大了,开始自己的逃亡之路,但是几天后就在省内被警方抓获。

自从 2012 年 5 月 8 日服刑以来,现在已经是第四个年头了。刚到入所监区时,值班员 JH 非常努力表现,为了搞好卫生,哪怕有一滴水都用衣袖擦拭干净,打湿的衣服就穿到自然干。到了 W 监区后,值班员 JH 更加积极地投入习艺劳动,完成了从生到熟的转变。在 2013 年的上半年就实现了连续 6 个月在一类一级岗位每月超产 30% 的成绩,得到入所以来第一个记功奖励,并在同年 12 月被选用为值班员。刚做值班员时,有一次晚上负责打热水却没有关紧阀门,水淌了整整一夜,从饭厅一直流到活动大厅,处处都是一片汪洋,直到第二天早上开仓点名时才发现。当值班警察找到他时,值班员 JH 不仅主动承认错误,还请求接受处罚。这种坦诚的态度反而赢得了监区领导的认可和赏识,给了他更多锻炼和成长的机会。JH在日记里记下这样一句话:"能有这么一个机会我很感激,认真完成警官下达的任务就是我的本分。"

在学员JH担任值班员以来,变得更加敏锐、机警,善于察言观色,时时揣摩警察的意图。当看到警察站定某一位置时,如果发现有其他学员要从警察身后经过,他会立即用眼神或话语警告对方要避让。当看到有监狱值班领导检查监区的工作时,他还会立即过来提醒值班警察,等等。这大概就是监区领导把盯紧监区"刺头"——学员YWQ的任务委任于他的一个重要原因吧。为此把习艺车间里学员YWQ的工位安排在他的正对面,两人这样长年累月地"对弈"着。在其他生活空间里,值班员JH的目光也不会长时间离开学员YWQ,两人可谓是如影随形。

(二)古灵精怪的学员YWQ

1. 官方记录的"斑斑劣迹"

狱方的电子档案里显示:

> 学员YWQ,1999年某月某日出生,17岁,汉族,某省某市某镇某村人,强奸罪,2014年8月被判处有期徒刑2年8个月,2014年9月19日调入未管所,预计2016年11月24日出所。父亲62岁,母亲56岁,均为群众,在家务农,三个兄弟分别26岁、22岁、21岁,一个姐姐23岁。
>
> 主要罪行:2014年3月25日的17:00,在村内一个小溪边强行将幼女叶某(2008年10月6日出生)抱至一片竹林,强行进行奸淫。

表3-1为学员YWQ的奖惩记录统计。

表3-1 学员YWQ的奖惩记录统计

日期	扣分分数(分)	扣分事由
2016.03.18	1	与他人争执推拉
2016.02.13	2	骂人情节较轻
2016.02.06	2	骂人,被殴打还手

续表

日期	扣分分数（分）	扣分事由
2016.01.22	1	骂人，被殴打还手
2015.12.09	3	撕毁处遇标识牌
2015.10.31	1	与他人推拉，情节轻
2015.09.16	1	内务物品不按规定摆放
2015.08.27	2	骂人情节轻
2015.08.21	1	相互推拉情节轻
2015.06.19	3	无正当理由，单月欠产45%
2015.06.07	1	值班不认真、睡觉
2015.05.31	2	欺骗警察
2015.05.25	1	思想教育月考试不及格
2015.04.18	2	私藏生产资料
2015.04.17	2	违反生产操作规程
2015.04.16	2	在车间讲话、说笑
2015.03.03	1	值班打瞌睡①情节轻
2015.02.03	1	值班打瞌睡情节轻
2014.12.05	2	推拉情节轻
日期	奖惩类别	事由
2014.10.28	嘉奖	2014年10月完成生产任务，无扣分
2014.12.01	嘉奖	2014年11月完成生产任务，无扣分
2015.02.02	嘉奖	2015年1月完成生产任务，无扣分
2015.07.01	警告	2015年1月至6月底，累计扣15分

学员YWQ在2014年9月19日入所后，当月入监教育的内容和进度已经过半，所以不得不在入所监区再接受下一周期的教育，应于11月初的入监考核后被分流到W监区。按照雨露未管所的规定，新学员只要通过考核且当月无扣分即可得到嘉奖，也就是他在2014年10月获得的第一次奖励。被分流到监区的新学员前三个月是习艺劳动的过渡期，不计算劳动产量，只要当月无扣分即可得到嘉奖。因此，学员YWQ在2014年11月、2015

---

① 值班打瞌睡特指监区管理的一种特定称谓。基本含义是各监舍在午休时段有两名学员结为一组，每班次一个小时，主要是在室内巡查，预防监管事故的发生。

年1月又得到两个嘉奖，2014年12月因与其他学员有推拉情节被扣2分，所以没有拿到嘉奖。

从2015年2月开始，学员YWQ违纪的次数总体呈上升趋势，违纪情节的种类越来越多样，到了同年4月被3次扣分，当月累计达5分。2015年1月至6月，半年内累计扣分达15分以上，被处以警告。截止到2016年4月，学员YWQ只有2015年7月、11月和2016年4月没有违纪扣分。纵观学员YWQ到W监区以来的现实表现，是笔者所知给予扣分处罚次数与扣分分数最多的学员，难怪有了"刺头"的称号，还有值班员JH特殊"护理"他。

2. 个人日记里的"嬉笑怒骂"

在监区一角落堆放的杂物当中，有一摞监区存放的学员作业本，这是罪犯用于个人思想汇报的本子，笔者在其中发现写着学员YWQ名字的一本作业簿。在作业簿的中间几页，有一篇未标注日期题名为《眼望四方耳听八方》的文字，正文如下：

> 人都会得寸进尺，看你一开始把底线定在哪里，他才卟①会轻易去触碰。即使你得寸进尺，没有受到处罚……最好卟要太过，万一环境被破坏，你想舒服一下的机会都没有。已经错了就不会更错，如果还错上加错，那是你遇到挫折自己放弃自己。人在屋檐下"一定"要低头，知道就是知道不知道就是不知道，诚信很重要，一个经常说谎的人谁愿意和你接触？要学会一心几用，就可以在同一时间做几样东西，有的时候不是你能看出什么，而是别人想把自己的心情可以去表露出来让你明白。每个人都喜欢玩，不过要看着自己的年龄，也要看跟谁在接触，比如恋人、小孩。

学员YWQ的自述文字里传达出不少高超的生存策略。在一个思想受

---

① 卟，汉字，一种有机化合物，是叶绿素、血红蛋白等的重要组成部分。粤语和广东客家话中的一个发音，而且还有"卟卟车"的叫法，https://baike.baidu.com/item/%E5%8D%9F？fr=aladdin，最后访问日期：2019年7月9日。还有"卟离"一词，网络用语，形容某个人或社会团体很传奇，很优秀，引自 https://baike.baidu.com/item/%E5%8D%9F%E7%A6%BB，最后访问日期：2019年7月9日。

到教化、行为受到规训的场域里,他必须要知道处罚的底线在哪里,一旦越界,就会失去已有的自由和舒适感。因此学员 YWQ 从来不会有严重违纪,只会犯一些不痛不痒的小错误。在监区里,与其他学员相处要做到基本的诚信,失信于人的后果就是被身边的人孤立。在监狱里,学员最需要使用的身体器官大概就是眼和耳,要用眼观察和用耳朵倾听,才能准确知道别人在说什么、做什么,他们对你的态度怎么样,他们有什么目的,等等,这大概就是学员 YWQ 用此标题的寓意吧。

3. 视频影像里的"百变神偷"

从笔者对学员 YWQ 的视频观察里,发现他平时很喜欢与人交流,有时会主动去挑逗身边的人,是一个耐不住寂寞的人。这一点与他乐于交往的性格特点不谋而合。与人交往的策略中,学员 YWQ 还会根据对方的年龄、身份、地位以及与自己的关系来区分。一整套精密的交往策略,表露出学员 YWQ 看似怯懦、弱小的外表下包藏着的"智慧"。从下面三件平凡的小事,可见其一斑。

(1)一点小事。笔者在值班室的监控屏幕上看到:

一天上午 11:47,监区收工后,学员列队的返回途中,学员 YWQ 突然转过头向站在他身后的一名学员说着什么,手上还指指点点,后面的学员也在和他轻声地理论着。

上午 11:48,学员 YWQ 被身后的人狠狠地拉了一个趔趄,两人差点撞到一起,这些举动都被站在队列末尾的值班员 JH 看到。他立即上前将两人拉出了队列,让他们站在窗边等候处理,随后向值班警察汇报刚才发生的事。

事后,学员 YWQ 因为没有主动触碰对方的肢体动作,仅被监区内部登记反省三天,不能参加各种娱乐活动。然而,对方因为有"推拉他人"的情节而被处以扣 2 分的处罚,在当月就无法拿到嘉奖,还可能因此失去连续拿到 5 个嘉奖换取一次表扬的机会。

(2)我行我素的"值班员"。当大家都在午休时,笔者和另外一名警察坐在值班室里看监控视频。笔者从安装在学员监舍门正上方的监控摄像头观察室内学员的一举一动。那天 13:30~14:30 分,刚好是学员 YWQ 在监舍"值班",就是与另外一名舍友在监舍里巡查,负责监督其他学员。

表 3-2 为学员 YWQ 午休值班时活动时间表。

表 3-2　学员 YWQ 午休值班时活动时间

监控时间	受观察对象的现实表现
13：32	轮到学员 YWQ 与另外一名舍友值班。起初，两人一前一后在监舍中央的空地绕着圈圈
13：38	当舍友还在绕圈时，学员 YWQ 渐渐放慢了脚步，不再跟随对方
13：41	学员 YWQ 突然蹲在自己的床铺边，拉开铁床下的抽屉，拿出一支黑色水笔，又站起身来继续绕圈。同组值班的学员并没有理会他
13：42	学员 YWQ 一边慢走着一边在手里不停地玩水笔，并在手心上用笔画了几下
13：47	学员 YWQ 再一次趴在自己下床的铺位上，在一个本子上乱涂乱画了一阵儿
13：49	学员 YWQ 突然在监控画面消失。监控摄像头在监门下方有一定范围的盲区
13：53	学员 YWQ 重新出现在监控画面中，手里拿着已经拆散的水笔部件。在此期间，另外一名学员始终在步行转圈
13：56	两人继续在监舍里走动、值班
14：21	学员 YWQ 跑到洗手间，把拆开的笔芯扔进了垃圾桶，笔帽、笔壳则放回了自己的抽屉，向后继续绕圈
14：24	全体学员都开始起床，整理内务。学员 YWQ 就这样完成了此次的"值班"任务

等到当天 15：00，监区组织观看有关刑法题材的教育视频时，笔者找到学员 YWQ 询问中午值班时的所作所为。他先是迟疑了一会儿，回答说："笔不出水，想弄好它，后来还是不能用，就把笔芯扔掉了。"按规定学员正在宿舍值班时是不能做其他无关事情的。这种"三天打鱼两天晒网"的值班表现如果被监区警察发现了，就是一件可大可小的事情，是扣分还是口头批评，可能就是警察一念之间的抉择。但是这次学员 YWQ 没有受到任何处罚，或许是这一细节被在场的其他人忽略了，也许这种事情根本不值得一提。

（3）监舍里的圆桌会议。同样是一个周六下午，监区没有安排集体教育的内容，学员们要在 14：30，陆续起床、整理内务。到了 14：45，学员 YWQ 同一监舍的学员围着块头大、皮肤黝黑的小组长 WXM 坐了一圈，似乎在讨论着什么事情。其中有人用手指向学员 YWQ，两人似乎在争执着什么。当轮到学员 YWQ 发言时，他从椅子上站起来，慷慨陈词了一会儿就坐下了，就这样你一言我一语，持续了近半个小时。当时钟指向了 15：13，值班员突然通知所有的学员在活动大厅集合，背诵监区领导自编的"改造三字诀"，这才打断了监舍里的那场"圆桌会议"。

笔者利用学员们背诵口诀的休息时间，分别找来了学员 YWQ 和他们的小组长 WXM 求证当时的情景。学员 YWQ 说，有舍友指责他早上打扫监舍公共卫生，忘记关闭抽水马桶旁的自来水龙头，他辩解道那不是他的错。小组长 WXM 也证实：大家是在讨论水龙头没关的话题，最后仍然没有结果。学员 YWQ 到底是不是那个"肇事者"已经很难查清了，但是他为了捍卫自己的权利和声誉，据理力争，毫不示弱，从来不会因为自己身单力薄就委曲求全。

三 "八仙过海各显其能"

（一）被委以重任的值班员 JH

作为监区的值班员，可以说是监区警察的"左膀右臂"。他们不仅能够帮助警察在第一时间传达命令、指示、信息给其他学员，又能汇报学员真实的诉求、意愿和思想动态，监督学员出现的细微异动、违规违纪，甚至有狱内又犯罪的情报。当值班员遇到监狱的突击检查时，还会第一时间为监区警察提示，也可在值班警察检查监舍前提醒学员及时整理好内务卫生。①

学员 JH 及其他值班员大多能把监狱及职能部门领导的身份、职务、职责了然于心，甚至比参加工作的新警还熟悉，这种技能不得不让人惊服。他们平时还要巧妙处理监区内不同职级、不同身份警察之间存在的复杂关系，这大大增加了待人处事的难度，还要协调好安全生产、劳动产量与监管安全的关系，监区、监狱各类教育活动之间的衔接，各职能部门紧急下达的工作任务等。值班员们既要完成每名警察下达的指令，又不能得罪任何一人。因为他们知道就连最低级别的警察也能给他们扣分处罚，也

---

① 内务卫生是指在警务化（半军事化）管理中，监舍的公共卫生和私人物品都要统一摆放，力求整体干净、有序、美观。通常情况下，除个人床铺和储物柜等私人空间外，其他公共空间的卫生和物品由监舍学员轮流负责。

会对自己的服刑生活产生巨大的影响,作为涉世不深的未成年犯而言,本分地完成本职岗位任务,积极获取改造成绩,争取早日出狱,才是"个人发展的硬道理"。

除了值班员所需的知识、经验和技能以外,值班员 JH 还承担了一项更为重要且不能有一丝懈怠的使命,这也充分体现包括监区领导在内的所有警察对他的器重和信任。监区在每天三餐时段是警力最为薄弱的,为了确保监区的安全和稳定,监狱要求各监区必须配备 4~5 名警力留守在现场,那就意味着这几人将不能离开,必须等所有学员就餐、回到宿舍后,他们才能吃饭。值班员 JH 的特殊使命就是看护好监区警察的餐食,不能让任何人"动小手脚",他丝毫不敢麻痹大意,为此深得监区警察的好感。食品安全是每个人生活中的一件大事,但是警察与学员之间存在监管与被监管、教育与被教育的关系,这就导致警囚关系的矛盾一直存在,所以不是监区警察绝对信任的人,是难以承担此项"特殊任务"的。可见,值班员 JH 在警察心目中的地位是其他学员不能替代的,也成为他在监区立足的最为重要的"政治资本"。

值班员 JH 获得了 2016 年雨露未管所的"十佳优秀改造之星"称号,与自考状元 QXA 分享了学员在狱内所能获得的最高荣誉,成为所内视频新闻里的名人。此次评为"十佳优秀改造之星"的获奖照片,每天都在习艺劳动车间里安装的电视屏幕上滚动播出,频繁地在全体学员面前亮相。他获得的尊贵身份是出于警察对他的信任和器重,而与值班员 JH 唱"对台戏"的学员 YWQ 也不容小觑。在警察和值班员的共同监督下,仍然能够过着自认为洋洋得意的生活,"成功秘诀"就在于他大智若愚的智慧与计谋,有时还能实现"兔子搏鹰"的壮举。

(二) 以小博大的学员 YWQ

1. **值班员摊上的"官司"**

正当监区长 WG 与副监区长 XQ 商量本月中旬即将组织的监区开放日活动时,值班员 JH 突然敲响了警察值班室的大门,急切地报告说,学员 YWQ 与值班员 LSF 在学员洗手间里发生了争执,学员 YWQ 说被值班员 LSF 扇了两耳光,值班员 LSF 则说是对方先拿扫帚打他,自己才还手的。

监区长 WG 随口骂道:"这个 YWQ,又搞事出来!"转身对监区的狱政干事说:"小李,你先去调一下洗手间里的视频,把情况搞清楚了,再处理。"接着说:"先让两个人去劳动,等候处理。"随后挥手示意值班员 JH 离开。

从值班员 JH 的汇报情况来看,学员 YWQ 与值班员 LSF 发生争执的时间应该是在 10:15~10:35。李干事 ZF 开始登录监控视频系统,在值班室的电脑上调取那个时间段的视频。监狱在学员洗手间安装监控摄像头就是为了防止内部可能发生的自伤自残、自杀、行凶等突发事件,既要保障狱内的监管安全,又要保护学员的个人隐私,所以把监控摄像头设置在洗手间门上方的位置,监控对着学员的背影,洗手间的门下方和靠里一侧的墙角则是监控的盲区,这给查阅视频要搞清事实真相的李干事 ZF 带来了不小的麻烦。表 3-3 为学员 YWQ 与 LSF 洗手间内活动统计表。

表 3-3 学员 YWQ 与 LSF 洗手间内活动统计

监控时间	受观察对象的现实表现
10:15~10:20	学员 YWQ 在清扫学员洗手间的卫生,先是用水管反复冲洗地面,后用扫帚把地面的积水扫向地漏附近
10:21~10:23	值班员 LSF 进入洗手间。学员 YWQ 照样扫水并没有主动避让值班员 LSF。值班员 LSF 则小心翼翼地踮脚向便池走去,时不时回头与学员 YWQ 对话
10:24	当值班员 LSF 准备离开,学员 YWQ 又从其身后扫水过来,弄得对方避让不及,污水流过对方的鞋面
10:25~10:27	这一举动惹怒了值班员 LSF,值班员 LSF 用手把学员 YWQ 推向洗手间内侧,过了片刻,值班员 LSF 先离开洗手间
10:28~10:30	稍后学员 YWQ 走出洗手间,随后回到自己的工位,并向值班员 JH 投诉说值班员 LSF 扇他两个耳光

李干事 ZF 将视频调查的情况向监区长 WG 作了汇报,监区长 WG 和李干事 ZF 分别对学员 YWQ 与值班员 LSF 进行询问,并多次查看视频后汇总得出的基本事实是:学员 YWQ 清洗厕所时,脏水弄湿值班员 LSF 的鞋子并招致对方辱骂,因自己心存不满,遂当对方准备离开时又故意扫水到对方脚下。值班员 LSF 愤怒地把学员 YWQ 推到墙角,并用手卡住他的脖子按在墙上。学员 YWQ 因为身材小体格不如对方强壮,就向对方身上吐

口水，结果又被扇了两耳光。最后值班员 LSF、学员 YWQ 分别走出洗手间。监区认为两人都有明显的过错，就决定给两人各扣 2 分的处罚。

虽说处罚是各打五十大板，但造成的影响却存在很大的差异。学员 YWQ 因为已有其他违纪本就拿不到当月的嘉奖，难以获得减刑的成绩；但是值班员 LSF 因为这次扣分就失去当月拿嘉奖的机会，对于渴望减刑的他来说就得不偿失了。学员 YWQ 虽然人小力弱又没有专项工种犯的身份优势，却能使得值班员 LSF 损失很多东西，在这场较量中取得了以弱胜强的战果，也让其他学员不敢小觑他的能量。

2. 笔者莫须有的"罪证"

来雨露未管所调研的多年经历中，笔者第一次受到服刑学员的"直接挑衅"就是来自学员 YWQ。在监狱里警服就是警察身份和地位的标识和象征，警察是国家法律和监狱纪律的执行者，代表了国家法制的权威和强制力，所以学员通常会对穿警服的人保持适度的尊重和礼貌。

笔者开始与学员 YWQ 的访谈中，他的言语并不多，或许是要摸摸笔者的底牌，奉行少说为妙的策略。就在一次监区组织观看教育视频的活动中，笔者看到学员 YWQ 坐在队伍末尾处，就主动过去与他聊天。他先是笑着看我一眼，随后就转身与旁边的另一名学员轻声嘟囔一句话。因为声音太小，笔者根本听不清楚，就向那名学员求证。他重复道："YWQ 说你口袋里有手机。"要知道这句话放在狱内，分量可是非同一般的。

近年来在全国监狱系统执行着一条铁的纪律，就是任何人均不得携带手机等私人通信工具进入监管区。如果监狱警察被发现携带手机，未造成严重后果的，责任人轻则被辞退；一旦造成严重监管事故的，还要被追究刑事责任。笔者虽说不是监狱系统的警察，但是如果被发现携带手机进入监管区，必然会受到监区警察的投诉，也难逃自己所在工作单位的严厉追责，这样不仅损害了集体的声誉，还可能给两家单位之间的正常业务关系带来较严重的负面影响。可见，学员 YWQ 看似蜻蜓点水的一句话，却有可能掀起一场不小的波澜。

遇到这种针锋相对的挑战，笔者能够镇定自若、从容应对的底气是自己心里非常清楚，自己的手机在经过监狱大门安检时已经放在储藏柜里，因此并不会紧张、慌乱，而是笑着反问学员 YWQ 为什么说我带了手机。

这使得学员 YWQ 只是笑而不答，眼神不敢与笔者对视，笑着摇头想逃避追问。见他如此为难，笔者就坦然一笑，离开了现场。

事后笔者询问了多名学员得以证实，他们都清楚地知道包括警察在内的所有人都不得携带手机等私人通信工具进入监管区，特别是监区长 WG 曾多次在学员大会上提及此事。据此推断，学员 YWQ 应该是故意"栽赃陷害"，或者是要耍弄笔者，让笔者出丑。如果笔者误中对方的圈套，试图去辩解自己并未携带手机，澄清在裤袋里装的只是笔记本的事实，无异于正中下怀，不仅被他戏耍还有损于自己的名誉和尊严，而且被他人知道又会成为众人的笑柄。或者，笔者经不住学员 YWQ 的挑衅，从而激愤跑去向监区警察投诉此事，会被监区警察嘲笑无能和幼稚，也会被学员 YWQ 认为被他"玩弄"于股掌之间。回想起当时的情景，笔者暗自窃喜之余也多了几分后怕，当时的处置化解了可能出现的各种不利局面，应该算是抽中"上上签"。

学员 YWQ 巧妙地避开对笔者的直接挑逗，而是借其他学员之口说出自己精心设计的"小阴谋"，以此来达到他撩动笔者的目的，为自己的聪慧多计而暗自庆幸。但是，万万想不到笔者并没有中他的圈套，根本不去解释自己有无带手机进监管区的事实，表现得异常冷静，并进一步追查他的真实动机，反而让他不敢直面笔者的尖锐提问。

经历了此次交锋，笔者与学员 YWQ 沟通的次数不减反增，越来越深入，当他得知笔者即将于 5 月底结束这一阶段的调查之后，他还表现出很强的依赖感，希望以后有机会笔者能多来看望他，甚至提出在他出狱之后让笔者带他去未管所附近的警校走一走，弥补他只能在高墙里眺望警校的遗憾。

四 "天下没有不散的宴席"

自从 2016 年 4 月初与学员 YWQ 第一次见面，笔者每次去 W 监区都会细心观察他的表现，通过身边的人获悉他的细微变化，利用空闲时间与他聊天，全面了解他生活中的烦恼，教育中的收获，对家人的思念，对未来的规划。笔者会鼓励他要遵规守纪，树立人生目标，走人间正道，努力实现自己的人生理想。

学员 YWQ 的变化是否在慢慢发生改变？同年 5 月 21 日的 11：42，副监区长 ZL 刚下达了收工指令后，值班员立刻通知在场的所有学员停工，学员们纷纷放下手里的工具和原材料，按照工位顺序列队等待通过用于金属探测的安检门，再接受值班警察的搜身检查。11：43，学员 YWQ 已经站起身来，却并没有停下手中的活儿，左右两手交错挥舞，手脚麻利地把主夹板安放在塑料模具上，装满了一个个主夹板。11：51，直到还剩下五六个人就轮到自己过安检机时才停下。YWQ 平日里劳动一贯是拖拉散漫，常常因为达不到额定工作量被扣分，现在却争分夺秒地赶工，这样的举动与他平时的表现可谓大相径庭。再反观学员 YWQ 平时喜欢东张西望，劳动闷了还会和对面的值班员 JH 聊上几句，当天反常的举动都被监控摄像头记录下来，笔者从视频里看到了学员 YWQ 的变化。

如何理解这种看似一反常态的表现？笔者为此与他的小组长 WXM 聊过，对方介绍说："学员 YWQ 其实很精明，经常主动与人搭讪，别人不理他时，他还用手拍别人的肩膀，以引起小组成员的注意。"他还提道："有一次学员 YWQ 和小组另一名成员比拼产量，那次学员 YWQ 居然半天完成了 11000 个的工作量，超过了对方，也超过自己每天 9600 个的额定工作量。然而，平时他的产量也就 4000～5000 个，有时 6000 个，却很少完成生产定额。"

在 5 月下旬，学员 YWQ 的产量从之前的一日 5000～6000 个提高到目前的 8000～9000 个，有了非常大的改观。笔者还特意就近期劳动产量提高一事向学员 YWQ 询问，他则是笑而不答，很快又把眼神转移到他处。就在 5 月 30 日，笔者参加了本次调研期间最后一次监区工作总结会。学员 YWQ 的主管警察在向大家汇报工作时说："……答应学员 YWQ 只要他当月能够完成生产任务就会得到一大袋泡面的奖励，之后他的产量就有了大幅度提高……"

当听到这个消息时，笔者的喜悦之情顿时消失了，之前笔者一直认为自己主动积极的介入、沟通和鼓励是促成学员 YWQ 转变的主要原因，但现在发现自己可能估计过高。会后，笔者迫不及待地找到学员 YWQ 求证此事，他迟疑了好一阵儿，还是点头承认确有监区主管警察承诺给他奖励一事，其他并未多作解释。

笔者陷入了苦苦的思索，自己与学员 YWQ 的倾心交流、积极互动和持续鼓励难道还不如几包泡面更有价值？笔者曾经询问值班员 JH 出狱后的生活打算一事。值班员 JH 说今后想从事快餐生意，这样可以快点赚钱。当笔者追问他如何解决启动资金和投资经验不足等问题，他则一时语塞，稍后又说可以向家里借，向朋友借。再问他今后想去哪里开店时，值班员 JH 则显得一脸茫然。学员 YWQ 与值班员 JH 两人都在为狱内生活而挣扎着、拼搏着，他们在用自己的智慧和辛勤劳动坚守着。笔者的滴水之恩或许是他们成长中所必需的养分，但对于他们所处的现实环境而言，并不是最为迫切的。

学员 YWQ 与值班员 JH 在狱内接受教育后所发生的变化是有目共睹的，他们在狱内已经练就了不少社会生存的本领，得到很多历练和考验，但是他们未来的人生道路一定不轻松。两人的身份、地位和现实表现，是狱内生活环境的真实表达，都是由他们所处的文化环境和接受的文化实践所决定的。未成年犯难以超越自身的社会环境，狱方提供的教育实践将很大程度上决定他们未来的前途命运。社会所能给予两人的再社会化教育并不是一朝一夕就能够完成的，这种潜移默化的影响会继续伴随着两人出狱后的漫漫人生路。

第三节　教育视频资源的面面观

一　日常生活展演的同与不同

（一）均等化的改造生活

狱方实施的教育改造活动是在警务化（半军事化）的管理模式中完成的。学员在监狱服刑的"365 天"有着详细的安排与计划，每天都有严格的时间节奏，一天被分割成若干个时间单元，每个时间单元的活动内容都是由狱方精心设计的。

雨露未管所将未成年犯与成年犯分别关押在西区和东区，西区则保留原来担任专项工种犯或文体活动骨干的个别成年犯。西区的全体学员在周一至周六上午参加习艺劳动,部分符合条件的学员在周一至周五下午参加九年义务教育,其余学员留在监区参加由刑矫办或监区组织的教育活动,周六下午是全体学员参加教育,周日则是学员盼望已久的快乐休闲时光。狱内的九年义务教育同样有寒暑假,一般是每年的1月、2月、7月和8月。东区的成年犯则严格按照司法部规定的"5+1+1"的改造模式,即周一至周五全天组织生产劳动,周六全天组织教育学习,周日休息。

清晨,随着清脆的铃声响起,学员在6:00起床、洗漱、整理内务、打扫监舍卫生,充实忙碌的一天就开始了。一日三餐、习艺劳动、九年义务教育、思想教育、清点人数、队列训练等,几乎不用自己操心任何事,总有人告诉你现在做什么、接着做什么。

到了21:00~22:00,学员可以随便做自己的事情,洗漱、洗澡、洗衣服、看书、聊天、吃夜宵(泡面、饼干、火腿肠之类的食品),不时从冲凉房里传来歌声和吵骂声,少了白天严肃、拘谨的顺从,多了青少年活泼好动的个性张扬。22:00,准时熄灯,标志着学员充实的一整天在此时都要归于平静。

熄灯之后就意味着所有与睡眠无关的活动都要禁止。每个人都要在监区指定的铺位就寝。学员不得躺在床上看书写字、吃零食、蒙头大睡、窃窃私语,更不能大声说话。如果有人打破了夜晚的宁静、破坏了就寝的秩序,那是要受到处罚的。

作为"半边天"的女学员监区位于西区一个独立的空间,却有着和男学员高度类似的改造生活节奏。即使九年义务教育和少数大型的文体活动要与男学员同处"一个屋檐"下,彼此之间也是绝对分隔开来的,物理空间是隔开了距离,但是男女学员通过眼神的交流是难以阻碍的,而因为双方平时没有任何交集,只能看到对方的身影,所以讲上只言片语都是一种奢求,真正做到了"井水不犯河水"。

(二)差异化的改造生活

没有差异化的生活容易让人麻木,变得慵懒,变得死气沉沉,没有生气。"差异化"的改造生活主要体现在分级处遇,这是监狱场域中的一个特定称谓,即在满足学员成长必需的生活待遇基础上,根据学员不同的改造表现，狱方依法给予其相应级别和内容的生活待遇，并实施动态管理的一种模式。雨露未管所建立了基本生活待遇之上的差异化改造生活，目的是引导服刑学员自我激励、自我管控，以积极乐观的心态面对服刑生活和人生未来。

未管所的分级处遇分为考察管理（考察级）、从严管理（严管级）、普通管理（普管级）、从宽管理（宽管级）四个级别。① 新入监的学员通常定为考察级，经过入监教育培训合格后再分流到普通监区继续服刑半年，遵守监规，按时完成生产任务，则定为普管级；按同样的标准，普管级执行刑期五分之二以上且达到行为规范和生产劳动的要求，就可以降为宽管级；对于二次犯罪的学员则要适当延长考察的刑期。反之，多次违反监规、抗拒改造且情节严重则升为严管级。

不同处遇级别的学员在通信、会见、拨打亲情电话、参与文体活动、购买物品等方面享有不同标准。以拨打亲情电话为例，宽管级学员当月若无违纪扣分，每月即可用监区指定的电话机拨打亲情电话1次，时长不得超过5分钟。普管级和考察级的学员只有当月获得表扬，才可以拨打亲情电话。通话中，监区警察要负责全程监听，一经发现谈话内容可能有碍学员的改造生活或者有其他不良后果应立即挂断。严管级的学员只有遇到特殊情况，经监区和狱政办的审批后方可拨打亲情电话。通话的费用要从学员由狱方代管的资金账户里支取。

区分学员之间的管理难易程度、人身危险性和潜在风险级别，从而划分出不同的处遇级别就是狱方将犯群分类的一种有效控制技术。学员的身份除了通过学员的姓名、性别、人身等标识外，狱方还为每人特制了一种身份的象征符号——胸卡。胸卡包括两张卡片，其中一张是个人的信息卡，记录着姓名、刑期、刑种、年龄、处遇级别等内容；另外一张是互监组的序号卡，卡背面还写着同一互监组其他成员的名字。这样做不仅使监区警察能够准确识别每一名学员，而且在监区内再把犯群分割成若干个自治单元，充分发挥组员之间的互相监督作用，大大提高了人身控制的精度和效率。

---

① 雨露未管所的处遇级别分为考察级、严管级、普管级和宽管级，都是内部管理的特定称谓。除考察级是新入监区服刑的过渡期以外，严管级、普管级和宽管级的管理强度和严格程度逐级降低。

二 《所内新闻》与《新闻联播》

雨露未管所各监区在每晚七点都会组织学员收看中央电视台的《新闻联播》，已经成为雷打不动的节目，也是最有官方意识形态代表性的教育内容。它是国内主流价值观念传播与时政要闻发布的重要和权威的平台之一。狱方希望学员通过收看《新闻联播》了解国内国外发生的时事要闻、政策法规、百姓民生，关心国家和民族的发展、进步，知晓经济社会所取得的伟大成就，接受更多正能量的熏陶，进一步培养爱国主义情操与民族自豪感。

《新闻联播》作为央视黄金档期王牌节目，堪称国家政治、经济、外交、文化、民生等领域发展动态的风向标。它的编辑技术、创作团队和权威话语地位是其他所有媒体和电视节目所无法媲美的，也成为民众关心国家大事、百姓民生、国际要闻不可或缺的重要来源。未管所选择《新闻联播》作为学员思想教育的视频资源再合适不过了，这也为狱方制作教育改造的一档视频节目——《所内新闻》提供了绝妙的模仿对象。

与《新闻联播》相比较而言，刑矫办每月制作一期的《所内新闻》，就是以视频新闻为载体，重点集中报道过去一个月的时间里，未管所发生的关乎到学员切身利益的喜事、大事以及省内监狱系统的重大新闻，成为宣扬党的监狱工作方针、政策，宣讲雨露未管所教育实践、传播正能量的主要平台之一。《所内新闻》的内容与自办报纸《新苗报》的重磅新闻则有着高度的吻合。例如，2016年3月，省委党校教授、省政府参事等人一行来雨露未管所参观、作讲座一事，就登载在同年3月的《新苗报》的报头位置上，可见狱方宣传教育的工作基调是整齐划一的，形成官方主导下的密集宣传态势，宣传手段是为宣传内容服务的。视频资源是在原有纸质媒体与警察口头宣讲的基础上，引入的一种以多媒体资源为载体的教育平台，还可以通过电教片、局域网、触屏终端机等媒介进行滚动播放。

《所内新闻》类似于中央电视台的《新闻联播》节目，是狱方再生产的视频资源当中具有较强代表性的一档节目，也是关于所内外重大事件的信息发布平台。刑矫办定期录制的《所内新闻》，是通过官方话语与思维并以图文并茂的形式向各监区学员进行教育的一个视频资源。每期节目由一名女警播音员用普通话进行播报,并配合有实况的录像或图片,偶尔会有现场采访学员的视频插入,它体现了狱方话语强制灌输的意愿。

《所内新闻》与《新闻联播》都是通过狱内的闭路电视系统播放的,大多以监区集体教育的形式来组织。教育活动现场通常在两名值班警察的监督下,由值班员协助警察维持现场秩序,并负责电视及其他播放设备的操作,学员则在固定的座位观看。节目播放过程中,学员只能静静观看,不能交头接耳,也不得吃零食,更不能随意走动,有时个别学员在下面窃窃私语,只要声音稍大一点就会招致值班员的点名、呵斥。

《新闻联播》作为国家主流舆论媒体发布国内外重大消息的权威性是不容置疑的,但是学员所处环境和成长发育阶段的限制,使得"国事"无法与学员自身产生直接且紧密的关系,对于这些处在青春期发育的学员而言,兴致并不是很高。反倒是《所内新闻》的报道,主要是以学员身边发生的事情为素材,且与他们个人利益息息相关,反而更容易引起他们的关注。例如,之前在全所轰轰烈烈举行的习练太极拳活动,既出现在《所内新闻》里又成为《新苗报》的报道内容之一。

三 "看家本领"与"声色大餐"

教育视频是当前雨露未管所应用频率最高的一种集体教育载体。在2014年雨露未管所共播放《思想教育读本》《中华传统文化教育》《高校讲坛》等电教节目128课时;制作《所内新闻》十多期,"高校讲坛""母亲节感恩教育""喜迎十八大""公安英模走进雨露未管所慰问帮教活动"等专题节目近二十个;协助政工办制作"感动南某践行核心价值观人物"候选人宣传专题片、协助公司制作SL626型电子表各工序操作指引、电子表芯生产工艺培训教材、协助生卫科制作《罪犯生活管理》的入所教材等大量视频。

监区为了满足青少年学员的兴趣与需求,会精心挑选、播放大陆、港台拍摄的正面题材的电影,还有社会上广泛流行的《超级演说家》《中国好声音》等多档综艺类节目。《超级演说家》是由安徽卫视联合能量传播推出的国内首套原创新锐语言竞技真人秀节目,选手们靓丽的外表、敏锐的思维、犀利的语言和真挚的情感都是征服观众的手段,这些节目都让服刑学员看得如痴如醉、流连忘返。

《中国好声音》这个节目算得上是知名度极高的，已经拍摄录制到第三季。它是由浙江卫视联合星空传媒的灿星制作联合打造的一档大型专业音乐评论节目，将年轻人拼搏事业和励志成功的元素较好地融入到节目中。不仅有青春偶像登台献艺，还有明星大腕的助兴点评，偶像与大腕以师徒身份构建 PK 竞争的火爆场面，让观众得到视听冲击和自我成就感的双重满足。以上几档娱乐节目相对于枯燥乏味的改造生活而言，可谓是动感十足，激情四射，因此深受学员们的欢迎和喜爱。

《超级演说家》《中国好声音》两档节目制作技术非常精湛，画面优美动人，声光电的完美结合，紧紧抓住观众的心理需求。但是这些节目创作的根本目的是拉高收视率，获得更高的知名度，吸引更多的广告赞助，是一种商业味道浓烈的电视表演秀，更多地取悦于大众的娱乐需要和观赏美感，能给学员带来的只能是转瞬即逝的愉悦感和久久挥之不去的空虚感。

这一类娱乐节目所占教育视频的比例并不大，通常会在狱方组织的各类教育活动之外的剩余时间播放，仅作为正规教育节目的补充和调剂，而且各监区是否选择播放以及每周播放次数都有较大不同。相比而言，狱方制作的第一期以"减刑假释实施细则解读"为专题的"新苗聊天室"节目，则是找准了学员需求的命脉，切合学员最为关心的减刑、假释问题进行政策解读和思想引导。第二期以"尚水社工帮教"为题材的节目又在紧锣密鼓的策划、制作当中，笔者有幸目睹了录制全过程。

这次受访的学员代表是 W 监区的学员 GQ，男，1996 年 8 月出生，某市某区人，抢劫罪，被判处有期徒刑 5 年，2011 年 3 月入所服刑，2012年 9 月最早接受尚水社工援助的一名学员。

其中有一个镜头让笔者至今仍记忆犹新。

当主持人问学员 GQ 对尚水社工的看法时，学员 GQ 这样描述："在狱内服刑，有挫折，有困难，没有人开导就会自暴自弃，破罐子破摔。自己在 2012 年时经历了一次焦灼的低谷时期，改造成绩很好，这么努力，想着应该可以减刑，但是没有如愿。就在下个月，尚水社工的工作人员与自己进行了一次长谈，才恍然大悟，想通了很多事情。自己从小缺少家里的关怀，就更需要他们的帮助。"

学员 GQ 说："自己三四岁时，父母就离异了。父母打官司，还是外公外婆请的律师。因为母亲当时没有工作无抚养能力，法院就把自己判给父亲抚养。父亲却把自己以 4000 元的价格'卖'给外婆家，一走就是十几年。最近他找到我母亲，我是没有感情，十几年没有管过我。感情深的只有母亲、外公、外婆。我现在不会叫他一声'爸'。马上要出所了，不知道该怎么面对。"这个事情一直困扰着他，一度让他很苦恼。

尚水社工的男嘉宾思考了片刻，说："我们接触过很多个案，60%的个案家庭有问题。"转身面向学员 GQ，继续说："你身上有没有他的基因？他为什么要离开，十几年没有消息。你当时还是未成年人，你知道他离开有什么原因吗？这么多年，很多情况你是不了解，我们看问题有时是单方面的。比如我们面前的这瓶纯净水，你看到的只是它的正面，背面、侧面呐？你看不到。"学员 GQ 不时点着头。

男嘉宾又说道："你只知道你父亲没来看你，但是很多事情还要你去了解。'血浓于水'的事实，你是改变不了的。你要和父亲、母亲多沟通，不要以仇恨的心对待父亲，很多事情你慢慢会理解的，也相信你能闯过这个难关。"

听了男嘉宾的一席话，学员 GQ 看待失联多年的父亲就多了一个更开阔的视角，情绪似乎比聊天之前平缓了一些，不会显得那么激动。男嘉宾一针见血地指出父子之间的血脉联系是无法轻易割断的纽带，再引导学员 GQ 试着去理解父亲的酸甜苦辣，客观理性地看待自己的身世和后来的遭遇，做一名理性、大度、成熟的大男孩。

"新苗聊天室"节目是采用以点带面和大胆创新的干预策略，通过相对平等的表达方式来对犯群存在的共性问题进行回应和疏导，那么心矫中心制作的心理健康教育视频则是为学员量身定制的狱内生活指南，可以说代表了狱内教育视频制作的水平。心理健康教育方面的视频资源是主要针对某一类或者全体罪犯共同的心理需求与心理问题而开展的集体教育形式。它可以提高学员的心理健康水平，增强学员化解压力与自我调节的能力，特别是帮助学员正确面对存在的心理问题，合理发泄自己内心的压力和苦闷，确保犯群的思想动态趋于稳定，进一步减少因某些应激事件而造成的群体性心理的剧烈波动。心矫中心从"规划改变未来""认知改变情绪""提高法制心理素质""走向心理成人"四个专题,分别设计、录制了"赢在起跑线上""适应新环境""天生我才必有用""转变观念,积极改造""放下就是快乐""改造生涯规划"等14个教育主题,并在每周推荐一部心理励志题材电影。狱方的电教中心统一安排在双周的周四19:30~20:30播放一期教育视频,20:30~21:00再由监区值班警察组织学员进行小组讨论,并撰写学习心得。

虽然心理健康教育在专业水准、训练技术及受欢迎程度等方面在监狱的环境里堪称是一流的,但是在信息大爆炸的时代,狱内学员所获取外界资源的质量和数量已经远远不及社会上的其他青少年。学员能够获取的视频资源主要由正规媒体及狱方精心制作,他们的信息渠道是经过狱方严格监控的,获取的信息也是经过筛选和过滤的。狱方对于外界社会的资讯还是持十分谨慎的态度,以不给学员服刑生活带来负面影响为底线,适度开放原本就稀缺的社会资源。高墙与社会之间的鸿沟是越来越大,而且狱方也难以找到卓有成效的方法来解决这一问题。监狱的功能决定了监狱与社会的区隔,监狱的管理者也在努力帮助学员实训再社会化。但是,必须面对监狱开放程度遇到的两个悖论:一是监狱原有的惩罚、隔离功能及相应管理模式与学员再社会化目标之间的矛盾;二是学员利用信息化手段和资源与狱方维护现有监管秩序之间的矛盾。

第四章 狱方定制的教育活动

第一节 服刑生活的起点与终点

一 懵懵懂懂的入监教育

入监是指将被人民法院判处有期徒刑、无期徒刑或死刑缓期两年执行且已经生效的越轨者收押到监狱执行刑罚的法定活动。按照我国法律规定,无论有多么严重的违法犯罪行为,该行为造成多么恶劣的社会影响,已满14周岁的未成年犯只能被判处有期徒刑和无期徒刑,并由未管所负责收押并开始组织入监教育。

(一)初入一个新的世界

在一个阳光明媚的上午,一辆印有"公安"字样的警用囚车载着三名男学员静静地驶进了雨露未管所的大门,车上下来一名警察径直走进大门口旁边的办公楼,带着三书一表①等法律文书来到狱政办办理交接手续。经核查无误后,警囚车径直开往监管区,很快就看到前方路口的花坛中矗立着一块巨型黄蜡石,上面刻有"雨露之源,涅槃之所"的八个红漆大字,驶过花坛就来到了西区 AB 门前。门卫核查狱政办发的通行证并检查车辆及人员后,警囚车通过 AB 门快速驶向入所监区,逐一清点人数及随身物品,负责押解的警察就算是"大功告成",可以"打道回府"。

---

① "三书一表"指监狱收押罪犯时,有关国家机关供监狱查验罪犯身份的法律文书的合称,包括法院的判决书、刑罚执行通知书、结案登记表和检察院的起诉书副本。

由入所监区和相关职能部门开始组织对三名未成年犯进行搜查、体检、活体信息采集、交接个人物品等程序后，除了少数患有严重传染性疾病的人需要送医院监区隔离外，其他人即将开始他们的监狱服刑之旅。三名未成年犯的服刑生活自此拉开序幕，三人的表情则迥然不同，有人在不停地扫视着四周，感觉一切都是陌生的；有人垂头丧气、无精打采，似乎是在想未来人生会不会是一片灰暗；有人则面无表情，看不出太多异样的神情，也许他早已有心理准备吧？

（二）入监教育为何物

入监教育是学员来到监狱接受最早的狱内教育，目的是帮助学员减轻入狱以来而产生的焦虑、烦躁、忧郁、恐惧、失落、迷茫等不良情绪，熟悉监狱特有的生活环境，养成规范和纪律意识，熟记监狱管理的各项规章制度，尽早适应做一名"按照铃声指引作息的人"。

苏联杰出的教育理论家、实践家马卡连柯说："教育首先是组织者的工作。"雨露未管所非常重视学员的入监教育，因为这一环节将对学员今后的监管、教育工作帮助极大。俗话说"万事开头难"。狱方建立了独一无二的入所监区，配备了近200张床位和配套的就餐、运动、学习等场所，主要负责新收押学员的初期教育工作，狱方还为入所监区制定了以下岗位职责：

——全面贯彻落实各项监管制度，确保监管安全；

——协助做好收监的相关工作；

——组织实施日常管理工作；

——组织实施教育训练工作；

——协助做好入监期末考核和分配的相关工作。

按照《教改规定》第9条规定："对新入监的罪犯，应当将其安排在负责新收分流罪犯的监狱或者监区，集中进行为期两个月的入监教育。"入所监区进行为期两个月的集中教育，教育的内容主要包括监规纪律、法律基本常识、安全生产知识、狱务公开项目、心理健康、队列训练、内务卫生训练等。培训结束后，考核通过的学员则分流到普通监区；如果未通过考核的学员将留在入所监区，再参加下一个周期的训练。

入监教育工作是紧张而忙碌的，据统计在2013年1~11月，雨露未管所共新增收押犯 1708 人，按照每月一期培训班的惯例，平均每期的学员大约在 170 人，可见入所监区全年都在满负荷运转。

（三）入监教育的重头戏

对于每名新学员而言，这是从看守所来到雨露未管所的第一天，看到监狱严格、规范的管理大多被此情此景所折服。在入所的第一个月里以课堂教学和集体训练为主，精心设计、内容丰富的教育大戏即将上演。

1. 熟记狱方的"规矩"

学习背诵《某省未成年犯管教所服刑人员行为规范实施细则》（以下简称为《实施细则》）是每名学员的第一课。《实施细则》就是每名学员的日常行动指南，不了解它、不熟记它，做事就很容易触碰管理的"高压线"。《实施细则》是司法部出台的《监狱服刑人员行为规范》（下文简称为《行为规范》）在雨露未管所"本土化"的呈现，是一部真正接地气的"制度性规范"，它将伴随着学员服刑的始终。

2. 艰苦的行为训练

要求学员掌握被服叠整、物品摆放等个人与公共卫生标准，熟悉和掌握立正、稍息、停止间转法、出入列、行进与立定、坐（蹲）下与起立、整理服装、依次报数等队列训练口号与动作要领，规范使用礼貌用语、遵守社会公德等一系列内容。例如，学员有事向警察汇报时，一般要在 3 米左右的位置站定，左手贴在左裤中线上，右手半握拳举到胸前，同时喊："报告"，这些习惯就要在接下来的一个月时间内养成。

如果谈到新学员的行为规范训练就必须提到监区里的另一个群体，就是监区精心选拔的一些"老学员"。其实是他们在所内服刑的时间长，已经对于入监教育的内容、程序以及各项规章制度了然于心，头脑灵活、做事稳重，能协助监区警察训练新学员，并深受器重。他们大约有 20 人，担任值班员等职务。在入所监区短则数月，长则数年，已经非常熟悉这里的环境，包括每名警察的性格、习惯和爱好等，有时只需警察的一个眼神就能心领神会。当然，如果他们工作不得力，也要受到扣分、记过等处罚，只要不出现性质恶劣的严重过错就不会离开入所监区。

3. 第一次亲密接触——入监谈话

入监谈话是监狱个别教育的一种主要表现形式，在教育改造工作中适用得非常广泛。监区警察每次必须按照未管所统一制定的《普通罪犯个别谈话教育记录表》（以下简称《谈话记录表》）模板来操作，通常会在每月第一周的周一下午安排对新一期学员进行谈话教育。

每名新学员在值班员的引导下，排好队逐一等待值班警察的召唤。当听到一个学员名字时，值班员会准确地识别并带领新学员来到对号的警察面前，搜身后让他们坐在离警察办公桌一米左右的小板凳上接受问话。警察会先询问姓名、年龄、籍贯、民族、主要罪行、家庭情况、社会背景、入监适应等基本情况。对于多数新学员来说，会表现出怯怯的神情，仿佛经历了一次大考。警察一边问话一边在表上记录，平均每人15分钟的问话就能大致摸清学员的底细和情绪状态，这应该得益于长期工作经验积累而练就出的本领。在谈话结束时，都不忘告诫新学员"要好好改造，有困难找干警"，告知新学员尽量避免与其他人发生矛盾、冲突，生活中遇到解决不了的问题不要胡来，而是要向警察汇报，违规违纪是要受到严厉处罚的。

4. 接受入监心理测试

省局要求各监狱对新入监和即将出监的罪犯进行相关指标的心理测试，覆盖面要达到100%。雨露未管所的心矫中心将结合新学员的日常行为表现，进行危险程度、恶性程度、改造难度的评估，评估工作必须在进行劳动岗前教育培训之前完成。入监教育结束后，心矫中心会综合评估学员的表现，依据测试结果制定一份学员服刑改造的矫治方案。这份矫治方案将作为各监区今后教育学员的参考材料，不同监区对心理测试的重视程度是有很大差异的，他们则更相信监区的改造经验和管理水平，更为关注学员分流后的现实表现。

（四）入监教育的考核验收

考核验收既是对入监教育成果的检验，又是对新学员适应监狱环境的一次测试。这种过渡性、适应性的教育对于新学员完成自身社会角色的转变是非常必要的。入监教育考核一般安排在每月初，届时将由主管教育改造工作的副所长 LH 牵头，由狱政办、刑矫办、心矫中心、入所监区的领导组成考核小组，重点考察学员是否达到以下标准：

——明确自己身份，认罪服法；

——掌握改造常识，明确改造目标，适应改造生活；全面掌握被服叠放、物品摆放等个人和公共卫生规范等；

——依法履行义务，正确行使权利；

——熟背并遵守《监狱服刑人员行为规范》《某省监狱服刑人员行为规范实施细则》，在逐条理解的基础上熟练完整地背诵《罪犯改造行为规范》；

——队列动作标准，内务整洁，熟练掌握立正、稍息、停止间转法、出入列动作、行进与立定、坐（蹲）下与起立、整理服装、报告、报数等队列训练内容和礼貌用语、社会公德等文明礼貌训练内容；

——掌握基本的心理健康知识和心理保健技能，树立改造信心，有效预防各种异常心理和心理障碍的发生，正确应对和消除所出现的各种异常心理和心理障碍。

通过考核的学员则由狱政办统筹分流到各普通监区。新学员经过三个月的培训，根据其生产能力就会被安排在监区某一工作岗位上。一般情况下，三个月已经足够满足学员掌握习艺劳动所需的技能水平。

作为仅占男学员数量 1/40 或 1/50 的女学员，基本维持在 50 人左右。狱方大概出于监管安全的需要以及可操作性的考量，女学员的入监教育则由女学员监区自行组织。相同的是，为新学员提供入监教育的学习材料，指导其背诵监规纪律，参加行为训练和道德养成等训练。与入监教育遥相呼应的是出监教育，其要帮助刑期届满的学员重新适应社会，完成社会角色从罪犯到普通公民的再一次转变。

二 明明白白的出监教育

如果说入监是把一个自由、自主支配生活的社会人模塑成为一名适合在高墙电网内生活的"监狱人"，就好比是把一只鸟儿关进笼子供人观赏。出监则是把"监狱人"转化成为一个重新融入社会、重构社会关系网的社会人，就好比是被关在笼子里的鸟儿要放归大自然。在笼中关了许久的鸟儿必须要学会躲避风雨、独自飞向蓝天、躲避天敌、四处觅食，寻找伙伴、抚育后代，勇敢无畏地生存下去。

（一）回归社会的中途驿站

出监教育是指余刑三个月以下的学员，要集中到出所监区接受专门的社会适应性训练，强化监狱改造的成果，强化社会所需的各种知识和技能，进一步巩固和提高教育改造工作质量的一系列活动。在过去的一段时间里，学员脱离正常的社会关系，在监狱这样一个强制封闭的人造单性群体中生活，狱方必须帮助其完成由学员向守法公民角色的转变。

雨露未管所的出所监区由学员伙房、休假中心、出所教育分监区组成。学员伙房是在犯群中挑选身体健康、刑期适中，无自杀、自伤自残等不良倾向的学员，经过岗前培训和练习，专门为全所学员进行伙食供应。休假中心是未管所为改造表现突出且达到狱方奖励条件的学员，开设上网冲浪、观看电影、欣赏音乐、读书看报、运动健身等活动内容，且不需要参加文化学习和习艺劳动，被学员美日"过着神仙一般的生活"。但是，休假中心自从2011年前任所长到任后，就暂停使用，至今仍处在闲置状态。其中出所教育分监区具体负责出监教育，教育方案及每日活动安排（详见附录）要经刑矫办审核后方可施行。在其大厅和警察值班室的显著位置还挂有"敬畏法律，弃恶向善；重铸梦想，回报社会"的大幅标语，应该说这才是它的"主业"。作为出监教育的专门机构，其主要职能如下：

——开展法律法规教育、理想前途教育、道德品质教育和时事政策教育，增强罪犯的法制观念；

——开展心理测试和评估、心理健康教育和心理咨询，让罪犯掌握更多的心理知识，做好心理调适，提高适应社会的能力；

——开展职业技术培训，进行有针对性的就业指导，提高罪犯对职业规划的认识，指导和帮助罪犯制订好职业规划。

（二）不堪重负的角色转换

1. 开展释前谈话

现如今，雨露未管所组织的出监谈话主要有两种形式：一是监区警察按法律规定做好出监学员的谈话工作，并根据谈话情况对学员的服刑生活状况作出评议，填写《罪犯出监评估警察谈话和评议登记表》；二是狱方的监察部门与每名即将获释的学员进行的谈话与问卷调查，是为了及时掌握学员对监区及警察日常改造工作的基本看法，摸清其合理的意愿与诉求，尽量消除学员及其家属对监狱工作存在的不满情绪，最大限度地减少涉诉涉访事件的发生。

2. 对症下药的补课

出所教育分监区实施的时间管理都是要依照狱方工作的总体安排制定，同时有针对性地开展内务卫生、劳动培训、文体活动、心理辅导等活动。出监教育是面向服刑学员过去改造生活的总结教育；面向学员自身缺失的道德、法制、文化、职业技术教育等方面的补课教育；面向学员刑满回归社会的形势政策、理想前途、遵纪守法、就学指导的适应性训练。授课形式以播放各类教育视频为主，辅之以监区警察的现场授课和个别教育。

出所监区除了为学员配备集体活动场地外，还对监管区作了精心布置，到处张贴、悬挂鼓励学员成长的标语、画报，并提供了一批有益健康的书籍供学员阅读。截止到2013年12月，W监区共有文学类书籍210本，历史类书籍85本，小说类书籍150本，各类教材及参考书45本。

（三）严阵以待的出监评估

出所监区组织即将刑满释放的学员进行服刑改造自我总结，并引导学员按狱方要求如实填写，实现了学员自我鉴定率100%的覆盖。狱方希望能通过学员的自我总结与评价，更清晰、更准确地掌握其思想动态和近期打算。同时，按照《某省监狱管理局罪犯出监评估实施办法（试行）》的要求，心矫中心还对余刑三个月以内或已呈报减余刑、正在接受出监教育的学员，根据其自我鉴定、学员互评、警察评议、心理测量、服刑期间改造表现、家庭经济状况等信息，开展社会适应能力、再犯罪风险的心理测试。最后参照心理评估的结果，为监狱以及负责与刑满释放人员回归社会对接的司法所、公安机关的派出所提供有价值的指引。

(四)刑释学员的"星星点灯"

根据相关法律规定,未管所服刑学员已满十八周岁且剩余刑期在两年以上的,要移送到其他成年犯监狱,开启监管更加严格、教育资源更加稀缺、生产劳动更加忙碌的成年犯改造模式。未满十八周岁和已满十八周岁且剩余刑期在两年以下的成年犯将在未管所为其服刑生活画上一个句号。

出监前,雨露未管所要完成"刑释解教人员信息管理系统"中刑满释放学员信息的录入和评估工作,并向学员户籍所在地的司法局寄发"罪犯出监评估表"和"刑满释放人员通知书",提出安置帮教的建议和意见。以 2013 年下半年为例,狱方寄发出 935 人的材料。这些正值旺盛青春期发育的出所学员,即将开启一段新的人生旅程。

未管所不忘在学员的"出所誓词"里,有意灌输并引导他们去实践:

> 我宣誓:
> 牢记教训,回归正途;
> 加强学习,明礼诚信;
> 谨言慎行,遵规守纪;
> 端正心态,重树信心;
> 感恩图报,主动进取;
> 踏实做人做事,不再违法犯罪,
> 做一名对社会、对家庭有用之人。

第二节 底蕴深厚的思想教育

"在当今世界任何一个国家,几乎都存在对未成年人的意识形态教化,只不过名称上有所不同——思想政治教育、公民教育、品质教育或道德教育。"[①] 未成年人思想道德的养成与价值观念的塑造,与历史文化认同、族

---

① 熊易寒:《城市化的孩子:农民工子女的身份生产和政治社会化》,上海世纪出版集团,2010,第 165 页。

群建构形成、信仰体系支撑密切相关,将决定一个国家和民族未来发展的走向,一代代青少年早晚要成为自己时代的主人。思想教育既体现了执政阶层的核心价值观和统治意图,又是他们全力以赴指引与推动社会发展的生动展演。思想教育不可避免地要受到一个社会政治、经济、社会与文化水平的影响,与接受思想教育对象固有人格特征和文化素养也有着莫大的关系。

监狱场域里的思想教育就是"对罪犯进行的以转变错误认识和增进道德修养为主要目的的教育。思想教育是教育改造工作的核心内容,其主要目标是通过形式多样、内容丰富的教育活动,帮助罪犯放弃错误的思想意识,树立守法公民必须具备的法制意识和道德观念"①。

2000 年,司法部监狱管理局编辑出版的《当代中国监狱概览(地方卷)》中记载:"根据犯罪少年的特点,对他们坚持以政治教育为核心,以文化教育为基础,以技术教育为重点,取得了显著的效果。"可见,思想教育一直处于未成年犯教育改造工作体系中的核心地位。

一 寄予厚望的法制教育

意大利著名刑法学家贝卡利亚指出:"预防犯罪最可靠也是最困难的手段,就是改善教育。"② 全国性的法制宣传教育已经轰轰烈烈地开展到"七五"普法,普及法律知识、传播法制观念、培育法治信仰是依法治国与社会治理创新的必然选择。监狱内的法制教育一直被认为是转化未成年犯的犯罪思想、矫正不良行为恶习的重要手段之一。

(一) 普法教育的"尖兵利器"

雨露未管所在 2008 年专门组织所内几名警察编写了法制教育教材——《思想教育读本》(以下简称《读本》),还聘请省内几名高校的法学教师进行审阅、修改。《读本》的选编内容和编排体系都围绕着一个中心问题,就是"怎么样做一名合格的学员"。目的是宣传狱内生活常识,灌输遵纪

---

① 吴宗宪等主编《刑事执行法学(第二版)》,中国人民大学出版社,2013,第 179 页。
② 转引自林山田《刑罚学》,(台北)商务印书馆,1975,第 49~50 页。

守法的纪律意识，调整学员的不良社会认知，疏导学员存在的心理障碍，建立稳定的改造秩序。《读本》全书包括"国情国策篇""人生修养篇""法律常识篇""服刑改造篇""综合教育篇"五大部分，其中"法律常识篇""服刑改造篇"是法制教育的重点内容。

"法律常识篇"包括了"治国安邦的根本法——宪法""惩罚犯罪的法——刑法""调整民事关系的法——民法""贴近现实生活的法——婚姻法""指导就业谋生的法——劳动合同法""与服刑人员密切相关的法——监狱法"六章。"法律常识篇"的内容对于绝大多数只有初中及以下学历，法律基础知识薄弱的未成年学员而言，确实比较容易理解。狱方尽量节选与学员生活较为贴近的法律条文和知识进行讲解，但因学员缺乏充足的学习时间，又缺少警察耐心细致的辅导，教育的效果难以令人满意。

"服刑改造篇"的内容基本是狱方开展集体教育与个别教育中常用的一套话语体系，这对于未成年学员而言，应该并不陌生或者说是耳熟能详的。"服刑改造篇"则包括了"认罪服法""遵规守纪　服从管理""接受教育　增长知识""参加劳动　接受改造"四章，针对学员认罪、监管、教育和劳动等方面的基本常识进行说理论证。

刑矫办通常在每年的3月至8月，通知各监区集中组织学员观看以《读本》教材内容为蓝本自制的《宪法》《刑法》《民法》《婚姻法》《劳动合同法》《刑事诉讼法》《监狱法》《物权法》《继承法》9部法制教学片，平均每周要安排2~3个专题。各监区有时会鼓励学员们利用业余时间，多阅读、学习《读本》。然而一到休息时间，学员们似乎更愿意去打球、下棋、聊天、看闲书、吃零食等，翻看《读本》的人则寥若晨星。

到了每年的4月至11月，每月一次的思想教育考试让监区有些手忙脚乱。如果学员或者监区稍有一点闪失，就会影响学员的改造成绩，还有可能失去连续获得嘉奖的机会，而监区学员考试及格率太低或总是处在排名的下游，会让监区领导和警察颜面扫地，从而拉低狱方年终综合考评的成绩。

（二）思想教育月的考试内幕

1. 光鲜亮丽的成绩单

从2006年开始，未成年犯的思想教育考试首次实行了统一的标准化命题、考试。在每年 4 月至 11 月期间每月组织一次，其中有一半次数的考试是以《读本》中的法律知识为题。在监区组织学习的次月，由刑矫办组织对上一个月的学习内容进行考试，并将成绩列入学员每月计分考核之中。试卷总分为 100 分，分为单项选择题、多项选择题和判断题三种题型，均由电脑阅卷。

每次法制教育考试都会选择在周一到周四的一个晚上进行，值班警察会在开考前十分钟就让值班员把试卷和答题卡发下去，还要再三叮嘱学员要认真填写自己的编号和答案。考试中，由各监区事先选派的一名警察参加刑矫办组织的现场抽签并做到交叉监考，刑矫办负责巡查各监区的考场。待学员在规定时间内完成答题，值班警察一声令下，值班员就开始按座次回收试卷和答题卡。W 监区还要求值班员检查答题卡，查看有无填写错漏，最后统一封装在特制信封内。试卷先由监区自行保管，等到第二天上班时，由监区派人将答题卡交回刑矫办，等待考试成绩公布。

以 2014 年 5、6 月两次考试的统计结果为例。5 月是关于《读本》之《监狱法》《刑事诉讼法》两部法律的考试，6 月是关于《读本》之《劳动合同法》、禁毒教育的考试，两次考试的及格率分别是 98.37%、99.72%。两次不及格的人里都有 8 人次因为答题卡考号填涂错误，成绩被计 0 分。

可见，未管所组织的法制教育考试成绩不仅达到上级机关提出的 95% 的及格率，而且远高于这个标准。那么，是不是每次考试都能拿出同样亮丽的成绩单？

2. 阴沟里翻船的考试

有一次当刑矫办工作人员梳理当月考试成绩的统计结果时，不由得倒吸了一口冷气。原来是有一个监区的考试及格率竟然在 50% 以下。这在近年来的思想教育考试记录当中，真是破天荒的一次。司法部提出"年度刑满释放人员中，95% 以上法律常识教育合格"的标准，这一诡异的成绩会把全所法制教育的及格率拉低，甚至无法达标。那么，此次事件的真相到底是什么？

刑矫办负责人 LYQ 第一时间向主管教育改造工作的副所长 LH 汇报此事，副所长 LH 立即批示成立事故调查组，坚决查处，绝不姑息迁就，一定严肃追究当事人的责任。刑矫办工作人员立即兵分几路，一方面重新核查试卷、答题卡,倒查是否存在印刷、分发试卷错误,电脑改卷有无错漏等;另一方面积极与事故监区的主要领导联系,从监区考试的全程查找事故原因。事故组详细询问了当天的值班警察,又找到监区的值班学员来了解当时的情况。经过缜密的梳理、追查,初步判断应该与监区几名值班员有牵连。随后,狱方成立多个工作小组,将涉事的值班员一一隔离讯问,经过长达两天的调查,谜底最终得以揭晓。

事故起因是该监区学员的值班小组长 HGS 因为在一次监区活动中,没有完成分管教育改造工作副监区长 XQ 交办的任务,受到批评后不仅不承认错误,还公开顶撞副监区长 XQ。此举让副监区长 XQ 在监区警察众人面前脸上无光,于是以"对抗警察管理"为由给予值班小组长 HGS 扣 2 分处罚,HGS 无法连续拿嘉奖而错失当年报送最后一批减刑的机会,由此怀恨在心,一直伺机报复副监区长 XQ。后来,小组长 HGS 拉拢了几个平时与其要好的值班员,准备利用这次思想教育月考试做点手脚,故意把错误答案拿给监区部分学员作答,想以此来"出一口恶气",气一气副监区长 XQ。没有想到此事搞得"满城风雨",连自己也无法全身而退,还引起了狱方的高度重视。随即将带头闹事的值班小组长 HGS 撤换,直接降为严管级参加集训,一同参与此事的几名值班员分别给予扣 2~5 分的处罚。刑矫办又不得不在几天后,重新组织一次法制教育考试,成绩也恢复往日的"模样"。

(三) 法制教育的多重隐忧

在法制教育光鲜亮丽的成绩单背后,狱方为法制教育耗费大量人力、物力、财力和时间成本,成效似乎难以令人满意。在国家"七五"普法规划中,法制教育被认为是预防青少年违法犯罪的一个重要利器,而现有的法制教育能否在学员身上产生积极的改造效应?

不久前,笔者从刑矫办听到这样一个故事。一名在监区工作的警察,曾经受朋友请托适当关照对方亲戚的一个小孩。按照常理,无非就是尽量安排到劳动强度较小、劳动定额较低的岗位,日常生活中多一点关心,学习上多一点引导、教诲,如果小孩生病了能够及时帮助联系就医等,这在监狱里也算是司空见惯的事情。这个孩子出狱后不仅没有走上正途,反而利用这名警察的身份从事诈骗犯罪。半年后的一天,突然有一位年轻女性打电话过来向这名监区警察催要十万元钱本金,而且对方能准确说出这名警察的姓名、警号、警衔、工作单位和联系电话等私人信息。详细一问,才知道是那名出狱的学员利用警察的个人信息实施诈骗,现在早已经逃之夭夭,身后留下了一连串的谎言和骗局。这名警察只能规劝那位年轻的女受害人立刻向所在地的公安机关报警,自己于理于法都无法替犯罪人偿还这笔巨款,唯有希望将逍遥法外的犯罪人尽早缉拿归案,补救已经造成的各方面损失。

这个故事值得我们反思,单就这个学员而言,在狱内接受的法制教育似乎并没有发挥应有预防功能。如果法制教育只是狱方单方面强制灌输教育的产物,就难以培养学员知法、懂法、敬法、守法的法律意识和法制理念。法制教育必须从狱方的"你要学法"转变成学员自身"我要学法"的养成模式,才能真正发挥其积极有效的作用。

二 能量潜藏的道德教育

"蔡元培认为,完全人格的养成需要德、智、体、美和世界观、人生观教育。德育为五育之首,德育就是公民道德教育,核心是自由、平等、友爱"。① "道德教育中,蔡元培主张积极道德和消极道德,两者要并养,达到道德的起码要求;'己欲立而立人','己所不欲,勿施于人',公德和私德要并重。"②

"道德的影响是教育的主要任务,这种任务比一般的发展儿童的智力和用知识充实他们的头脑重要得多。"③ 道德的物化表现和精神典范就存在于未成年学员的身边。

(一) 身教胜于言教的"老×"

老×何许人也? 2014 年初,腾讯网的百姓频道、网易新闻、某日报等

---

① 高奇主编《中国教育史研究》(现代分卷),华东师范大学出版社,2009,第 91 页。
② 高奇主编《中国教育史研究》(现代分卷),华东师范大学出版社,2009,第 92 页。
③ 〔俄〕康·德·乌申斯基:《人是教育的对象》(上卷),郑文樾译,人民教育出版社,1989,第 14 页。

媒体先后报道了相关题为《老×的一天》的故事,介绍了未管所内一名普通警察平凡工作的一天,引起大批读者和网友的高度关注,激发公众与社会对未成年犯服刑生活的好奇。

老×,是同事们送给他的爱称。男,籍贯江西南昌,中共党员,大专学历,在监区任副主任科员。老×有一句口头禅:"管成年犯需斗智,管少年犯需操心。"老×的伟大与可敬恰恰源于他的平凡与坚持,二十年如一日坚守在教育改造未成年学员的第一线,秉持着对工作的执着、对学员的关爱、对事业的坚守、对责任的诠释,成就了一个平凡人却不平凡的一生。

8:00,老×刚完成交接班就开始了白天巡查习艺劳动现场的工作。开工不久,3名学员就在习艺劳动车间发生争执,老×立即赶到现场处置,平息事态,化解矛盾,并分别找三人单独谈话,做好说服和安抚工作。

10:20,老×带领6名未成年学员到医院监区看病。他不能让任何一名学员脱管,还要指导病轻的学员照看病重的学员。等到学员治病后,带他们回监区,吃过午饭,再将他们带回监舍休息,老×才开始匆忙吃午饭。这时,时钟已经指向13:40。

14:48,学员GQ突然毒瘾发作,口吐白沫,企图要通过撞墙和咬舌来减轻痛苦,老×见状马上叫了几名值班员一同抓住毒瘾发作学员GQ的手脚,有经验地在他嘴里塞了一块小塑料板,防止他咬断自己的舌头,并马上将其送往医院监区救治,路上还不时提醒同行的几人要注意保护好他的头。经过一个下午的留观治疗,学员GQ的毒瘾初步得以控制,情绪慢慢稳定下来,等大家送学员GQ回到监区早已过了晚饭时间,监区又没有微波炉等器具,老×干脆跟学员一样,捧着已经冰凉的饭盒填饱肚子。

20:07,学员GQ毒瘾再次发作,老×立即安排8名值班员,一起将学员GQ再次送往医院监区。辛苦劳累了一天的老×,到了23:00才勉强在办公桌上铺了床褥眯了三四个小时。

第二天3:00,老×又准时来到值班室,在监控屏幕前连续盯守几个小时,时时监控学员监舍和重要通道等区域的动态,不敢有丝毫懈怠。

6:30,老×为监区的学员准时开锁,组织他们按顺序洗漱、吃早餐。

8：00前，老×又和几个同事将学员带到习艺劳动车间，等待着与下一名值班警察办好交接手续。接近9：00才离开监管区，通宵值班足足忙了近26个小时。

老×只是众多辛勤付出警察中的普通一员，是雨露未管所艰苦且平凡事业的一个缩影。老×与学员，一老一少，白发与黑发，在社会上他们之间已有几代人的差距。但在狱内，这种丰富的人生阅历和经验为教育学员提供了锦囊妙计，努力引导一群迷失的青少年摆脱浮华、诱惑、迷茫的生活环境，让他们重新走上人间正道。

身教重于言教，道德的力量就在于为之付诸行动，行动恰恰是道德的生命动力所在。老×的故事每天都在上演，让每一名学员认识到生活的艰辛与不易，树立乐观向上的人生态度，是非常必要的。

（二）诉说着成年道理的仪式

1. 短小精悍的内部仪式

2014年10月17日下午，按照刑矫办的部署，西区集合了近两个月以来年满18周岁的47名学员，在出所监区的活动大厅开展以"成长、成熟、成功；自信、自立、自强"为主题的成人宣誓仪式（见图4-3），其中W监区有9人参加。

活动大厅舞台正中央的大屏幕上映射着誓词，舞台左侧有2名学员站立，2名学员半蹲，4人共同拉起一面鲜艳的五星红旗，面向国旗站在舞台右侧的是1名领读员和身旁7名学员代表，舞台下面还站立着其余39名学员。

仪式开始时，首先在领读员带领下，47名学员庄严肃穆地面向国旗郑重宣誓："我是中华人民共和国公民，在十八岁成年之际，面对国旗，庄严宣誓：我立志成为有理想、有道德、有文化、有纪律的社会主义公民……"紧接着是宣誓学员代表发言，表达个人对成年的基本认识，以及对父母、对社会的感恩之情。随后所有在场学员合着音乐齐声高唱《男儿当自强》《精忠报国》两首励志歌曲，血液沸腾、心潮澎湃，把气氛推向了高潮。最后，由一名警察代表对宣誓学员寄语道："今天，你们已经是成人了，以后就要对自己的人生负责，用优异的表现践行自己的成年宣言……增强公民意识、增强责任感和荣誉感……"

现场所有人都见证了这一庄严且神圣的时刻,让 47 名学员为彼此见证人生崭新的征途。成人宣誓仪式意味着未成年学员在法律上已经跨越十八周岁的界线,具有了成年人的身份、地位和责任。雨露未管所内的成人宣誓仪式虽然参与人员不多、场面不够宏大,但是对于学员来说,是庄严肃穆、令人印象深刻的,这是属于学员特有的成年礼,也是他们迈向新生不可或缺的关键一步。图 4-3 为女学员监区组织的成人宣誓仪式。

图 4-3 女学员监区组织的成人宣誓仪式

图片来源:由笔者指导的警校实习生于 2014 年 10 月拍摄。

2. 宏大震撼的外部仪式

气势恢宏的成人宣誓仪式就要重回 2006 年,以"与祖国共奋进实践青春诺言"为主题的某市某区成人宣誓活动在雨露未管所隆重举行。

2006 年 10 月 18 日 8:30 分,宽敞的主席台布置得井然有序,条幅、桌椅、音响设备一应俱全,主席台前的广场上已经有很多忙碌的身影攒动,主办与承办单位的相关工作人员、新闻采访记者早已备好阵势,一场盛大的仪式即将隆重上演。

8:50,各监区的队伍在警察指挥员的带领下高喊嘹亮的口号依次入场,浩浩荡荡行进到广场的指定位置,每个监区至少派出 6 名警察在现场维持秩序,共有 1500 名统一穿着短袖夏装和长裤的服刑学员。9:00,街道辖内各中学学生代表 300 人、部分服刑学员家长代表分三批在现场工作人员的带领下进入广场指定位置。

9：25，某区委宣传部、雨露未管所、某区教育局、街道党工委、共青团某区委等机构的领导逐一步入主席台。此时《义勇军进行曲》已经雄壮响起，五星红旗伴着明媚的阳光徐徐升起。

10：00，广场上近 2000 名青少年齐声高喊誓词，宣誓声在广场上久久回荡。紧接着又奏响迎宾曲，来宾一同向学员和中学生代表颁发成人证书。随后是学生代表、服刑学员代表、服刑学员家属代表依次发言。

10：35，成人宣誓仪式正式结束。来宾、中学的师生、服刑学员及近亲属（除稍后参加联谊活动的人员原地等候外）分别由工作人员引导退场。

10：49，中学生与服刑学员进行了篮球、拔河友谊赛。到了 11：20，所有活动均已结束，外来人员全部被带出西区，参赛的服刑学员也被带回监区。

11：40，广场又恢复了之前的平静和有序。

这场声势浩大的成人宣誓仪式如期结束，真正富有意义的宣誓仪式只有那关键的几分钟时间。仪式或许并不在乎宏大壮观、气势磅礴的场面，关键是教育的手段、方法和内容是否符合青少年成长的特点，能否激发他们的学习兴趣、参与积极性，使得教育主旨入心、入脑。参加宣誓的学员已经是名副其实的成年人，他们与社会所创造的文化捆绑得越来越紧，强制灌输的道德、情感和理性约束其认真遵守各种社会规范。正如英国著名的人类学家马林诺夫斯基所说："在每一种人类文化中都存在重压在每个公民身上，要求他们作出重大牺牲的法律、禁忌和义务，人们是基于道德、情感或者注重事实的理性，而不是出于任何'自发性'来遵守它们的。"①

（三）身边的时事——"我的中国梦"

"监狱里的时事政治教育又称为'形势前途教育'，这是指为了让罪犯

---

① 〔英〕马林诺夫斯基：《文化论》，费孝通译，华夏出版社，2002，第 14 页。

恰当认识社会和个人的未来发展而进行的教育。"① 主要内容包括国内外政治、经济、社会、文化的发展趋势和最新动态,特别是党和国家关于罪犯改造的方针、政策。未成年学员虽然身在高墙内,但心系外面的世界。未成年学员虽然实施了犯罪有愧于社会,但终究要回归社会。

未成年人正处在身心发育的快速成长期,他们既需要身体的茁壮成长又需要心理的成熟自立,这都不可能离开对社会发展形势的认知和适应,否则就会变成"身体上的巨人,思想上的侏儒"。

1. 让我们一起追寻中国梦

2012年11月29日,中共中央总书记习近平在国家博物馆参观"复兴之路"展览时,首次提出"中国梦"这一概念。他说:"共圆中华民族伟大复兴的中国梦。实现中华民族伟大复兴,实现国家富强、民族振兴、人民幸福,是孙中山先生的夙愿,是中国共产党人的夙愿,也是近代以来中国人的夙愿。"② 中国梦刚刚提出之时,就释放出强大的号召力和感染力。老百姓热议中国梦,社会舆论聚焦中国梦,海外华人畅谈中国梦,全世界都在关注中国梦。关于中国梦的诠释和追求已经成为一面精神旗帜,在摇旗呐喊召唤着我们阔步前进。

雨露未管所在2013年初就开始了中国梦的宣传教育,用社会上真善美的素材引导学员去寻找自己的中国梦,增强他们对生活的信心,对未来的希望。

5月3日,雨露未管所邀请某农业大学思想政治理论教学部副主任张教授和吴老师为学员开展"中国梦·我的梦"专题教育讲座,主管教育改造工作的副所长LH、刑矫办的负责人LYQ及五监区全体女学员聆听了讲座。

6月11日17:00,组织各监区学员观看神舟十号飞船的发射仪式。当倒计时开始时,在场的所有学员都屏息凝视,当看到航天飞船在湛蓝的高空划过一条美丽的弧线并渐渐消失在天际,学员都为之欢欣鼓舞。

同年10月,刑矫办在全所范围内开展了一次学员"诉求"问卷大调

---

① 吴宗宪等主编《刑事执行法学(第二版)》,中国人民大学出版社,2013,第179~180页。
② 《习近平谈治国理政》,外文出版社,2014,第240页。

查。实际参与调查的学员人数达 3000 余人,参与面达到 94% 以上。在调查问卷里还专门设置了 10 多个与中国梦相关的题目。通过调查统计,知晓"中国梦"的学员占调查人员总数的 92.91%;自己表示有梦想的占 90.23%;对自己实现中国梦充满信心的占 77.76%;表达依靠自己脚踏实地努力实现梦想的占 83.51%。

未管所的一系列活动都在宣传、传播中国梦,国家航天技术的重大进步与实现中华民族复兴的梦想紧密相连,学员生活的点点滴滴又与对中国梦的认知结合在一起。如果说之前的活动是把学员的中国梦与国家繁荣富强勾连在一起,那么未管所开展的歌唱比赛则是让学员用实际行动去参与中国梦。

2. 让我们一起唱响中国梦

经过各监区紧张、激烈的初赛,雨露未管所教育质量年①系列活动之"新苗好声音 唱响中国梦"歌唱比赛于 2013 年 8 月 30 日上午隆重举行。最终经过激烈的角逐与比拼,十一监区的《故乡的云》和五监区的《听海》两个节目获得一等奖;五监区的《青春舞曲》、六监区的《我的好兄弟》、十二监区的《相信自己》三个节目获得二等奖;一监区的《国家》、九监区的《烛光里的妈妈》、医院监区的《父亲》三个节目获得三等奖。刑矫办于 9 月 22 日 19:30 在新苗电视台播放了歌唱总决赛的现场录像,特别是《烛光里的妈妈》和《父亲》两首歌,几乎触动了所有学员的心,一些学员更是流下了伤心、难过的泪水。

获奖的学员是通过歌唱实现自己的梦想,为此付出辛勤汗水和艰苦努力,使丰富的情感得以抒发和释放。如果每个人要实现自己的梦想,就必须懂得要与其他人分享,只有绝大多数人都能实现自己的梦想,中国梦才能真正实现,中华民族才能实现伟大复兴!

我们常说:"青年者,国家之魂。"未来要靠青年创造,历史要靠青年书写。在改革发展的伟大时代,当代青年应该大有作为,也必将大有作为。习总书记还引用《尚书·周书》中的"功崇惟志,业广惟勤"一句话

---

① 教育质量年活动指从 2013 年 4 月起,司法部为进一步提高罪犯、戒毒人员的教育质量,切实提升监所教育工作水平的一系列教育活动。

勉励青年,意思是"取得伟大的功业,是由于有伟大的志向;完成伟大的功业,在于辛勤不懈地工作"。

监狱的思想教育既要采用外在行为规范约束未成年犯的言行,更要挖掘他们内心潜藏的善良与正义感。当尊重、荣辱和责任都内化为其价值观念的核心特质时,这种思想教育才能真正实现改造学员的犯罪思想,塑造精神上独立、乐观、具有担当的年轻一代接班人。

为了放飞梦想,就要给未成年学员一定的成长空间,让他们能够生长出足够的理性和智慧,担纲个人前途命运与国家兴盛不衰的共同使命。这时,中国梦就与学员亲密握手了。此时,监区的活动大厅里又响起了由崔恕作词、作曲,张明敏演唱的《我的中国梦》:

小时候妈妈常问我

你的梦想是什么

我抬起头望着天空说

要把青春献给祖国

这些年努力地拼搏

坚强勇敢地生活

一步一步实现了自我

梦想依然在我心窝

我的中国梦永远在我心中……

第三节 任重道远的文化教育

文化教育是人类传播科学知识和崇高理想,培育公民良好道德修养和价值观念的重要载体。没有文化教育就没有我们今天的文明社会,没有文化教育就没有人类社会可持续的发展,我们需要文化教育的滋养和抚育。

当今社会,文化教育呈现的形态包括家庭教育、学校教育、社区教育、慎独自省等多种形式,其中学校教育的体系最为完善,系统化程度最高,科学化程度最高,是文化教育最为依赖的一种传播形式。"布迪厄认为，学校是一个专门发明出来传播、维护、灌输一个社会文化规范的机构，它实施的是文化再生产的功能。"① 在未管所这种特殊强制教育的机构内，"只有建立了统一的学校集体，才能在儿童的意识中唤起舆论的强大力量，这种舆论的力量，是支配儿童行为并使它纪律化的一种教育因素"②。

一 九年义务教育的前世今生

（一）九年义务教育的昨天

雨露未管所在1960年前还没有正规的教学组织，文化教育由管教股③兼管。1960~1962年，始设教务处主管文化教育，行政编制上隶属于管教股。1962~1963年，教务处作为独立部门，下设政史、地理、语文、数学、图画、音乐、体育七个教研组，开展日常的教研教学活动，还组织教师到市内学校听课学习。1964~1969年，由于教师分配到各中队④，教研组已经"名存实亡"。

1972~1978年，文化教育开始由中队主办，还没有设立专门的教学组织。到了1982年6月，又复设教务处为独立部门。雨露未管所经省教育厅批准于1984年成立了省育苗中学，直到1985年9月学校才正式成立，开始对未成年学员实施较为正规的文化教育。当时设立了政治、文化、技术三个教研室，文化教研室下设语文、数学、理化三个教研组。1988年又重新调整为语文、数学、理化、技术四个教研组。1996年2月，雨露未管所已建成一栋5层共3100平方米的教学楼，设专用教室11间。同年8月，教研组进一步升格为教研室。2002年9月12日，教务处又增设了体育教研室，新开了体育课教学。

---

① 熊易寒：《城市化的孩子：农民工子女的身份生产和政治社会化》，上海世纪出版集团，2010，第165页。
② ［苏］A.C.马卡连柯：《马卡连柯教育文集》，吴式颖等译，人民教育出版社，1985，第353页。
③ 管教股，是指未成年犯管教所原为科级建制单位，其下属的职能部门则是比科级低一级——股级建制。管教一词是《监狱法》出台之前对监狱管理工作的总称，通常理解为管理教育。
④ 中队是指在《监狱法》出台之前，监狱的内部组织机构之一，相当于目前的监区。

2006年9月开始，雨露未管所尝试走社会化办学的路子，向地方学校聘请教师到育苗中学任教。省育苗中学从成立截止到2013年秋季，未成年学员入学近4万人次，并努力践行"尊德、守法、问学、修能"的校训。

司法部监狱管理局编辑出版的《当代中国监狱概览》（地方卷）一书，就未成年犯的文化教育作出如下概括：根据犯罪少年的特点……以文化教育为基础……做到"八有"（有教材、有教案、有板书、有笔记、有作业、有讨论、有复习、有考试），每次考试合格率都在90%以上，文化教育是对犯罪少年改造的一项重要手段。

（二）九年义务教育的今天

如今，雨露未管所刑矫办下设的教务处实际负责实施学员的九年义务教育与职业技术培训。在新学员分流到各监区之后，教务处就着手组织文化程度测试。教务处首先是根据学员自己申报的文化程度，自编数学题进行测试，按照成绩分为小学组和初中组，再对学员进行分级分班。有下列情形之一的学员，可以免除正规文化学习：

——呆傻、患精神病犯；

——患严重慢性病或伤残，不能坚持正常学习的；

——文化程度为相当于初中毕业、高中或中专等以上的；

——正在参加入监教育的；

——开学后至下学期开学前入监；

——顽危犯和各类重点犯。

教务处设置了从小学一年级至初中三年级的学制，小学一年级是扫盲班，小学二年级开设语文、数学、书法、美术、音乐等科目。小学三年级至初中三年级则开设语文、数学、英语、书法、音乐、美术等科目。其中语文、数学为主科，每周课时6~8节，其他辅科每周1~2节。西区未成年犯的义务教育在周一至周五每天14:30上课，每节课时是30~35分钟，每次课间休息10分钟。这里的校历（详见附录）参照社会上普通中小学的模式，有寒、暑假休息。寒假一般是1~2月，暑假一般是7~8月。全所统一使用人民教育出版社九年义务教育的教材。教学则实行小班授课形式，每班30~50人。东区成年犯的教育集中时间安排在周六，授课学时和教学内容会有所调整。

教学中，会出现一个班级同时有多个监区的学员一同上课，就要求各监区把本班学员编成若干个临时互监组，并集中安排座位。女学员只安排参加小学六年级和初中三年级两个级别的教学，并与男学员严格分开。当男女学员同在一间教室上课时，座位是严格分离的，不允许彼此之间有私下接触。上课前，男学员先按照指定位置坐好，女学员才进来依次就坐在教室靠近门口的位置；下课后，女学员则先行离开，在独立的教室休息并由女警监管，男学员才能开始自由活动。雨露未管所规定学员上洗手间，需要按监区编排的临时互监组统一行动，相互监督，绝不允许独自活动，目的是防范在重点时段有脱逃、自杀等监管安全事故发生。

2006~2016年，雨露未管所一直尝试请外聘教师来任课，负责日常教学、指导学员自学、批改作业以及相关教学活动。教务处的督学警察负责维护课堂内外的秩序①，具体包括课堂视频监控、课间秩序维护、课前课后清点人数及处罚违纪学员等职责。教务处的督学警察通常分为A、B、C岗，A岗是当天文化教育的总值班，负责在办公室查看监控视频以及课前课后集队点名、填写教学日志；B岗是教室外负责监督、巡查的值班岗位；C岗是洗手间、楼梯、电梯、重要通道等部位的值班岗位。A、B、C岗要相互照应，相互协调，确保教学现场的安全、有序。如有紧急情况发生，要求B、C岗督学警察必须第一时间赶到。

二 九年义务教育的酸甜苦辣

（一）让人哭笑不得的学员

"人类学家将课堂看做一种文化背景……由于社会学习和学业学习发生在课堂背景中，以及课堂背景是学生被当众评价的场所，因而研究这种背景是有意思的。"②

---

① 上课时，教务处的督学警察通常只在教室外守候，除非外聘教师无法控制现场秩序，督学警察才会进行直接干预。下课后外聘教师则统一集中在教务处办公室休息，听到上课铃声，再回到各自的教学班级。
② 〔美〕J. U. 奥布：《教育人类学/教育大百科全书》，石中英译，西南师范大学出版社，2011，第47页。

1. "老师，'骚'字怎么写？"

一天下午的语文课上，一位二十出头、外貌娇美的女教师刚走进教室，就引来了部分男学员的议论和骚动，但顾忌教室外有督学警察就不敢太过声张。女教师并不理会个别男学员的搞怪举动，泰然自若地翻看教材，开始带领学员朗读课文《离骚》，还不时在黑板上书写关键词。

这时，学员 WJB 突然举起手来，女教师问："有什么问题？"学员 WJB 不怀好意地说："老师，《离骚》的'骚'字怎么写，你会不会？"女教师脸色微微泛红，但很快说："坐！"马上转身在黑板上先写下一个"马"字，并说："这是'骚'字的左半部分。"随后她又在"马"字的旁边写下了"蚤"字，又说："这就是'骚'字的右半部分。"在两个字之间画了一个大大的"＋"，接着说："这就是你问的'骚'字。如果一匹马身上长了很多跳蚤，就会变得很躁狂不已。你听明白了吗？"刚才捣乱的学员 WJB 哑火了，旁边脑子转得快的学员就用手指着学员 WJB，取笑道："你是不是身上也长了跳蚤啊！"此时的学员 WJB，脸色青一块紫一块，看到其他人笑得前仰后合，更是气急败坏。最后，女教师说道："同学们不要笑了，我们接着上课吧！"教室里的笑声才慢慢平息下来。

教学课程上的谈话包括三种层次的构成：一是"教师启发"（教师提问一个已知的问题），二是学生作出反应（包括学生想要回答），三是"教师评价"。[①] 这位女教师的机智应答刚好巧妙实现了三个层次的对话。

对于有意冒犯的学员，语文教师并没有采取"以暴制暴"的方法，也没有向教室外的督学警察求援，而是用自己的机智和应变"教训"了企图让自己出糗的小鬼，成功扭转了原本尴尬的被动局面。学员 WJB 也为自己的无礼和鲁莽，付出了小小的代价，年轻的语文教师"不战而屈人之兵"的教育手段真是令人敬佩。

2. **课间休息时捅了"马蜂窝"**

一天上课铃声刚刚响起，初二（一）班的学员就立即回到自己的指定座位，等着数学教师到来。哪想等来的不是数学课教师，而是一向黑脸、

---

① 〔美〕J. U. 奥布：《教育人类学/教育大百科全书》，石中英译，西南师范大学出版社，2011，第 49 页。

严肃的督学警察 ZYW。正当所有学员错愕惊讶之时,督学警察 ZYW 大声质问道:"是谁经过值班岗时,将警帽扣在了保温杯上?赶快给我站出来,不然被我查出来,让你们吃不了兜着走!"教室内的空气顿时凝固住,这次是有人撞在枪口上了。现场鸦雀无声,督学警察 ZYW 见无人承认,又警告说:"我的耐心是有限的,不要逼我发火!"又过了片刻,仍然没有人站出来,督学警察 ZYW 愤愤地摔门而去。随后走到隔壁一间教室,又是一番训斥,但仍无果而终。督学警察 ZYW 没有找到"可恶的元凶",不会善罢甘休,就径直走去总值班室向教务处主任 LWL 告状,要求把这个人找出来,狠狠地处理他。教务处主任 LWL 为此还向刑矫办负责人汇报此事,请求指示。

学员生性顽皮且无恶意冒犯的行为,理应得到警察 ZYW 的理解和宽恕。这种顽皮的行为或轻微过错,是未成年人活泼好动的一个表现,难以将其上纲上线认定为是一种严重违纪行为,更不可能是带有恶意或者敌意的攻击、伤害行为。未成年犯的教育者理应具有这样的心胸和气量,要明察秋毫,更要有爱心和同情心。

(二)"铁打的营盘流水的兵"

1. 没有牛奶和面包的教育者

雨露未管所的教务处与某区的一所名为嘉德(化名)的民办学校签订了劳务合同。合同约定,雨露未管所按每名教师 28 元/课的标准支付给嘉德学校课酬,再由学校支付任课教师的劳动报酬。外聘教师一般每天下午上 4 节课,每节课 30~35 分钟。教师不仅要完成预习备课、制作教案、更新课件、课堂授课、批改作业等工作,还要不分春夏秋冬、风霜雨雪,每天往返步行几公里。其中有一名年轻男教师调侃道:"风里来,雨里去,忙活大半天;汗湿半边衫,只够买早餐。"

嘉德学校派过来的部分老师是新入职的年轻人,偶尔还会有来实习的师范院校大学生,使得授课教师时有更换。微薄的收入可能让部分教师的积极性受到抑制,有时听到上课铃响也迟迟不离开休息室。

调查中,笔者接触过一些具有责任心的教师,他们虽然领着较低的课酬,但还是能够尽到一名教师的本分。其中有一名年轻的外聘女教师,就是刚从省外一所师专毕业来到当地找工作。

我问:"你平时来这里上课(指未管所)辛苦吗?"

她答:"还好,倒也不会怎样。"

我问:"上课时,学生的积极性如何?"

她答:"其中一部分同学还比较积极,其他的同学就不太愿意发言。"

我问:"如果学生上课说话、扰乱课堂秩序,你怎么办?"

她答:"通常把学生叫起来,站一会儿,也不会有其他更严厉的方法。"

我问:"课堂之外,会给学生们布置作业吗?"

她答:"布置一点,但不多。"

这名年轻教师并未流露出对所在学校的不满,还坚守着自己的工作岗位。这家民办学校的管理者压榨教师的劳动成果,又不会寻找合理的方法去化解、弥合彼此之间越来越深的矛盾。这种分配不对称的利益格局即将被一场突如其来的风暴而打破。

那是一个周三的下午,已经是下午三点钟了,在西区门口等待接送嘉德学校教师出入大门的警察已经等了半个小时,仍不见一个人的踪影,这种情况之前从未出现过。这名焦急等待的警察赶快向教务处主任 LWL 汇报了此事,教务处主任 LWL 也是丈二和尚摸不着头脑。到了三点半,教务处主任 LWL 打电话向嘉德学校的校长询问此事,方才知道嘉德学校当天来代课的教师罢课了,双方就课酬分配一事仍然僵持不下。最后,嘉德学校的老板作出一些让步,才得以平息此次风波。教师选择罢课,是一种无奈的抗争,为的是争取到合理的劳动报酬,也是体现自身劳动的价值。[①]

2. 领唱《东方之珠》的大女生

这一天,教务处主任 LWL 无意间瞥到在旁边整理教学记录本的警校实习生 XH,就建议她来给学员上一节音乐课。实习生 XH 虽然起初很为难,但是听了身旁一名老警察的劝说:"我就在教室门口,你就大胆上吧,没问题!"实习生 XH 终于答应去试一试。

---

① 雨露未管所与嘉德(化名)学校的合作在 2017 年 9 月未管所与工读学校合办九年义务教育模式前就已经终止。

XH刚进教室还有些忐忑不安,当学员们异口同声说"老师好"时,紧绷着的情绪得到稍许缓解,给未成年犯上课还是"大姑娘坐花轿头一回"。自己六神无主地翻动着讲桌上的音乐教材,不知道该从哪里下手,突然灵机一动,心想就教学员们唱一首歌。她心里盘算着选什么歌曲好呐?歌曲既要主题健康,又要比较容易学,思来想去干脆就教唱《东方之珠》吧!台下几十双眼睛就这样一直盯着她。实习生XH和学员们作了简单交代,就在黑板上抄下完整的歌词,接着一句一句教唱,再到一段一段联唱,最后集体合唱整首歌。学员们经过一节课的练习,在领唱下基本能把《东方之珠》完整唱下来。虽然歌声时而跑调,时而停顿,但在平生以来第一次给未成年犯上课,还能教唱一首歌曲实属不易。①

　　警校实习生XH的经历告诉我们一个朴素却深刻的道理,"进行教育工作并不需要什么特殊的天赋,教育工作也不是什么很困难的事情,只要具有健全的理智就可以了,健全的理智表现为善于掌握尺度与分寸"②。一名教育者端正、敬业、亲和的教学态度是软化师生之间对立的有效武器,一名教育者的师德往往比其教学水平和教学经验更为重要。教师与学生是课堂的主角,教师在专业知识、授课技术、从业经验等方面具有优势,但更应该做一个谦逊、明理、包容的教育者。

3. 教学秩序与权威的守卫者

　　教务处的督学警察可谓是维护课堂秩序的中流砥柱。如果没有他们光靠外聘教师肯定是搞不定这些孩子的。听一位从监区领导岗位上退下来的老警察讲,教务处的工作是雨露未管所里的"闲差"。因为未成年犯的文化教育通常是每天下午上课,而且每年有近4个月寒暑假时间,可以不像其他职能部门那样按照朝九晚五的规定坐班,工作较为轻松,这也是他们托了这群孩子们的"福"。笔者还听这名老前辈讲了近期的一个故事。

　　有一次他值班时,收到留在他桌子上的一张未署名的纸条。上面写着这样一段话:他的班上有两名学员经常上课讲话,声音很大,吵得他无法专心听讲,授课教师管又管不好。这名学员不敢说出自己的真实身份,怕

---

① 根据警校实习生XH的讲述整理。
② 〔苏〕A.C.马卡连柯:《家庭和儿童教育》,丽娃译,上海人民出版社,2011,第14页。

受到打击报复,所以恳请警察能伸出援手。一名真正想好好读书的学员,因为受到同学的影响而走投无路,向督学警察求助。

这名老警察在第二天上课时,特意坚守在监控视频前观察那间教室,的确发现班上有两名学员经常大声说话,还不时干扰旁边的学员听课。在课间休息时,老警察找到那两名"作乱"的学员严肃批评了他们,还作出每人扣1分的处罚,并警告说下次再违纪就要通报所在监区进行严肃处理。迫于老警察的压力,这两名学员再也不敢在课堂上胡作非为了,班上的教学秩序也得以改善。

老警察的批评就是对闹事学员亮起的红牌,警告他们不要干扰破坏教学秩序,也是一名长辈对晚辈的谆谆教导。老警察就是狱内教学环境的守护者,他的话语"既体现了学校教育的结构和权威关系,也使这种结构和权威关系按照常规循环下去"[1]。一名普通警察挺身而出、忠于职守、伸张正义,维护教学现场的秩序,行使法律赋予的职责,彰显狱内纪律的权威,其实真正推动他这样做的动力就是爱心和责任心。

(三)先天不足的"畸形儿"

1. 性别严格受限的课堂

狱内课程严格区分男学员与女学员。狱方不仅有意回避异性学员之间的交往,而且绝对禁止他们之间的互动。严格按"分区管理,区域活动"的原则,即使同处一室上课的男女学员,课程中被牢牢束缚在自己的座位上,隔绝了异性学员之间的交往,说一句话都变成了遥不可及的奢望。教学现场督学警察会全程进行监督,男女学员被分置在不同的空间里。正值青春期躁动的学员而言,对异性充满了好奇和迷恋,长期引而不发的性能量在不停地积蓄,狱方只会通过严密的性别封锁去强制性割裂、压制异性之间的接触。

笔者从在教务处实习的警校女生那里听说了这样一个故事。

一名男学员为了向同班的一名女学员表达朝思暮想的爱意,绞尽脑

---

[1] 〔美〕J. U. 奥布:《教育人类学/教育大百科全书》,石中英译,西南师范大学出版社,2011,第49页。

汁,冥思苦想,终于心生一计。把自己精心设计的感情告白和姓名、监区等信息都写在一块橡皮擦的正反面,利用课间休息时,偷偷把"定情信物"放在心仪女学员的课桌里。丘比特之箭已经射出,焦急地等待着爱的回应。上课后,一直眼巴巴地盯着那名女学员,而对方始终没有任何表达。直到下课后,女学员匆匆离开教室仍然没有一点消息。万万没有想到,女学员把那块橡皮擦交给带队女警。女警又向教务处的督学警察汇报了此事。课桌里的"真情告白书"反而成为男学员违纪的"犯罪铁证"。那名男学员似乎还抱有一丝幻想,期待自己炽热的感情能有所回报。督学警察又通报男学员所在监区,让监区领导大为光火,出丑出到家外面,真是又气又恨。最后,那位男学员等来的不是憧憬的爱情,而是不期而遇的扣分处罚。自此,教务处把两名涉事的学员进行拆开,调整到不同的教室上课。

2. 课堂里的禁区——讲台

上课时,讲台是教师传授知识和思想的阵地,狱内的外聘教师则很少走下讲台,走入学员当中,更不准学员随意登上讲台。讲台被视为是学员无法靠近的禁区,讲台的边缘就好似监狱围墙边的警戒地带。如果学员一旦跨越雷池一步,就会被认定是违纪,要受到处罚。课间休息时,只有担任值日生的学员才能走上讲台擦黑板、整理教学用具、清扫讲桌台面和地面。其他学员未经允许不能踏上讲台半步,更不允许在黑板上乱涂乱画,有没有学员甘愿"冒天下之大不韪"?

正值一个酷热的下午,一名学员在课间休息时,窜上讲台,乱涂乱画一通。当上课铃响起时,那名学员虽然曾试图擦拭所有的痕迹,但看到授课教师已经接近门口,只好快步离开讲台,黑板上留下了一团团浑浊的粉笔印迹。也许是授课教师到得很早,才出乎意料发现这样的异常。授课教师下课后将此事告诉了督学警察。事后,几名值班警察开始反复查看视频资料,但因为视频清晰度不高,还无法准确查出"肇事者",为了进一步锁定人选,随后又找来同班的四五名学员进行分别辨认。在铁的证据面前,那名学员不得不承认自己的所作所为,随后被扣2分。

讲台一向被视为学员不能接近的"禁地",一是出于对授课教师尤其是女教师人身安全的保护,未成年犯毕竟有过一段罪恶的人生经历,存在一定的人身危险性；二是为了强化对未成年犯身体规训、行为养成、纪律管束，这一点在狱内时常可见，这种生活环境自然而然会对学员产生影响，正如人民教育家陶行知先生说的"生活即教育"。

3. 义务教育的返老还童术

在国内，江西未管所（2004年）、湖南未管所与河南未管所（2006年）、重庆未管所（2007年）、江苏未管所（2008年）等机构相继将狱内的九年义务教育纳入了地方国民教育系列[①]，但是普遍存在入学率偏低、学习时间没有保障、教学质量不高等问题。

2014年，笔者从雨露未管所方面得知一个关于九年义务教育工作的重大转机。同年，在省政协提案委的积极推动下，省、市主要领导均已经作出重要批示，"根据义务教育属地原则，将未管所育苗中学的教育教学纳入某市属地管理"，拟采用雨露未管所与某市工读学校[②]联合办学，即采用教学主体和管教主体联合办学模式。总体设计思路是由该校承担雨露未管所的九年义务教育，入学规模总量可达1400人，除了"半天劳动半天学习"以外，基本实现与其他普通中小学校相同的学制。2016年9月，雨露未管所的未成年犯终于实现全员参与九年义务教育的愿望，但因为有教学设施不足、办学经验匮乏等困难，九年义务教育还需要付出更大的努力。

未成年犯的文化基础和文化水平整体偏低，"半天劳动半天学习"的管理模式，完全封闭的教育环境等诸多问题，都将是文化教育改革中不得不面对的困境。与先天不足的义务教育相比，狱内的中国传统文化教育还是走出了一条独有特色的发展之路。

三 新兴的中国传统文化教育

国学热是近年来大陆兴起的一个热门文化现象。从国内国学教育的快

[①] 杨木高：《中国未成年犯管教所发展史研究》，《犯罪与改造研究》2012年第5期。
[②] 工读学校是中华人民共和国为有轻微违反法律或犯罪行为未成年人开设的一种特殊教育学校，不属于行政处分或刑事处罚的范围。工读学校主要收容13～17岁，且有严重不良行为但并未达到违法犯罪程度的少年。工读学校的教育内容为常规学校教育、职业教育以及相应的法律道德教育。工读学校的管理比常规学校严格，学生住校周末回家，一般年限为2年，百度百科，https：//baike.baidu.com/item/%E5%B7%A5%E8%AF%BB%E5%AD%A6%E6%A0%A1?fr=aladdin，最后访问日期：2019年7月9日。

速崛起到国外以孔子学院为代表的中国软实力输出，从习近平总书记关于中国传统文化的一系列经典论述到传统文化滋养的价值观念、善行善举再一次走入千家万户，宝贵的精神财富渐渐融入我们的生活，也包括监狱。

司法部出台的《教育改造实施纲要》中特别指出："要对罪犯进行中华传统美德教育，使罪犯了解中华民族优秀的民族品质、优良的民族精神、崇高的民族气节、高尚的民族情感和良好的民族礼仪……引导罪犯树立正确的世界观、人生观、价值观，正确对待人生道路上的失败与挫折。"

雨露未管所早在2010年就陆续引入《朱子家训》《弟子规》《三字经》《365个小故事》《中华道德名言精粹》等书籍作为教材，开展以弘扬中国传统文化为主题的一系列活动，充分发挥传统文化"润物细无声"的教育、引导作用。

（一）唐诗宋词与"猜灯谜"的联姻

2014年4~10月，刑矫办大力推出了朗读、背诵、演绎唐诗宋词与"猜灯谜"等活动，推动此项活动的主要目的是丰富学员的文化知识，改变他们的浮躁心态，客观成熟地认识身边及社会上的事物和现象，促使其在狱内安心服刑改造。

唐诗宋词与"猜灯谜"活动的结合其实是经过狱方精心设计的。唐诗宋词被公认为中国传统文化中的瑰宝，是唐宋时期文学、美学、戏曲、历史的完美结合。对于大多数学员而言，之前在学校的文化教育中多有涉及，有一定的学习基础，帮助他们"温故而知新"。这里的"猜灯谜"活动是对现实生活中某一事物或现象进行描述，再由学员们去猜与题目相对应的事物。活动本身既具有一定的趣味性，又容易激发青少年的好奇心与求知欲。

刑矫办最初是利用晚间思想教育的时间安排播放诗词赏析专题节目《唐风宋韵》与《猜灯谜》。首先帮助学员了解唐诗宋词的相关知识与"猜灯谜"的由来、方法和技巧。之后，每月将选定的两首唐诗宋词制作成讲义与每月教育活动安排表一同公示在狱内的局域网，还指示各监区在板报、墙报专门开辟学习板块，抄录当月学习的唐诗宋词。监区组织学员将当月所学诗词抄写在"学习记录本"中，还利用中午、晚上开饭前的时间统一组织学员诵读诗词,以增进背诵的熟练程度,营造浓厚的学习氛围。

刑矫办在每月思想教育月的考试时间,随试卷一同下发5条谜语给各监区。同时,指示各监区要轮流展示由刑矫办制作的"欢乐猜灯谜"系列展示架,开展"每月灯谜竞猜"活动,给猜中规定数目谜题的学员以相应的物质奖励。有些监区为了配合刑矫办组织的唐诗宋词与"猜灯谜"活动,还在本监区组织了"中国汉字听写比赛",两种类型的活动相得益彰,而且都是围绕中国传统文化而展开的。这种上下联动的教育模式,提升了教育活动的广度和深度,监区的踊跃参与更易于把活动的要义传播到每名学员的心田。当然,也有一少部分学员因为播放唐诗宋词与"猜灯谜"活动的教育视频挤占了原来电影播放的次数而颇有怨言,但在监狱主导的教育模式下则是"敢怒不敢言"。

同年11月,刑矫办组织了全所的唐诗宋词朗诵与演绎比赛,从主题内容、演绎表达、艺术形式、现场效果、舞台风格等方面进行评分,并颁发一等奖1名,奖励金1500元;二等奖2名,奖励金各1000元;三等奖3名,奖励金各500元,此次比赛结果还记入各监区当年文化体育节的团体总分。对于物质奖励与精神鼓励的双重"诱惑",监区与多数学员还是欢迎的。刑矫办为推动唐宋诗词与"猜灯谜"活动,可谓是费尽心思、用尽脑筋,活动的意义还是值得充分肯定。

"在未成年犯进行教育的过程中,正规课程的教育必不可少,潜在课程的熏陶也不容忽视。"[①] 唐宋诗词与"猜灯谜"活动无疑对广大学员而言是大有裨益的。但是该项活动的落地生根必须要有监狱层面的高度重视以及监区层面的密切配合。是积极推动还是敷衍了事,是潜移默化的熏陶还是雨过地皮湿的应付,取决于监区领导的意志和责任心,同时还不可缺少监区其他警察的积极参与。

刑矫办在开展唐宋诗词与"猜灯谜"活动的同时,根据雨露未管所领导集体的决定,3~11月将在全所范围内组织学习、操演陈氏太极拳的活动,旨在传承与弘扬中华传统文化,促进学员运动健身、调节平和心境,

---

[①] 赵国玲:《未成年人司法制度改革研究》,北京大学出版社,2011,第324页。

培养动静皆宜、文明礼貌习惯,习练太极拳运动轰轰烈烈地开展起来。

(二) 修身养性的陈氏太极拳

太极拳是代表中国传统的武术与养生文化的集大成者,它蕴涵着丰厚的天人合一、以柔克刚的古代哲学思想与伦理观念。拳架只是它的表现形式,太极文化才是它的灵魂。太极拳能修身养性,通过自我反省体察,自己的心灵得到净化,不仅饱含为人处事的智慧,还包含人始终要有一颗平常心去应对日常生活的烦恼与不幸。

1. 横空出世的太极拳

习练"56-陈氏太极拳"的活动一开始就"来势汹汹",狱方专门制定了一整年的活动计划,还要求全体学员参与,在一定程度上不惜影响监狱的劳动产量。狱方还专门下发文件,详细规定了习练太极拳活动的四个阶段。第一阶段是从3月17日至28日,精心选拔5名领悟力强、协调性好、表现优异的学员担任监区小教员,指定一名警察专门负责太极拳培训,并一同参加学习整套拳法的动作要领。表4-1为56-陈氏太极拳教学课时安排。

表4-1　56-陈氏太极拳教学课时安排

日期	时间(课时)	教学地点	参训单位
第一周 (3月17日至21日)	每天 8:30~11:30 (教练授课共计15课时)	十三监区广场 或活动室	西区各监区
	每天 15:00~17:00 (自行组织训练)	各监区文体 活动区	
第二周 (3月24日至28日)	每天 8:30~11:30 (自行组织训练)	各监区文体 活动区	
	每天 15:00~17:00 (教练授课共计10课时)	十三监区广场 或活动室	
合计	教学授课25课时;自行训练25课时		

备注:东区与西区的教练和自学时间进行对调,最后2课时均为验收。

在培训期间，刑矫办的负责人 LYQ 不惜放下手头其他方面的工作全程参与监督，使得各监区的领导和带队警察不敢有丝毫懈怠，监区也给小教员下了"死命令"，一定要保质保量学会全套动作。其间，主管教育改造工作的副所长 LH 也曾多次到现场考察培训的进度，并与参加培训的带队警察交流心得。经过第一阶段的训练后，各监区开始根据自身实际情况组织小教员传授"56-陈氏太极拳"的各招式。

2. 夹杂不同声音的太极拳

"56-陈氏太极拳"的招式颇多，要让全体学员掌握动作要领再参加比赛，着实让不少监区领导为难。监区往年已有的监管、教育、生产安排已经非常紧凑，现在又凭空增加全员习练太极拳的任务。

笔者还听到少数警察私下议论说学员习练太极拳违法一说。那么，这种反对之声能否阻止继续开展太极拳活动？应该说反对意见并不是空穴来风，就在其现行的《实施细则》中第六条第十款就规定："（十）不练拳习武，不习练、传播有害气功、邪教，不搞封建迷信活动"。按照生活常识和科学理论而言，太极拳绝不会被归类为有害气功和邪教。未成年犯习练太极拳似乎是与"不练拳习武"的条款有矛盾，正是狱方制定的内部规章制度，更使得反对声势日渐气盛。事实上，这个争论其实早已经有答案了，作为雨露未管所《实施细则》上位法的司法部《行为规范》的相关条款规定："不得习练、传播有害气功、邪教。"按照太极拳不能归为有害气功和邪教一类，下位法服从上位法的基本原则，自然不能认定习练太极拳是违法的。

2014 年 5 月初，在反对声音纷繁四起之时，未管所召开了第一季度的思想动态分析会，太极拳自然成为该次会议的一个重要焦点。会议中，主持人先是让各监区主管教育改造工作的副区长汇报本部门习练太极拳活动的进展和困难，随后是刑矫办负责人 LYQ 发言，他则措辞严厉地指出各监区不能放松训练，要在监管工作中找时间，确保所领导集体布置的活动按计划进行。

最后，主管教育改造工作的副所长 LH 在会上总结说："太极拳还要组织学，这是所里的规定动作。要再抓一抓，不要等同于练拳习武，而是修身养性。大家要尽量克服眼前的困难，严格落实所党委的决议。"

监区与狱方高层在一些问题上有时是有不同的利益考量，双方会固守自己的核心利益，彼此都不愿轻易作出让步。质疑声无力阻止未管所领导集体作出的决策，监狱作为国家机关必须保证其集体意志的执行，此时的太极拳活动已经成为不可逆转的大潮流。

3. 彰显政令权威的太极拳

监狱是一个令行禁止的场所，也就是国人常说的"刀把子"。在这里如果政令不能畅通，监狱的基本价值将无法体现，监狱的秩序也会因为内部矛盾而出现混乱，那么社会治理和统治的根基会出现动摇。国家暴力机构的高效运转，得益于命令无条件的服从，上层的决策必须一以贯之，才能确保它强大的执行力和影响力。

习练太极拳的活动依旧如火如荼地进行着，各监区充分利用习艺劳动的工间操、晚饭后以及周末娱乐等各类时间，采用小教员演示、分组训练、集体合练等多种形式普及"56-陈氏太极拳"。但是时间到了2014年底，太极拳活动却出现了明显的降温，特别是上一任大力推动习练太极拳的监狱主要领导退休以后，新上任的所长对于习练太极拳活动的重视程度有所减弱，也不再是以往狱内各种重要会议的核心议题，监区则渐渐放松了对太极拳的督学，恢复到之前狱内生活的节奏。原来计划在2014年底举行的全所范围的太极拳比赛，最终推迟到了第二年的春节后才举行，比赛的规模和影响力也随之减弱，但总算为此项活动画上了一个句号。

学员习练太极拳活动应该是弘扬中国传统文化的一次有益尝试，但因为被赋予了太多隐含意义，它成为监狱内部各种势力相互博弈、对抗的一个舞台。暂且抛开监狱作为暴力统治工具的政治立场，它展现出机构内部微观权力运作的机制，作出妥协也是各种势力必须接受面对的现实，而作为学习、训练、表演太极拳运动主体的未成年犯则处在事件的边缘。

第四节　给予厚望的职业技术教育

"职业教育是指为使受教育者获得某种职业技能或职业知识、形成良好的职业道德，从而满足从事一定社会生产劳动的需要而开展的一种教育活动,职业教育亦称职业技术教育。"① 我国监狱组织的职业技术教育是根据自身生产的实际情况和罪犯释后的就业需要,旨在帮助罪犯树立劳动观念、养成劳动纪律、普及劳动常识、培养职业技能、提高职业素养。这种教育还延续了西周时期监狱就具有通过劳动改造囚犯思想的功能,只是今天的教育实践体现现代文明国家对待罪犯所持有的基本态度和价值取向。

雨露未管所在1988年成立的"育苗技术学校",是组织学员从事职业技术培训的职能部门。2000年以后,组织学员参加的习艺劳动以五金小部件、电子变压器、电子表芯、手机贴膜等手工产品为主。除此之外,这里的每名学员在服刑期间均可以享受一次免费的职业技术培训,通常由社会专门培训机构在狱内开设服装裁剪、烹调烹饪、点心制作、美容保健、电脑操作、物业管理等项目的培训班。

一 长相厮守的习艺劳动

笔者驻点调查 W 监区的电子表芯项目已经开展三年多,生产工艺、流程一直未有多大变化,习艺劳动现场的秩序井然,一直保持它的本色。学员、值班员、值班警察、监区领导、巡查领导等角色都是周而复始地做着自己的事情,一切似乎都是按计划进行,但在平静背后还是会有一些鲜为人知的故事发生。

(一) 车间里的"第三只手"

那是一个周三上午的习艺劳动中,笔者看到值班员 HY 总是在学员 IM 的背后徘徊,时不时用带有挑衅性的眼神盯着对方,而学员 IM 则专注于手头的劳动。这时,值班员 HY 又一次靠近学员 IM,当身体贴得很近时,突然提起右膝撞在学员 IM 的腰部,虽然力气不是很大,但还是让学员 IM 惊了一下,于是向对方投去了愤怒的眼神。这时,值班员 HY 突然发现笔者在警察前岗的位置注视着他,便装作若无其事的样子走到其他学员的工位,貌似镇定的表情却难以掩盖他刚才的恶意骚扰行为。

---

① 《职业教育》,百度百科,https://baike.baidu.com/item/%E8%81%8C%E4%B8%9A%E6%95%99%E8%82%B2/1903668?fr=aladdin#8,最后访问日期:2019年7月9日。

笔者径直走到学员 IM 的身后，默默地观察了一会儿。学员 IM 戴着一副黑色树脂材质的宽边眼镜，头发已经有近 2 厘米那么长①，眉目清秀，显得很斯文。

笔者问："刚才是怎么回事？"

学员 IM 立即答道："是他们故意搞我，不让我去出所队，他们会有报应的！"

笔者又问："为什么不让你去出所队？"

学员 IM 答："我的劳动产量高，他们不想让我走，就老是整我让我违纪，就不能按期参加出所教育。"

这时，刚才值班员 HY 见笔者与学员 IM 交谈，也很快凑了过来，故意对笔者说："你不要理他，他精神不太好，平时都这样的。"

笔者并不作声，等了几分钟，见值班员 HY 仍然在身边迟迟不愿离开，就问："你还有其他事吗？"

值班员 HY 诡异地笑了笑，说："没事，没事。"随后不得不走开了。

笔者接着问学员 IM："你还有多长时间出所？"

学员 IM 说："还有 3 个多月。"

因为此事涉及监区内部管理事务，笔者作为警校的教师，不便对此事作评价更不能去质疑监区的管理，只好鼓励学员 IM 说："再坚持一下吧，熬过这几天就好啦！"

学员 IM 没有再说话，继续做着手头的事情。

过了一会儿，值班员 HY 又回到学员 IM 身后，似乎在嘟囔着什么。看得出来学员 IM 很是反感，完全不想理睬对方。值班员 HY 似乎还不依不饶，久久不愿离开。

雨露未管所有一条不成文的规定，如果即将出所的学员有严重违规违纪行为，会影响下一阶段的出监教育。学员 IM 多留在原监区一天就要多参加一天习艺劳动，同时继续为监区的生产任务做出微薄的贡献。值班员 HY 故意去激怒学员 IM，目的就是让他有出格的违规违纪行为，延迟去出所监区的时间。精心设计的陷阱可能让学员 IM 失去正常参加出监教育的

---

① 罪犯在狱内理平头通常是由值班员"操刀"，接受出监教育的罪犯才可以留稍长一点的短发。

机会,也剥夺其参加更有针对性的社会适应性训练的权利。

(二) 不经意吞下的"苦果"

2013年10月的一天上午,W监区学员QG(盗窃罪,原判8年)照常在自己的工位上劳作,他的神情却显得有些不够自然,有点坐立不安,但在紧张忙碌的习艺劳动车间,根本不会有人在意他的身体不适。就在收工前的半小时,学员QG突然拿起工位上两枚一元硬币大小的透明塑料主夹板试着往自己的嘴里塞,试了一次又一次。这时,就在他仰头的一瞬间,他不小心吞咽了两块塑料主夹板。

学员QG立即举起手来,向在场的值班员报告称自己误食了异物。值班员听后,飞快跑去车间后岗向值班警察汇报此事。一名警察留在后岗继续监视车间现场,另一名警察跟随值班员急忙赶去学员QG处查看具体情况,并派遣另外一名值班员赶快去监区值班室向监区领导汇报。学员QG面露痛苦的表情,一只手反复摸着脖颈处,另一只手塞进嘴里去抠喉咙催呕,哪想自己越挣扎两块主夹板沿着消化道越是往下移动。这时监区值班领导也闻讯赶到,命令其他学员继续坚守劳动岗位,立即指派一名警察和两名值班员将其搀扶去医院监区救治。到了医院监区,年轻的值班医生焦急地询问学员QG的病因和不良反应,想不到合适的医疗方案,就建议去正规医院处理。

这时,一名医院监区的老警察建议,先让学员QG留院观察,再找人去买二斤韭菜,煮熟多吃一些韭菜看能否把主夹板排泄出来,解决不了再送外就医,短时间内身体不会有大碍。医生一边好言安抚学员QG平静下来,一边让监区派人去最近的农贸市场购买韭菜。伙房监区把韭菜简单冲洗两遍,韭菜整根直接下锅,煮了七八分熟后加了一点盐和食用油,赶快拿给学员QG吃下。学员QG开始大口大口吃起来,开始还很享受地吃着,但是吃了一半后就感觉难以下咽了。为了加强效果,被警察要求把菜全部吃完,他只好硬着头皮一口一口地塞,直到全部吃光。监区领导特别嘱托医院监狱警察密切留意学员QG的反应,安排两名值班员时刻盯紧他,如果一旦有新情况立即转告。

第二天凌晨,天刚蒙蒙亮,医院监区的值班员见到学员QG去洗手间

"拉大号",马上向值班警察汇报,得到指示去寻找那两块主夹板。那名值班员一只手捂着口鼻,另一只手拿着一根扫帚杆在排泄物里拨来捡去,似乎触碰到硬物,拨开之后原来就是那两块"作怪"的塑料主夹板。学员QG引发的危机总算成功化解,但也到了监区与学员QG"秋后算账"的时候。

学员QG的冒失举动让监区领导和警察急得像热锅上的蚂蚁团团转。这种行为虽然不属于故意自伤自残的严重违纪行为,但因其自身过失造成学员的骚动、警察的不安、秩序的混乱,还是给监区声誉造成恶劣的影响。经监区领导集体讨论决定,给予学员QG扣分处罚,以示惩戒。一场因为误食劳动生产材料而引发的危机,就这样得以平息下来。

(三) 伙房监区里的"大师傅"

狱内多数学员的习艺劳动以手工业为主,长期重复的劳动需要耐心和专注力,但有少数学员从事的劳动种类有所不同。其中一些人就是经过狱方严格筛选,在伙房监区为全所学员提供餐食的"大小厨师",他们掌握着另外几门特殊的技能。

1. "洗切烹煮一条龙"

每天上午,在伙房监区的厨房里,几名负责分拣和清洗蔬菜的学员,身边都是一片片"群山",经常有4~5种蔬菜要挑拣、剥皮、清洗、切块,常吃的蔬菜有洋葱、胡萝卜、白菜、青瓜、土豆、白萝卜、卷心菜、西红柿,有时还会有当季的绿叶蔬菜,供应3000名左右学员的伙食。

成堆的洋葱放置在几名学员身边,他们先是给洋葱扒皮,接着洋葱头尾各一刀,中间横劈两半,再补上四刀大卸八块,每一刀下去都精准无误。常人切上一两颗洋葱,眼睛被熏得酸痛想要流泪,他们泰然自若,时不时还轻松地聊上几句,切完洋葱还有其他蔬菜要收拾。

负责砍骨肉的两名学员穿着一件橡胶制的长身围裙,踏着一双高帮雨鞋,身材不高却非常健壮,特别是常用刀[①]的手臂真有健美明星的线条。

---

① 监狱伙房加工食材的刀具一般会用长度不超过两米的铁链固定在加工台上,一可以限定刀具的使用范围,二可以防止刀具被人随意偷走。

正赶上一天中午学员要吃鱼,他们举着几斤重的砍骨刀在空中挥舞,左手按住鱼头,右手拿刀在鱼身上左右来回刮行,鱼鳞横飞四溅;紧接着几刀剁掉鱼尾和鱼鳍;随后又用刀剖开鱼腹,掏出内脏;最后几刀下去,鱼头一分两半,几块鱼身,一块鱼尾截然分开,所有的动作都是一气呵成的。

在大灶前炒菜的学员个个身手矫健,拿着铁锹炒菜并不是一件轻松的事,要不停地翻动大锅里的食材,生怕锅里的菜糊底或者夹生。他们还要负责给菜调味,也练就了敏感的味觉和嗅觉,做到调料搭配、火候时间与菜式品种的完美结合。当看到密密麻麻靠在一起的盛菜大桶冒着腾腾热气,闻到扑鼻而来的阵阵菜香,有时顺手挑拣出一块肉放在嘴里品尝,他们都不由得露出满意的笑容。

负责煮饭和做面食的学员同样很辛苦,因为张口吃饭的人数众多,每次加工的米面数量都十分惊人。每天守着厨房里的多个大烤箱、大蒸笼,好比在一个巨型桑拿房里。特别是在夏天,汗水从头流到脚,衣服湿了一遍又一遍,只有等到把所有的主食都做完,才能冲一个澡。伙房监区学员们的心愿就是让大家都能够吃上干净卫生、温热可口的饭菜。

2. 学员与小花猫的"蜜月"

伙房监区因为常年都要储存大量的米面粮油,还有少量不易腐败变质的蔬菜、蛋类,老鼠就成了不请自来的"房客"。监区为了减少鼠患威胁,就在监区里养了几只猫,其中一只黄白黑三色相间的小家伙更是学员们宠爱的宝贝。

这只小花猫似乎与伙房里的学员十分熟悉,从来不会躲着人走路,好像在说"我的地盘我做主"。小花猫时而躺在厨房干燥的空地上,睡眼惺忪,伸着懒腰,翻来滚去,时不时舔一舔爪子,用爪子抚弄脸颊。时而站起来把躯体拉伸成弓状,又慢慢躺下,悠闲自在,得意满满。路过的学员都会低下身来抚弄着小家伙,它则非常惬意地享受着大家的爱抚,慵懒地扭动着腰身。厨房经常要洗菜、洗肉,冲洗厨房用具、地板,地面容易积水,还有时时涌动过来的水流,小花猫总能轻巧地跳开躲闪,继续迈着"闲庭猫步"。

有的学员喜欢捡来鱼的内脏喂给小花猫,只见它用鼻子嗅了嗅,吃到嘴里又吐出来,反复几次才肯吞咽下去,估计是这种食物对它已经算不上美味了。这时，伙房门前的草丛里窜出来一只老鼠，小花猫顿时警觉起来，稍后就上演了一场猫捉老鼠的游戏。

伙房监区的工作并不是每一名学员都能胜任的，狱方对学员的身体状况、刑期刑种、改造表现、职业精神都有着严格的要求。他们有着得天独厚的优势，一般都会过着比较"富足"的日子，美食都要从这里分送到各监区，这是其他监区学员望尘莫及的岗位。每天当看到一辆辆满载的餐车驶离时，伙房监区学员的职业自豪感和心理获得感油然而生。

二 短期速成的技能培训

"职业是人的活动所应遵循的方向，是以人与环境统一的必要手段。"① 严格地讲，雨露未管所内着眼于培养学员职业技能的教育当属由社会培训机构承担的多个短期培训班。

近三年，雨露未管所开展的职业技能培训项目有某省卓越职业培训学校（以下简称卓越学校）的茶艺师、化妆师、仓库保管工、保健按摩师的培训，某市某区劳动就业训练中心承办的绿化工、仓库保管工、中式面点师和计算机办公应用培训，某长江管理专修学院承办的美容师、仓库保管工培训和某市合富创展劳务派遣有限公司承办的仓库保管工培训等。经过初步统计，2014年1月至2015年5月，全所共计有1200多男学员参加其中一种培训。而在同一时间里，女学员的培训项目只有化妆师和美容师两类，这或许是因为女学员的数量较少，通常维持在50人左右，同时还要选择适合女学员性别特征的就业培训项目。

（一）男学员的茶艺师培训

卓越学校在W监区举办了2015年茶艺师的培训班，本期共有88人参加，统一集中在监区活动大厅授课，在1月10日、1月17日、1月24日、1月31日、2月7日、3月21日这六天的上午（9：00～11：45）和下午（14：30～17：30）开课。授课内容包括"茶文化的形成与发展、六大茶

---

① 郭法奇：《教育史研究——寻求一种更好的解释》，中国社会科学出版社，2012，第101页。

类知识介绍"、"茶具认知及绿茶冲泡实操"、"茶叶分类与乌龙茶的理论知识"、"乌龙三段十八步行茶法冲泡实操"、"工夫茶的起源及黑茶冲泡技能"、"潮汕工夫茶冲泡实操"、"茶事服务与礼仪"、"茶叶销售、储存与茶具养护"、"茶艺理论基础知识、考前纪律教育"、"行茶法实操练习"、"总复习及考前演练"和"六大茶类现场品茗及课程总结",并于2015年3月28日举行考试。

开班期间,由监区自行组织场地、人员,负责维护现场秩序,并积极配合培训机构开展活动。学员对于培训的内容很感兴趣,听课都非常入神,有人还拿着笔记本时时记下教师的授课内容。相比理论授课而言,参训学员更喜欢现场实操,亲手尝试各种泡茶方法和技巧,细细品尝自己泡出的茶水,以解日常生活中较少饮茶之渴。

本期培训班,卓越学校共安排了四名教师按理论部分和实操部分轮流上课。在最后的考试中,所有参训学员都能顺利获得茶艺师的培训证书。卓越学校的培训使得参训学员对茶叶的基本分类和冲泡要领以及茶文化有了一些感性认识,但是因为缺乏长期的科学训练、行业经验和阅历的积累,只能算是培养学员兴趣爱好,提供一次职业选择的体验式教育,要想从事茶艺师的职业还有很长的路要走。

(二)女学员的美容师培训

卓越学校在女学员监区举办了2015年化妆师的培训班,本期共有近50人参加,统一安排在狱内的实训基地集中授课,在1月17日、1月24日、1月31日、2月7日、2月24日、3月21日六天的上午(9:00~11:45)和下午(14:30~17:30)开课。授课内容包括"化妆的概念、基本原则和要点"、"化妆礼仪、认识工具及现场学会使用工具"、"色彩概念、分类、属性加实操"、"素描(圆柱体、长方体、圆形、正方形)"、"皮肤的分类、化妆前化妆后的护理"、"彩妆工具与彩妆品、淡妆实操"、"化妆的步骤与技巧加现场教师示范"、"新娘妆实操(教师示范、同学跟学)"、"淡妆、新娘妆现场实操模拟考试"、"理论知识模拟做题并讲解"、"总复习及考前演练"和"考前纪律教育",并于2015年3月28日考试。前两讲的理论部分由一名男教师授课,后面的理论与实操则完全由一名女教师担任。

男学员监区的茶艺师培训与女学员监区的化妆师培训几乎是在同一时期进行的,也都由卓越学校承担授课、指导、考试、颁证等事宜。男学员参训的茶艺师,在社会上的普及程度和认可度还远远不够,要想作为成家立业的本领还是欠火候的;而女学员都有女性的爱美之心,诸如美容师培训则非常契合她们的需求。但他们都在监狱封闭、单一、资源相对匮乏的环境里,短期技能培训是无法完成培养学员过硬职业精神与职业技能的使命,也不能称之为严格意义上的职业教育。

立足于狱内的客观环境,短期速成的职业技术培训对于学员增长专业知识、熟练操作技能、培养学习兴趣还是有一定帮助的。职业教育的养成还必须兼顾学员的天赋、特长以及社会的需求和发展趋势,立足于更为长久的职业规划和愿景。

三 回归本位的职业教育

从雨露未管所培训的总体情况来看,参与培训的机构时有更换,培训项目都是预设定制的,培训时间短且缺乏系统性是突出问题。短期培训是无法将一门技能完整传授给学员,但是可以为学员提供出狱后就业的一条选择路径。如果培训能够侧重传授该项技术所需的基础知识和学习方法,帮助学员做好未来的职业规划和设计,以减少融入社会时因为遇到各种职业阻力而备受挫败,这将是更为务实且理性的选择,可能会取得更大的社会效益。"教育应当毫不松懈地力求一方面为使学生在世界上找到有益的劳动创造条件,另一方面还要启发他去孜孜不倦地渴求劳动。"[1]

监区的习艺劳动通常会组织刚分流来的学员从了解监区安全劳动生产、职业保护的基础知识、熟悉每一种生产原料和劳动工具入手,选择技术含量较低的岗位逐渐适应,最后根据其技术的熟练程度与监区岗位配置需要调整工作岗位。习艺劳动严格按照国家法定节假日执行,每天劳动四个小时,长年累月有条不紊地运转着。它还要求学员不仅要熟练掌握自己

---

[1] 〔俄〕康·德·乌申斯基:《乌申斯基教育文选》,郑文樾选编,张佩珍、冯天向、郑文樾译,人民教育出版社,2007,第146页。

的岗位劳动技能，而且还要有团队协作的精神和遵守纪律的意识，不能因为个人过错而影响整条生产线的进度。车间流水线上的每名学员都是机器链条上不可或缺的一环，从生瓜蛋子到一个熟练技工，完成了"从生到熟"的转变。这种习艺劳动初期会有积极的教育意义，但是如果长此以往，就会变成禁锢学员思维的羁绊，占用学员宝贵青春年华的累赘，成为他们再社会化教育的一个障碍。

伙房监区培养的面点师则是一种更加具有社会适应性的职业类型。雨露未管所曾经专门聘请当地一家五星级酒店的厨师来培训学员，每次上课两个小时就要花费上千元的酬金，还要负责车接车送，可谓是下了血本。经过几个星期的努力，伙房监区终于有10余名学员基本掌握制作曲奇、餐包、蛋糕等面食的技术。学员做出来的面点颜色诱人，口感酥脆、松软，味道也不错，而且绝不添加任何防腐剂、香精，称得上是百里难觅的美食。面点不仅能让监区警察和学员大饱口福，而且还成为伙房监区向尊贵来宾、监狱领导、职能部门、兄弟监区的馈赠佳品。平时只要有人来伙房监区办公事，他们都会请对方边喝茶边品尝点心，临走时还会赠送一袋当天出炉的餐包。伙房监区自制的面点既是学员每天生活的必需食物，又俨然成为伙房监区与外界交流情感、联络关系的一种工具。小小的点心，似乎又具有广泛流通的礼物的价值，作为伙房监区联络外界的一种纽带，也成为伙房监区高超制作工艺与水平的象征之物。

监狱的强制劳动"其用意并非使之受痛苦，乃在于予以职业训练，养成生活技能，勤勉习惯，且借以锻炼其身心，而勖其向善之诚也。"①。未成年犯参加适宜的生产劳动对其身心健康的成长是有益无害的，正如乌申斯基所说："不亲身参加劳动，人就不可能前进，也不可能维持原状，他必然只会倒退"②。然而，各监区把劳动产品的质量和数量作为评价学员日常改造表现的重要指标，就使得习艺劳动的性质和功能发生功利性异变。所以才会有值班员HY故意激怒学员IM违纪而延长其留在原监区的时间，以此来增加监区的劳动产量。

---

① 孙雄：《监狱学》，商务印书馆，2011，第151页。
② 〔俄〕康·德·乌申斯基：《乌申斯基教育文选》，郑文樾选编，张佩珍、冯天向、郑文樾译，人民教育出版社，2007，第128页。

"职业和劳动教育不仅是学习手艺的需要,也是培养人的趣味和心灵的需要。"① 未成年学员的上进心、思维能力和思考习惯要体现在科学的职业技能培训过程中。我们应该借鉴"职业教育应贯彻全部教育过程和全部教育生涯。其体系应该是职业陶冶—职业指导—职业教育—职业补习和再补习"②。职业教育的培养过程必须是发自内心的、循序渐进的、立足未来的,真正的职业教育不是一蹴而就的。

第五节　情意浓浓的社会帮教

社会帮教被认为是监狱组织的三课教育③之外的一种有益补充,也有人把它归入监狱的辅助性教育。"辅助教育是除监内常规教育之外的其他一切教育活动的总称。"④ 社会帮教是给予监狱以外的社会主体参与教育改造罪犯的一种活动形式。

社会帮教中的亲情感化一直是中国监狱维系罪犯与社会联系的一种重要的社交手段,充分发挥亲属之间的情感纽带功能,用血缘、姻缘、地缘、业缘等多重介质缓和、维系罪犯与监狱之间的紧张对立关系,这在中华人民共和国监狱的发展历史中被证明是非常有效的。现代社会,随着监狱的开放程度与社会文明程度的提高,除了罪犯亲属之外更广泛的社会主体走进监狱、走进罪犯的服刑生活、走进罪犯的内心世界,赋予监狱教育改造工作更加多元、饱满的内涵与意义。

一　我们伟大的父亲母亲

"家庭是社会的一个天然的基层细胞,人类美好的生活在这里实现,人类胜利的力量在这里滋长,儿童在这里生活着、成长着,——这是人生

---

① 郭法奇:《教育史研究——寻求一种更好的解释》,中国社会科学出版社,2012,第77页。
② 高奇主编《中国教育史研究》(现代分卷),华东师范大学出版社,2009,第105页。
③ 三课教育是指监狱对罪犯进行思想教育、文化教育、职业技术教育的合称,主要以集体教育和个别教育的形式开展,并有教学计划、教材、师资、教学器材等配备。
④ 王明迪主编《罪犯教育概论》,法律出版社,2001,第101页。

的主要的快乐。"① 入狱后,对于大多数未成年犯而言,与亲属及家庭的情感纽带始终是存在的,特别是身心快速成长的未成年犯会更加渴望获取亲情的支持与鼓励,帮助他们树立面对未来生活的信心与勇气,这也是他们赖以生存的精神支柱与心灵寄托。

(一)"一叶障目"的老父亲

2013年11月的一天上午,W监区举行"亲情促改造 帮教燃希望"监区开放日活动,这次共有63名学员的家属代表到学员生活的三大现场参观。监区长WG亲自带领家属代表在操场上观看监区的"一区一品牌"活动——威风锣鼓表演,穿着上黄下红丝质戏服的学员一个个精神抖擞,大鼓声、小鼓声和腰鼓声此起彼伏,打出了声势,跳出了活力。

表演结束后,监区长WG向来访的宾客介绍监区,包括监区概况、考核奖惩、减刑假释、警察日常执法等狱务公开内容一一进行说明。随后监区长WG带领家属代表先后参观学员的监舍、活动室、阅览室、图书室。参观之余,家属代表还不时发出一些议论,彼此交流着自己的所见所闻所感所想。最后一个环节,监区组织学员与亲属面对面的座谈。

笔者注意到一位来自农村的老父亲,穿着简朴,但是精神矍铄,声音尤为洪亮。

老父亲对自己的儿子说:"这里有吃有住,干活还有钱赚。"

儿子说:"这里的环境比以前打工的工厂轻松得多,吃穿不要钱,就是没有自由。"

老父亲说:"可以啦。你弟弟啊,现在上小学了,不好好上学。现在很不听话,整天往外面乱跑,这可怎么办啊?"

儿子说:"爸,你要多管一管弟弟,不要让他和我一样。"

老父亲说:"我看你这里挺好的,来这里起码不会学坏。"

那位老父亲只看到了监狱环境和生活条件比自己的老家优越,却不理解监狱是国家的刑罚执行机关,通过剥夺和限制其人身自由及其他规训手

---

① 〔苏〕A.C.马卡连柯:《马卡连柯教育文集》,吴式颖等译,人民教育出版社,1985,第30~31页。

段来改造"罪恶的灵魂"。如果仅仅为了吃饱饭,图一时安逸,放弃个人的自由是不可取的,更不能亵渎国家法律的尊严。

(二) 千里寻子的老母亲

笔者从一名有着二十余年工作经历的监区长 LZG 那里,听到一个多年前发生的催人泪下的故事。

有一名叫 RH 的学员,家里很穷,只有一个老母亲健在,他的父亲早几年得脑血栓过世了,家里还有 2 个姐姐早已经出嫁,平时也很少回娘家,学员 RH 可以说是老母亲最为牵挂的人。老母亲有一年多没有见到自己的儿子,甚是想念。于是准备去探望,她出门前向亲戚朋友东拼西凑了两百多元,又备了一点干粮和一只大公鸡,孤身一人前去省城看望儿子。老人家要先从村里到镇汽车站,从汽车站到最近的火车站,再坐上近 10 个小时的火车,才能到达省会城市 YT。现金主要是为了给儿子留作零用钱,一少部分作为路上的盘缠,干粮是带在路上吃,还有一只大公鸡是做什么用?

老母亲奔波了一天一夜,终于在第二天上午到了省会城市 YT。出站时,人头攒动,非常拥挤,结果随身带的钱被人偷走了,就用身上所剩无几的零钱买了公交车票。在炎炎夏日,坐在没有空调的铁皮公交车里摇摇晃晃近一个半小时才到站。下车后,老人家顶着三十几度的高温,背着大公鸡一路走一路打听,停停走走,来到未管所已经超过中午 12 点钟。老母亲花白的头发已经凌乱不堪,额头的汗水夹杂着满脸的灰尘,褪色发白的衣服已经湿了又干、干了又湿,留下了一片片斑驳的汗渍,让人看到都不免心酸流泪。

未管所的保安见到一位陌生的老人家要进大门,就问道:"老人家,你干什么来的?"老母亲说:"我来看我的儿子。"保安问:"你儿子是谁啊?"这时,老母亲拿出来一张皱巴巴的纸,上面写着姓名、监区、会见时间。保安一看才知道是来参加会见的罪犯亲属,赶快把老母亲请进值班室,问道:"老人家,你怎么现在才来?现在已经过了会见时间。"老母亲说:"自己的钱被偷了,又不熟路。"保安见老人家还没有吃饭,请她坐在椅子上休息,又端上一碗泡面给老人家吃下,也联系到会见登记室的一名警察,答应下午一上班就立即为已经错过会见时间的老母亲办理手续。

14:30,负责会见登记的警察带着老母亲找到主管狱政的副所长请示批准亲情会见①，并打电话联系到其儿子所在监区的值班领导。等了不到半个小时，监区领导便带着那名学员来到会见室与老母亲相见。母子一见，那名学员就扑上去紧紧地抱住母亲，泣不成声。老母亲也是眼含热泪，用手不停地抚摸着儿子的头。监区长提醒两人坐下来聊，其他人都自觉地站在几米外的地方。学员看到母亲奔波劳碌的憔悴面容，一度哽咽，说不出话来，等了一会儿才问起母亲："怎么不提前告诉我？"老母亲说："这一年以来，因为过度伤心，眼睛越来越不好，一写信眼睛就头晕。"学员深深地低下头，号啕大哭，哽咽着说："母亲，我对不起你！我一定好好改造，听政府的话，不再做见不得人的坏事了！"老母亲说："你要改，一定要改，听见了吗？"时间过得飞快，按照规定每次会见只有半个小时，此时已经接近一个小时。监区领导看了看表，说："老人家，我们规定的时间到了，要带您儿子回去，下次再见吧？"母子依然难舍难分，儿子辞别跟着警察回监区。老母亲对着监区长说："我带了一只大公鸡拿给你们！"听到这话，所有人都惊呆了，监区长急忙说："这个我们绝对不能收，改造你儿子是我们的责任。大公鸡，您还是拿回去吧！"老母亲坚决不肯带走，监区长想了想，为难地说："这样吧！鸡，我们收下，但是不能白拿，按照市场价算给您。"随即，从钱包里掏出一张百元大钞塞到老人手里，并让人扶送老人去坐车。事后，监区长把老人家被盗的事情也告诉该学员，学员痛下决心，发誓要洗心革面，重新做人。

"在我国，任何儿童的不幸和挫折，任何百分比的废品，哪怕是百分之一，都不应当存在。"② 如果说千里寻子的老母亲令人钦佩、感动，并为之动容，那么下面一名不畏艰难、帮助学员苦苦寻母的警察也同样值得大家尊敬。

(三) 不是亲人却胜似亲人

既有不辞千辛万苦看望儿子的老母亲，又有费尽九曲十八弯的周折帮助

---

① 亲情会见是指部分亲属、监护人与罪犯面对面、近距离接触的一种交流沟通方式。亲情会见只适用少数符合条件的罪犯。
② 〔苏〕A.C.马卡连柯：《马卡连柯教育文集》，吴式颖等译，人民教育出版社，1985，第7页。

学员 LM 寻母的警察 PN，这个故事同样感人至深，上演了一幕动人的场景。

学员 LM，男，1994 年 5 月 11 日出生，因犯抢劫罪于 2010 年 8 月被某省某市某区人民法院判处有期徒刑 3 年，2010 年 10 月 15 日入所。服刑期间，曾获得表扬 3 次，改造积极分子 1 次，2013 年 4 月 24 日刑满释放。

学员 LM 入所 5 天内，未管所狱政办就按照他本人自报的地址寄出了身份证明调查函，却查无此人。监区警察 PN 从学员 LM 那里了解到，他 2 岁时父母亲离异，就跟随父亲一起生活，父亲曾在南方某地的一处建筑工地打工，就经常把他关在工棚里玩耍。3 岁时，他父亲意外身亡，包工头只准备给一笔几万块钱的补偿款，因为无法联系上他母亲，LM 最后就由父亲生前一名非常要好的工友收养。养父对学员 LM 还算关心、体贴，虽然不是亲生父亲，也称得上是位称职的父亲。

据主管学员 LM 的监区警察 PN 转述："学员 LM 长到 11 岁的时候，经常向养父要钱。有一次养父拒绝了他，双方为此发生了非常激烈的争吵，他一气之下竟离家出走。几天后，因为在外面流浪饿肚子就回来了。在此之后，学员 LM 与养父的关系就持续恶化。直到他 12 岁那年，他到派出所举报自己的养父贩毒，养父被判刑后彻底断绝与他的收养关系。学员 LM 就外出当学徒打工，双方彼此再无任何联系。"监区警察 PN 知道学员 LM 的悲惨身世后，就在生活上对他给予多一点关照，通过各种途径帮他打听亲人的消息，最后都是杳无音信。

在临近刑满释放前，学员 LM 向主管警察 PN 透露自己的母亲叫廖巧玲（音）。主管警察 PN 立即把该情况反映给监区领导，并主动请求监区领导出面，由狱政办与学员原籍相关部门联络，帮助学员 LM 查找多年不见的母亲。学员原籍相关部门经与黄兴镇司法所王所长进一步确认后，该镇司法所及廖巧玲初步同意学员 LM 释放后可去当地安置，等身份查实后再办理入户手续。监区马上把消息反馈给学员 LM，看到他脸上出现了久违的笑容，表示愿意在释放后与生母相认。身世坎坷曲折的学员 LM 的寻母之路就要梦想成真，为此事奔波劳碌的主管警察 PN 感到十分欣慰。

4 月 24 日上午，学员 LM 终于获得自由，满怀期待地踏上探母之路。警察 PN 与另外一名狱政办警察于 24 日下午 18：00 护送他回原籍，与相关工作人员到火车站交接，并再三恳请对方务必把学员 LM 带回他母亲的身边，随后两名警察按照上级领导的指示返程赴命。4月25日早上，相关部门就安排学员LM与廖巧玲相认，似乎彼此之间有一层隔膜，又难以确认两人之间的血缘关系。于是，在4月25日下午，学员LM原籍政法委牵头司法局、民政局、公安局等部门召开专门的联席会议，经多方商议，决定立即进行亲子鉴定。4月25日、26日，DNA亲子鉴定结果牵动着所有人的神经。4月27日，鉴定结果竟是学员LM与眼前的廖巧玲并无血缘关系。廖巧玲表示不愿意接受这个非亲生儿子，相关部门也不同意接收安置，只好于4月28日早上又将他送回未管所。

4月28日上午，未管所考虑到没有安置学员LM的职能和条件，他的去与留成了一个大难题。最后，所领导决定通过当地司法局出面联系民政部门，暂时将他送到某区的救助站安置。当警察PN得知学员LM寻母未果又去救助站，失望之余又有了一丝安慰，总算让他有一个落脚的地方，不至于流浪街头巷尾。

在安顿之初，警察PN还专程带上水果和生活用品去看望学员LM，劝慰他不要灰心失望，先安顿下来再想办法。过了一个月后，当警察PN打电话给救助站询问学员LM的近况时，救助站答复说他已经离开这里……

警察PN给予学员LM极大的关爱，但是这种爱难以抚慰寻母梦想破灭带来的巨大精神打击，无法弥补因为缺乏父爱和母爱而出现的心灵创伤，学员LM未来的人生道路还是让人十分揪心，他能找到自己的亲生母亲吗？

二　春风化雨的"雨露行动"

亲情帮教一直以来都是雨露未管所乃至监狱教育工作中体现亲情感化功能的一种重要手段，把学员亲属拉到监狱警察的"统一战线"上来，发挥血缘、亲情的天然纽带作用，为学员提供精神、物质的双重支持。如今，除了学员亲属外，越来越多的社会主体参与到帮教当中，同样具有非同寻常的效益。雨露未管所出现了一种名为"雨露行动"的新型帮教形式。

（一）"雨露行动"的一二三

"雨露行动"也称"一区一高校"，是指在共青团省委与省司法厅、省局的统筹协调下，雨露未管所与省内部分高校结成了有制度保障的合作关系，并由一个监区与一所高校签订爱心帮教志愿服务项目协议，定期与不定期地开展各种文化、体育、艺术方面的帮教活动。"雨露行动"不仅为服刑学员提供情感上、知识上、智力上的支持，同时成为高校开展思想政治教育与法制教育的一种新型载体。

"雨露行动"最早于2008年正式启动，所有押犯监区先后与多所高校建立了帮教关系并签订了协议书（详见附录）。据狱方统计，截止到2014年5月，开展狱内帮教活动共计180余场次，举办"高校讲坛"80余场次，参加帮教的师生达到1000余人次，接受帮教的学员达到25000余人次。帮教内容涉及职业技能培训、就业形势宣讲、文体活动联谊、生理健康知识科普、心理问题疏导与干预等多个方面。

未管所的医院监区有意与某中医药大学第三临床医学院结成了"欢喜亲家"，真所谓是"珠联璧合"。

从2009年上半年开始，第三临床医学院青年志愿服务队（以下简称三院青年队）与医院监区结成了帮教伙伴关系后，至少每个学期组织一次爱心帮教活动，三院青年队的爱心服务也收到了累累硕果。在2011年的"爱·大家"长江公益节中，三院青年队荣获省级"公益社团"，在2012年还获得校级"十佳社团"，其中的"雨露行动"获得省级"公益项目"等荣誉称号。

这是2011年9月的一天下午，三院青年队在11级兼职辅导员吴晴（化名）老师的带领下来到了医院监区帮教。活动开始是座谈环节，经过监区和高校教师的精心匹配，每组都有学员和大学生参与，面对面、心连心、话新生，学员与学生之间很快建立起融洽、信任的关系。学员问及的话题有外面的房价有多高、现在的流行服饰有什么款式、近期有什么新的流行歌曲、自己所喜欢的影视明星等。大学生则对学员过去的经历很感兴趣，但这恰恰是学员内心的痛。在三院自办的学生小报里，有以下一段文字记载：

> 自己认识了一名叫"龙仔"的学员，他今年也是和我一样20岁。他是里面的卫生管理员，平常会学习医学上的知识；他热爱运动，乒乓球特别厉害，在以前的学校获得过个人赛第一名，我还向他讨教打

球的技巧；喜欢的歌手是张杰；他还向我咨询了现在社会上流行的微博、微信等。感觉是在同一个花季的我们，有着同样年轻的气息，当我问及他犯了什么错误的时候，他立即变得沉重起来。他说："是犯了不可弥补的错误。"

座谈告一段落，就是歌曲联谊环节。三院青年队的学生首先演唱《最初的梦想》《蜗牛》两首歌曲。医院监区的学员也"不甘示弱"，唱起《和你一样》，这首歌还是几个月前帮教学生教给学员们的一首新歌。此时此刻，歌词已经成为学员与学生感情交融的誓词，成为双方朗读真诚友谊的诗篇，忽略彼此的身份差异，成为一同歌唱、一同拥抱梦想的伙伴。一名学生在日记里还写道：

> 一名学员告诉我，他们为了这首歌练习了很久，当我把这个消息告诉上期来帮教的校友后，他们的眼眶都湿润了……让我感受到"每个孩子，都应该被宠爱。每个梦想，都值得灌溉。"

医院监区与三院青年队的歌声刚刚飘过，雨露未管所与省内一所师范大学筹办的联谊晚会就隆重登场。表4-2是雨露未管所与某师范大学联谊晚会节目单。

表4-2 雨露未管所与某师范大学联谊晚会节目单

出场次序	节目名称	表演单位
1	欢庆锣鼓舞——《今天是个好日子》	未管所三、十四监区学员
2	三句半——《改造生活汇报》	未管所五监区学员
3	街舞——《Dream high》	某音乐学院学生
4	吉他弹唱——《真的爱你》《我是一只小小鸟》	某心理学院黄某
5	心理健康操改编舞蹈——《我真的很不错》	未管所十三监区学员
6	男女合唱歌曲串烧——《祖国征途》	某音乐学院学生
7	小品——《忆当年》	某法学院刘某某等
8	器乐小合奏——《越过彩虹》	某音乐学院学生
9	歌伴舞——《载歌载舞》	未管所十四监区学员
10	大合唱——《伟大的国家、伟大的党》	未管所七监区学员

(二)《我们是共产主义接班人》

2014年7月1日,是建党93周年的特殊日子。在这一天下午,团省委机关及直属单位的全体工作人员来到未管所开展"雨露行动"之"七一帮教"主题活动。狱方从上到下都非常重视此次活动,未管所的刑矫办与团省委的权益部进行了多次沟通,精心设计活动的每一个环节,从活动内容、参观路线、人员分组、车辆保障、警力部署等多方面,做到细之又细。此次帮教活动的亮点是特意安排了现场问答环节,题目覆盖了时事政治、党团知识、传统文化等方面。刑矫办为了让学员们能在现场积极互动,提前两天将复习提纲发给监区,要求各监区按照分配名额严格选拔参加活动的学员代表。

活动当天,现场问答环节进行得非常顺利,学员们的热情高涨,为了抢答,有人踮起脚尖扬起身,有人干脆把手举在头顶上,就是希望能够引起主持人的注意。

当团省委的主持人问道:"中国少年先锋队的队歌是什么?预备,开始!"多名学员把手高高举起,甚至一名学员还焦急地从小板凳上站起身来。主持人似乎是心有灵犀,满足了他的心愿。这名学员站得笔直,答道:"《我们是共产主义接班人》。"主持人微微一笑,说:"你答对了。(掌声)那你能否给大家唱一段?"那名学员拉了一拉衣角,欣然高声唱起:"我们是共产主义接班人,继承革命先辈的光荣传统,爱祖国,爱人民,鲜艳的红领巾飘扬在前胸。不怕困难……"他的表现赢得在场人员的一片掌声。

学员刚刚坐下,未管所一方的主持人就接过话题,面对那名学员代表说道:"你们以前学过、唱过这首歌,现在到了这里(指未管所)不经常唱了,为什么不唱了?(停顿一下)因为你们做错了事,要在这里接受改造。这是前面种的因才得来后面的果。今天不唱,但是你们明天要唱,出所要唱。你们要做好人,做善事,对不对啊?只有这样,才是共产主义接班人。"(掌声更加热烈、持久)现场问答仍在继续,当未管所的所长与本方主持人眼神交汇的一瞬间,他马上竖起大拇指,主持人更是会心一笑。

一首耳熟能详的歌曲,一段精彩的对话,一个转瞬即逝的生活细节,让监狱圈内人不由得联想到近期社会上流传的一个笑话。① 未管所的主持人既做到饱含深情地鼓励在场学员要争取积极改造，又巧妙回应社会上的流言蜚语可能引发的联想与尴尬。监狱知识背景的笑话是对狱内生活环境的一种另类表达。监狱并不是密不透风的，它处在社会的大环境中，特别是社会文化对监狱的渗透更是无法隔绝的。所以，从监狱场域受到社会文化作用的反身性视角来看，未管所学员的改造生活必然受到社会文化的干预、塑造，只有扎根在真善美的社会现实改造这一群未成年人，才能使其朝着正确的再社会化方向发育、成长。

三 "最美不过夕阳红"

雨露未管所有一位备受尊敬的老朋友、老革命，她就是年届87岁高龄的某省人民检察院（以下简称省检）副厅级离休干部——陈××同志，学员们亲切地称她为陈奶奶。陈××同志从14岁就参加了中国共产党领导的抗日救亡运动，15岁光荣入党，为党和人民的事业奋斗了一辈子。离休之后，陈奶奶克服年老多病等困难，几十年如一日，无怨无悔地从事关心下一代工作，为挽救失足的未成年犯付出了大量辛勤的汗水和操劳。在过去30年的时间里，她获得包括"老有所为精英奖""全国离休干部先进个人""全国关心下一代先进个人"等5次全国性表彰在内的20余次奖励。陈奶奶坚持不懈的精神、坦荡如砥的胸怀和人间大爱的事迹就是未成年犯教育最生动的素材，是真诚的教诲，是学员人生启航的明灯。

陈奶奶从1985年开始就来到雨露未管所开展帮教活动，她耐心细致地开导、教育误入歧途的学员，为学员们送去书籍、生活用品和她宝贵的精神财富，分享自己献身未成年人教育事业的一些经历和感受。可以说把这些学员当作自己的孙儿、孙女，从受过陈奶奶帮助并与其保持通信学员的部分书信，可见一斑（详见附录）。

2001年"七一"前夕，陈奶奶因心脏病已经住院一段时间，她却利用动手术回家休息几天的间隙，与省关工委的几位成员冒着暴雨前往雨露未

---

① 这个笑话故事的背景知识：有一群来宾来到监狱参观，罪犯合唱团先给大家唱了一首《我们是共产主义接班人》，见来宾面无表情，合唱团指挥又指令合唱团唱下一首歌《远方的客人请你留下来》，来宾们一听，个个面如土色，哭笑不得。

管所对女学员进行"知党、爱党、悔过自新"的宣传。

2010年9月9日,陈奶奶等省关工委一行7人再一次来到未管所开展帮教工作,会见35名长期没有亲人会见、家庭生活困难的学员。陈奶奶首先介绍自己带病创作自传《夕阳红》的感人故事,再由同行的其他老人与学员进行分组座谈,耐心解答孩子们提出的各种问题,把自己的人生经历和经验与学员分享。会后,老人们向参加帮教活动的学员赠送《夕阳红》图书和一些慰问品,并勉励他们要好好学习,养成良好的学习习惯,为回归社会做好准备。

到了2011年,陈奶奶的身体健康每况愈下,即使这样,陈奶奶仍然会打电话到刑矫办询问她曾经帮教过学员的近况,还会托人送来书籍、日用品等物品,一再鼓励学员不要自暴自弃,不要被眼前的生活困难吓倒。二十年往事弹指一挥间,当年懵懂少年现在可能已经为人父为人母了。风雨同行几十年来,她感动了一批又一批"冥顽不灵"的学员,教育了一批又一批学员改邪归正,也送走了一批又一批满怀希望与憧憬的青少年。

据统计,2013年雨露未管所开展的大型社会帮教活动就达31场次,其中高校19次、法院系统6次、团省委2次、司法行政系统2次、检察院系统1次、中国书画协会1次。社会帮教活动增加表明监狱的开放程度不断提高,作为未管所更要积极引入多种社会资源与社会力量,实现教育改造实践的理念创新、制度创新、手段创新,最大限度地挖掘和利用社会资源的智力优势和专业特长。

引入更加多元的社会主体参与未成年犯教育改造工作,一方面弥补监狱开展教育改造存在的先天缺陷,另一方面让学员享有与社会上普通青少年更接近的教育资源。费老曾经说过,共同的心理要用共同的语言表现出来,并借助社会性的交流工具表达。社会帮教就要让学员在回归社会之前尽可能化解交流障碍,掌握社会性交往的沟通工具,培养乐观向上的人生态度,培训适宜就学、就业的知识和技能,最大限度地帮助未成年犯顺利实现再社会化。

第五章　未成年犯教育改造存在的问题及革新路径

意大利刑法学家贝卡利亚曾说:"教育是应对犯罪最有效的也是最难的手段。"德国著名的刑法学家李斯特还说过:"教育是应对未成年人犯罪的主要手段。"在我国,罪犯教育被视为监狱工作的核心环节,也只有通过教育才能从根本上将罪犯改造成为守法公民。未成年犯的教育改造工作同样承载了崇高的理想和艰巨的使命,这就要求我们的社会必须直面以下诸多问题。

第一节　教育与改造相结合的问题

未管所的教育改造工作主要以思想教育为核心、文化教育为基础、职业技术教育为关键,并辅之社会帮教和心理健康教育等内容,以集体教育和个别教育、狱内教育和社会教育等形式为载体而实施的一系列活动。未成年犯正值快速发育成长的青春期,有其特殊的生理、心理、思想和行为特点。国家为此制定了"教育改造为主,轻微劳动为辅"和"教育、感化、挽救"的监狱工作方针,改造生活则采取"半天劳动4小时,半天学习4小时"的惯常做法。这一教育体系的运转是按照国家意志来实现改造未成年犯的目标。

在理论界,有学者对包括未成年犯教育改造在内的监狱教育工作提出了一些批评和改进意见。有学者认为:"监狱人民警察的思想道德素养、文化知识、人格魅力、执法水平、沟通与交往能力等综合素质对罪犯教育活动产生重要的影响,同时他们教育理念、教育原则、教育方法的缺失与不足会直接影响罪犯教育质量。"① 也有学者认为，未成年犯的教育改造内容的矛盾主要表现在思想教育中的"过程与效果"、职业技术教育中的"学与用"和文化教育中的"教与学"三个方面。② 从未成年犯所开展的文化实践和所处的文化环境来看，笔者并不完全赞同上述观点，在此提出自己的浅薄之见。

一 未成年犯教育理念的缺失

未成年犯是正在接受刑事处罚的年轻"越轨者"，其违反了社会公共生活的基本规范，侵犯了特定社会主体包含人身、财产、政治等方面的合法权益。为恢复社会应有的秩序、公平、正义，就要由代表公共利益的国家机关出面干预。具体表现为未管所要在法律授权和许可范围内对未成年犯开展各种教育实践，同时要求教育实践的施教者和参与者都要严格遵守法律。那么，未成年犯将在狱内度过自己的青春期，"浸淫"在未管所以及监狱警察和其他主体打造的文化环境里，实现自身生理、心理发育及社会经验与技能的增长。

对于未成年犯而言，素有"监狱母法"之称的《监狱法》明确提出："要把罪犯改造成为守法公民。"《未管所规定》第3条规定："将未成年犯改造成为具有一定文化知识和劳动技能的守法公民。"可见，未成年犯的教育目标相比成年犯而言，具有更高的要求和更加丰富的内涵。在守法公民的基础上，进一步提出"具有一定的文化知识和劳动技能"。如果进一步分析会发现这个教育目标的定位还比较模糊，法律条文的表述有着很大的弹性空间，在司法实践中则暴露出缺乏可操作性的弊端。

如何正确认识和理解未成年人犯罪及教育问题，最早可追溯至12世纪。英国的"国家亲权"理念认为，英国的统治者为失去父母的儿童提供不可推卸的保护和帮助的责任，国家有责任有义务保护儿童的福利，这是一个涉及国家根本利益的大事。这种理念随着英国的殖民统治向美洲大陆延伸，并在美国逐渐传播开来。

---

① 侯威:《多学科视角下的罪犯教育理论研究》，《辽宁经济管理干部学院学报》2011年第3期。
② 刘最跃:《论未成年犯的教育改造》，天津大学出版社，2013，第53~54页。

第五章 未成年犯教育改造存在的问题及革新路径

在我国,清末著名的法学家沈家本就提出少年犯罪应该以感化教育为本。民国时的监狱学家孙雄说:"盖少年人正身心发荣滋长之际,正值为善为恶彷徨歧途之时,徒以生理或社会种种原因,误罹法纲,触犯刑章,国家不可处以刑罚,而应设法扶掖而矫正之也。"① 在美国,著名的思想家、教育家杜威曾说:"我有一种信念:反社会的习惯,我们社会所不能接受的某种经验和正常经验之间的距离是微小的,所以这样的距离,应尽可能使它迅速地趋于消失。"② 是与非,对与错,冷静思考与盲目冲动的界限有时近在咫尺,未成年人有时可能就错在一念之间,所造成的社会后果则具有天壤之别。

"2015 年 5 月 28 日,浙江省高级人民法院发布了近五年《浙江法院未成年人刑事审判工作报告》(白皮书)……显示,2010 年至 2014 年,浙江全省法院判决未成年犯共计 29119 人,占全省罪犯总数的 5.41%,占全国未成年犯总数的 9.53%。从犯罪类型看,排在前五位的罪名是盗窃、抢劫、故意伤害、寻衅滋事、聚众斗殴,其中盗窃、抢劫等侵财型犯罪人数约占未成年犯总数的三分之二;从主体身份看,呈现犯罪年龄低、学生身份的未成年犯比例低、文化程度低、女性未成年犯比例低的'四低'态势。"③。未成年人犯罪形势总体依然严峻,社会上也有呼声主张用重典整治青少年犯罪,还有部分网民把激愤情绪直接演化为赤裸裸的暴力侵害行为。

我们的社会对于未成年犯及其犯罪行为更多地表现为偏见、反感、憎恶和仇视等多种复杂的负面情感。往往把犯罪原因归结为犯罪者的个人过错、道德失范、残酷血性,还涉及父母教育之过、不良文化之祸等因素。当很多人在指责、批评和制裁未成年犯时,是否想过急速发展且呈现不均匀断裂的社会环境,造成其社会适应的极度困难。就如互联网以及互联网+给未成年人成长提供便利和丰富资源的同时,也诱发了未成年人和网

---

① 孙雄:《监狱学》,商务印书馆,2011,第 150 页。
② 转引自〔苏〕A.C. 马卡连柯《马卡连柯教育文集》,吴式颖等译,人民教育出版社,1985,第 129 页。
③ 《浙江发布未成年人刑事审判白皮书》,中国法院网,https://www.chinacourt.org/article/detail/2015/06/id/1638861.shtml,最后访问日期:2018 年 8 月 22 日。

络相伴相生的负面问题。如"上网成瘾是未成年人不良行为发展为犯罪的重要原因之一,浏览色情网站、玩网络暴力游戏、参与网络赌博等不良行为更是直接利用网络的不良行为等"①。

就在"2001年底至2002年初,中央社会治安综合治理委员会预防青少年违法犯罪工作领导小组委托中国青少年研究中心,对我国10个省近3000名在押未成年犯进行调查,得出的结论是多数未成年犯对监狱生活持积极的态度"②。这说明大多数未成年犯是热爱、向往美丽生活的,他们的精神世界是光明的,他们的未来同样值得期待。

未成年人"浸淫"的社会环境并不是他们自己决定和创造的,而是由主导这个社会发展走向的成年人构造出来的。如果我们能够从这一角度去认识未成年犯的犯罪原因,应该有利于减轻对未成年犯固有的厌恶、愤怒和仇恨。违法犯罪并不是未成年人特有的"专利",即使是自认为成熟理性的成年人也同样会犯错。

那么,我们的社会为什么不准备给这群未成年人以容身之地,就是因为他们内心深处的自私自利之心在作祟,狭隘的利己观念和浅薄的功利动机占据了灵魂。因为有了私欲才会使人变得如此冷漠、无情,进一步纵容和助长社会中的歪风邪气;因为有了私欲才会有人不惜损害他人和社会的利益来满足自己;因为有了私欲才会有人对无辜的被害者"痛下杀手"而毫不留情。

未成年犯的教育改造理应是,也必须是国家未成年人教育事业的重要组成部分。国家要把未成年犯改造成为一个什么样的人,不仅决定了这一群未成年人今后的人生道路,而且决定了我们的社会造就什么样的接班人和建设者。作为执法者及社会大众如果能从这一角度看待未成年犯及其罪行时,就会减轻他们对这群青少年所产生的恐惧和积怨。虽然他们曾经是罪人,现在还可能恶习在身,但是未成年犯被判处刑罚就已经达到惩戒的目的,不宜再附加其他形式的惩罚。这时,唯有国家才能承担起教育、感化、挽救他们的责任,因为国家是未成年犯权益最重要的保护人和捍卫者。

---

① 路琦、董泽史、姚东、胡发清:《2013年我国未成年犯抽样调查分析报告(上)》,《青少年犯罪问题》2014年第4期。
② 姚建龙主编《中国青少年犯罪研究综述》,中国检察出版社,2009,第69~70页。

二 固有警囚关系的错位

监狱教育有一种与生俱来的强制性和服从性,服刑罪犯必须无条件地接受狱方提供的各种教育内容与形式,难以按照个人的兴趣爱好、主观意愿来选择参加教育的种类及时间,更不要说提出不同或反对的意见,这意味着罪犯必须是无条件地接受监狱的教育。对于那些社会阅历尚浅且自身能力更弱小的未成年犯而言,他们则更难以发声,成为监狱教育中的"盲从者"。

国家强势主导的监狱教育与未成年犯的服刑地位极大地限制教育者与受教育对象之间的交流与互动。在狱内,知识与信息的单向流动变成了罪犯教育的基本形态,被动式的灌输教育进一步抑制了青少年群体主动求知的意愿,消磨了他们探索未知世界的勇气和好奇心。W监区接连涌现出的两名自考明星学员QXA和学员LQS都表示狱内的九年义务教育作用有限,文化教育难以为自考提供有效的支撑,还是依靠自身清晰的人生目标、不懈的勤奋努力与执着的意志品质才能考取一门又一门的单科合格证书,悄然实现自己的大学梦。可是,在有近200人的监区里,几年时间里才有两名学员脱颖而出,更多的人则和学员LJ的情况颇为类似,把自考成绩等同于争取获得减刑的砝码,参加自考就是为了换取狱方的行政奖励,根本不会去关注自考本身对于个人成长和发展具有的价值,自考变成了一种获得短期利益的投机性行为。我们先看一则狱方报道的新闻短讯:

> W监区积极动员鼓励罪犯参加自学考试,并开设自学辅导班……2013年39名学员考试参加90门科目,总合格38门,合格率42%,考试合格率取得历史性突破,居全所第一。

可见参加自考只是狱内少数人获取自我知识生产的敲门砖,很多人甚至主动放弃提升个人学历水平的机会,能够一直坚持自考的人更是凤毛麟角。这也和每天紧张而繁重的"必修课"——习艺劳动有着莫大的关系。这种负荷消耗未成年犯的精力和体能,进一步降低他们参加文化教育的兴趣和主动求知的欲望。还因为未成年犯对狱内文化教育缺乏应有的教育效果预期和学习成功体验,难以培养持久且坚韧的学习自信心,无法挖掘自身的潜能。久而久之，日积月累且低效率的重复性学习变成了他们的负担与梦魇，缺少成就感和自信心的学业注定是难以为继的。特别是一部分未成年犯是出于狱方的强制才去接受九年义务教育的，容易产生抵触心理，很难产生发自内心的文化认同，从而产生文化对抗与文化消极适应两种消极的学习策略。

关于非裔美籍人在美国学业的相关研究中，教育人类学家卡茨（Katz）、奥布、普耶斯特和阿特金森等人都发现其普遍缺乏可持续性的努力，从而造成其学业成就普遍偏低的现象。多数未成年犯无法正确处理学习过程中近期困难与长远利益的关系，不愿为学业付出持久坚韧的努力。即便意识到持久的学习非常重要，也会因为缺乏足够的自控力而放弃学业。其中很多未成年犯就存在眼高手低的毛病，不愿意动脑，更不愿意动笔，大多数人连基本的写作表达能力都有严重的不足。

"老是在熟悉的环境、不流动的社区里生活，人们会产生一种不善于适应而且想回避新事物的性格。"[1] 这一点在对未成年犯施加教育的监狱警察身上体现得尤为明显，他们不愿尝试新鲜事物，漠视社会发展对未成年犯教育事业所造成的冲击，认为警囚之间就是执法者与执法对象、管理者与被管理者的那种"针尖对麦芒"的紧张对立关系。然而，这样是不能满足教育者与受教育者之间沟通与交流的需要，只会将两者之间的矛盾放大甚至激化。

警囚关系在微观社会环境里出现的紧张，就是两者异化关系互动过程中难以避免的事实。如果警囚关系和谐，则有利于监管秩序稳定，有助于加强警囚之间的感情纽带，能够最大限度地降低监管安全事故发生的概率。

三 警囚两套话语体系的分立

警察与学员都有各自表达意愿的动机和冲动，表达的技术也存在巨大的差异，两者在未取得一致的教育目标之前，强势一方就会利用自己的权力优势去谋取不公正的利益，弱势一方无法超越自己所具有的身份和地

---

[1] 费孝通：《社会调查自白》，上海人民出版社，1986，第34页。

位，这也是监狱教育两种话语体系的一个根本原因。

心理健康操应该是心矫中心在全所保留下来的一个以关注学员心理健康为主题的招牌活动，在雨露未管所则享有非常高的知名度，可以算是路人皆知的活动。对比心理健康操而言，"一区一品牌"活动恰恰成为各监区的一张文化名片。W监区的威风锣鼓表演，随着东、西区监管模式的调整，原来的文艺骨干要么调往东区，要么刑满出所。自从2015年春节过后，威风锣鼓表演在监区已经"销声匿迹"，之前在每年一次的家属开放日的表演也被取消。笔者曾经询问过多名到监区大约半年时间的学员，当问及监区的"一区一品牌"活动是什么，没有一个人能够清晰地说出答案。可见，"一区一品牌"是官方话语体系里监区文化的代表性符号，而对于未成年犯则是比较陌生的，更无法成为塑造他们语言、认知和价值观念的文化实践。监区的文化符号更多时候被当作美化环境的饰品，但是符号里面的意义则很少被提及，更不会自动转换内化成学员的语言、认知和价值观念。

四 再社会化教育实践的缺位

封闭隔绝的生活环境、高度密集的人口、枯燥乏味的习艺劳动、流于形式的文化教育、绝对服从的生活方式造成了学员之间、学员与警察之间生活空间的频繁碰撞和挤压，有限的时空资源内加剧狱内的紧张气氛。学员一旦出现自我调节、自我控制能力的失衡，就有可能引发狱内的摩擦、矛盾和冲突。

未成年犯回归以后受到社会现实的重重阻力，他们的身份和社会地位固化，极难脱离被社会厌恶、歧视和排挤的窘境，这进一步提升了他们重新融入社会的难度，也导致他们只能游离在社会主流文化生活之外。最后，很多人将再次实施犯罪，用他们所能表达的极端话语和行动方式来报复社会。要矫正和改造这一弱势群体，只有通过教育从价值观、信仰、文化素质、生活技能、职业技能等多方面提升其能力，使其得到彻底的"重生"。

高墙外出现的大数据、云计算、人工智能、互联网+等新事物、新现象对监狱教育和管理所造成的冲击就在眼前。参加"雨露行动"帮教活动的一所高等院校学生创办的读书小报中写到，服刑学员向来帮教的大学生询问即时通信工具——微信，高墙外的房价走势、流行的时尚服饰等热门话题，说明学员虽然身在狱内却心系狱外。监狱现行的有关法律规定，罪犯在狱内严禁使用个人通信工具，更不用说使用 QQ、微信以及附属的社交功能。狱方既要保证未成年犯不能与经济社会发展出现严重代沟，又要防止学员利用通信工具从事违法违纪乃至实施新的违法犯罪，这确实给监狱管理者出了一道棘手的难题。

狱内检验思想教育成果的考试成绩单光鲜亮丽，但并不是未成年犯掌握法律知识、生活常识和生活技能、伦理道德水平的真实反映，考试只是匆匆而过的一种形式而已。这样的思想教育不仅不能塑造未成年犯积极健康的价值观念，反而留下肤浅、伪善、虚荣的社会认知。九年义务教育虽然即将迎来新的改变，由正规的工读学校替代原来的民办学校外聘教师的教学，在教学的规范性、系统性，管理的协同性方面会有较大幅度提高，但是不从根本上转变教育者与受教育者的基本认知，也无法保障充足的教学时间和资源投入，对文化教育的成效仍然不敢抱有过高期待。来也匆匆、去也匆匆的职业技术教育因为只是短期培训，没有立足于实现未成年犯的职业精神与职业生涯、职业素养与职业道德结合的教育，就难以给未成年犯铺垫一个扎实稳固的职业起步平台。社会帮教固然有像老革命家陈奶奶这样的热心志愿者，但是与数量庞大的未成年犯群体相比，只是杯水车薪。社会帮教工作需要有数量更多、专业性更强的主体长期介入，进行系统性、连续性的教育干预，这也是目前监狱体制难以逾越的一个障碍。

狱方通常只能提供基础教育的文化环境的保障底线，提供给未成年犯的教育实践仍然存在相当大的提升空间。我们必须看到未成年犯的犯罪行为只能反映他们生活的一个侧面，并不能代表他们的一切，更不能以偏概全，否定他们身上具有的优点、专长、可塑性、可教育性。监狱被认为是对未成年犯教育改造负有最大义务的主体，这是国家赋予监狱的重大历史使命，也是一个现代文明社会应有的人文关怀。

第二节　未成年犯教育改造的革新路径

犯罪学家严景耀老先生说："盖教育本非易事，监狱教育尤为困难。"

监狱教育固然是一件难事，未成年犯教育更是一件又苦又累的差事，从事未成年犯教育的人就必须是真正具有爱心和社会良知、品德高贵的人。正如鲁辛·摩林所说："惩罚的人创造了惩罚，改造的人创造了改造，矫正的人创造了矫正，要作奉献的人则创造了教育。"①

1990 年《联合国保护被剥夺自由少年规则》中规定："拘留少年的环境条件必须根据他们的年龄、个性、性别、犯罪类别以及身心健康充分考虑到他们的具体需要、身份和特殊要求，确保使他们免受有害的影响和不致碰到危险情况。将被剥夺自由的各类少年实施分开管理的主要标准是提供最适合有关个人特殊需要的管教方式，保护其身心道德和福祉。"

一　未成年犯教育改造理念的革新

（一）终极目标——再社会化的教育观

关于社会化内涵的探讨，通过教育来实现人的社会化最早源于涂尔干的论述。②"社会化正是通过个人的道德化和文明化不仅对个人在集体中生活提供完全的可能性，而且使个人能够真正成为人性的生物。"③ 米德认为："社会化则是从一种普遍意义上概括了个体与社会之间的需求和获得规则。"④ 综合以上观点，相关学者认为"社会化就是通过教育的手段使得每一名社会成员能够运用文化习得的知识、技术和价值观念，并在社会规范许可的范围内实现自我发展与文化传承"⑤。

"文化对一切教育都是最重要的。作为人类智力的产物，所有的教育理论和实践都是植根于社会文化环境中。"⑥ 庄孔韶认为，特定社会文化的继承与延续，多元文化的重组与整合的社会化中，儿童成长为成年人的过

---

① 〔加〕鲁辛·摩林主编《论监狱教育》，李引、徐学榘译，黑龙江教育出版社，1990，第 7 页。
② 〔奥〕茨达齐尔：《教育人类学原理》，李其龙译，上海教育出版社，2001，第 60 页。
③ 〔奥〕茨达齐尔：《教育人类学原理》，李其龙译，上海教育出版社，2001，第 63 页。
④ 转引自庄孔韶主编《人类学概论》，中国人民大学出版社，2006，第 289 页。
⑤ 周大鸣、邱峰：《未成年罪犯再社会化教育的内涵及存在问题》，《青年探索》2016 年第 3 期。
⑥ 〔美〕J. U. 奥布：《教育人类学/教育大百科全书》，石中英译，西南师范大学出版社，2011，第 73 页。

程应称为初级社会化过程。① 未成年犯与其他青少年一样都必须经历初级社会化的过程，但是其思想和行为偏离了社会既定的轨道，触犯或者违背了社会公认的各种规范，因此受到国家的刑事制裁而中断了原来的社会化进程。

"再社会化就是社会成员因为所处的社会环境发生了突变或巨变，使得先前的社会化过程被迫中断，为了减轻或克服其已经出现的文化不适，在现有环境里实现重新社会化。"② "再社会化是指用再教育或强制方式对个人实行与其原有的社会化过程不同的再教化过程。"③ 国家和社会为了使已经越轨的未成年犯最大限度地回归社会，构建了包括未管所各种教育实践在内的全新成长环境，对他们的思想、行为施加积极的引导和干预，恢复其出现偏差的社会化进程，这就是未成年犯的再社会化教育。

"国外经验表明，要使犯罪人出狱后更好地适应社会，应从服刑之日起就以再社会化为目标，对其进行全方位的教育、矫正和帮扶。"④ 未成年犯的再社会化教育必须创造适宜其成长的社会环境，从入监到出监都要接受科学、系统且有针对性的教育活动，帮助未成年犯实现社会认知与价值理念的"破旧立新"。

我国在教育改造未成年犯工作中曾经提出过"三个像"的方针，"像父母对待自己的孩子，像医生对待病人，像老师对待犯错的学生"。"三个像"方针形象地把未成年犯比喻为孩子、病人和学生，把他们亲切地当作"家庭一分子"来对待，需要国家给予他们更多关怀和照顾，这一基本认识对于今天仍有极大的借鉴意义。

监狱需要调整之前一味倚重强制矫正的惯性思维，应该重点从文化上去挖掘更多非强制性教育转化的因素，以增加罪犯自愿或自发改造产生的顺文化适应动因，减少对抗性文化适应。⑤ 未成年犯的心智还处在快速发

---

① 庄孔韶主编《人类学概论》，中国人民大学出版社，2006，第 290 页。
② 周大鸣、邵峰：《未成年罪犯再社会化教育的内涵及存在问题》，《青年探索》2016 年第 3 期。
③ 郑小明：《论和谐社会视阈下弱势群体的再社会化》，《求实》2013 年第 2 期。
④ 高梅书、张昱：《国外出狱人社会适应研究及对当代中国的启示》，《华东理工大学学报》（社会科学版）2013 年第 1 期。
⑤ 王飞：《民族文化背景下的犯罪与矫正》，中央民族大学出版社，2012，第 3 页。

育中，缺乏判断是非的能力，欠缺必要的社会生存经验，应对困境的生存能力明显不足，生存空间又愈加狭小，极易被排挤到社会主流文化外的边缘地带。未成年人的发育又具有很强的可塑性和反思性，容易接受教育的引导与感化，再社会化教育的成败将决定未成年犯及他们所处社会的未来。

（二）未成年犯教育改造的文化整体观

未成年犯在一个或长或短的刑期内，要求所有人都成功实现再社会化教育是不现实的，也是不尊重客观规律的表现。但是未成年犯教育改造沿着再社会化的方向努力，这是我们社会的必然选择。

未成年犯的教育改造就必须要考察其入监前的文化成长环境，包括教育经历、家庭环境、社会交往、性格特点及犯罪经历等。未成年犯入狱之前的家庭教育、学校教育和社区教育的系统性缺失，以及受到社会腐朽文化侵蚀的影响，使他们对主流文化的习得出现了中断，慢慢被犯罪亚文化所感染，占据了价值观念与生存需要的"文化阵地"，最终走上了邪恶的犯罪道路。虽然未成年犯回归后的社会环境是异常复杂多变的，但是未管所可以给未成年犯提供必要和充足的指引、训练以及相关的社会支持。比如一个以贩养吸①的未成年犯，在狱内完全可以隔绝他对毒品的获取与吸食，积极帮助其戒除生理毒瘾，同时开展有针对性的抵制、防范毒品的教育，培养其健康的文化需要转移他对毒品的关注与依赖，通过与其亲朋好友合作构建一个相对纯净的生活圈，让他克服对毒品产生的心理依赖，倾尽全力降低其出狱之后的复吸概率，将毒品从其生活中除掉。即使无法做到让这个人终生戒毒，但是这种努力仍然会降低他复吸的可能性以及由此给他本人、家庭及社会带来的损害。

未成年犯在狱内的教育改造必须要抵制、清除入狱前犯罪亚文化的传习与影响，又要避免其出狱后将不良文化继续传递给社会上的其他群体。如何有效遏制、驱逐监狱亚文化的传播、泛滥，就要求狱方的教育实践最

---

① 以贩养吸是指一些人通过贩卖毒品来支付自己吸毒所需的高昂费用，贩毒与吸毒两种违法行为容易交织在一起，互为诱因。

大限度地实现未成年犯的去犯罪化与再社会化。学员 LJ 入狱前曾指使女友卖淫为其牟利过着自认为潇洒且阔绰的生活。学员 LJ 因为有过服刑经历与教育实践的双重洗礼，已经渐渐懂得珍惜亲情、友情和爱情，学会自立、自信、自强，实现人格的塑造与独立，势必降低其重新犯罪的可能性。

（三）未成年犯教育改造的文化相对观

我国著名的思想家、教育家蔡元培先生主张，要"尊重受教育者的个性，因材施教，不能强求一律"[①]。这意味着每名未成年犯都是一个鲜活的个体，具有其自身的特殊性和唯一性，我们的教育实践必须要考虑到个体差异，而不能忽视这种差别的存在。未成年犯教育必须要尊重未成年人发育和成长的基本需求，改变当前参照成年犯管理的模式。笔者与多名从成年犯监狱调动到未管所工作的警察的交谈中，发现他们更容易将成年犯管理的理念、经验、方法和手段直接移植过来，对于未成年犯日常生活里的琐碎之事表现得不够耐心，更倾向于用个人的价值观念简单地区分是非、对错，不愿意细心体察未成年人细腻、脆弱且易变的情感，也不愿意花费时间和精力进行引导、说理，理所当然地认为未成年人应该和成年人一样懂得理性、自制和规矩。使未成年犯教育改造区别于成年犯管理的传统思维，这是我国未成年犯教育改造文化相对观的首层要义。

未成年犯与社会上其他青少年生活的社会环境是存在极大差异的。首先未成年犯是由国家强制力建构的单性封闭的群体，而其他青少年则是生活在两性正常交往且较为宽松的环境里，有条件接受正规的学校教育、细致的家庭教育和正统的宣传教育。未成年犯往往处在绝对服从的受教育者地位，而其他青少年则具有相当大的自由，一般会兼顾个人的兴趣爱好、主观意愿以及成长需求，渐渐成为新式教育活动的主体。加之未成年犯入狱前的学业基础、教育环境、教学条件、发展空间等方面都与后者存在较大的差距，让这些"误入歧途"的孩子重新回归到"人间正道"会更加艰难。

---

① 转引自高奇主编《中国教育史研究》（现代分卷），华东师范大学出版社，2009，第93页。

文化相对观还要求当前作为未成年犯教育主体的未管所必须要认识到自身教育能力与水平存在的局限性。教育者应保持谦虚谨慎的自省意识，放眼寰宇、开拓创新，时刻保持开放的心态，勇于学习各种先进的知识、技术。"陶行知指出教育方针和方法均须改进，一是办教育者必须承认所办教育尚未尽善尽美，确有改进之可能；二是改进教育者必须明白自己之问题，又必须明白他人解决同类问题之法。"① 教育是没有止境的，唯有精益求精，永远追求更高的境界，才是教育者应当秉持的精神。

"社会通过技术与心理工具、产生这些工具的社会组织、与工具的使用和学习的背景联系在一起的文化意义与价值建构了一切学习环境。"② 未管所既要肯定集体教育与个别教育、狱内教育与社会教育相结合的老一辈经验做法，实现教育理念、手段、方法、技术的有机融合，又要勇于突破现有的工作瓶颈与眼前利益，摒弃警察只是执法者的单一视角，从未成年犯自身的文化需要出发，传播、践行教育改造未成年犯的新理念。

一 回归教育者与受教育者本位

（一）实现教育主体之间的平等

教育过程中，首先需要在监狱警察与未成年犯之间建立起相互尊重的师生关系，而不是教育者居高临下的"俯视"教学，应充分尊重教育对象的差异化个性，绝不能歧视任何一个人。洛克提出即使要处罚未成年人的过失，也要把对他们的尊重放在首位。③ 其次，满怀爱心是一名优秀教师必备的条件，缺乏爱心的教师就不会设身处地为受教育者着想，不会把他们的需求当作自己的教育重心，更不会全身心投入到教育活动中，认为接受教育只是对方的事情与自己无关。最后，教育者与受教育者应该相互理解、宽容，特别是教育者要有宽广的胸怀，勇于接纳受教育者的缺点和不足，要包容他们有意或者无意所犯的过错。当然，狱内教育者的包容不等

---

① 方明：《陶行知教育名篇》，教育科学出版社，2005，第96页。
② 〔美〕J.U.奥布：《教育人类学/教育大百科全书》，石中英译，西南师范大学出版社，2011，第73页。
③ 转引自郭法奇《教育史研究——寻求一种更好的解释》，中国社会科学出版社，2012，第56页。

于包庇，如果未成年犯触犯了监规纪律理应受到相应的处罚，如果实施新的犯罪行为，也必须接受法律严厉的制裁。

未成年犯"不仅是一个具有极大发展潜能的生命体，更是一个具有独立精神生活的个体"①。未管所要把最大限度地尊重未成年犯与最大限度地要求他们相结合。未成年犯教育的全程通常都有监狱警察主导或参与，彼此之间是朝夕相处的一个"整体"，这种关系只有当警囚自身行为因触犯法律或社会公德时才会发生改变。

值班员 JH 与学员 YWQ 同在监区服刑且接受教育，值班员 JH 被塑造成一名尽职尽责、享有较高威望和荣誉的正面形象，而学员 YWQ 则被视为天生愚钝、邪念丛生的负面形象。监区必须平等对待每一名未成年犯，从发自内心的尊重开始，不再有歧视、偏见，坚决把公平、正义的理念灌输到他们的内心深处，让人与人之间都树立起对生命尊重的恭谨态度。狱内的再社会化教育没有监狱及监狱警察的主导和介入是万万不可能实现的，同时也离不开每一名未成年犯的积极参与，无论是未成年犯个体，或是群体均是作为受教育者的两种最基本形态，实现教育主体之间的平等是再社会化教育的前提条件之一。

（二）实现警囚之间的无缝教育

一名警校的实习女生初来乍到就客串了一节音乐课。未成年犯虽然是第一次结识这位年纪轻轻的音乐老师，但是女生能够耐心、细致地教唱歌曲《东方之珠》，必然能够增加彼此之间的亲近和认同，第一次授课就取得不小的成绩，让前来压阵的监狱警察都很惊喜。而在狱内，受到警力配备不足、对学员严防死守、成年犯管理的惯性思维等多重因素影响，监狱工作中出现了以值班员、计分员、卫生员、心理矫治信息员等人为代表且享有一定特权的罪犯群体。他们获得了监区警察的某些授权或默许，辅助监狱警察对其他学员进行管理。这在原有警囚关系中横生出一种次生权威，这种权力源于监狱警察转嫁出去的部分权力，专项工种犯因此具有替

---

① 郭法奇：《现代儿童的本质与教育环境》，《北京师范大学学报》（社会科学版）1995年第2期。

代执法者监督、管理其他人的力量。

监狱警察的直接管理与教育是国家寻找到最有效的一种管理模式,就是不允许警囚之间出现其他权力中介,国家法律的贯彻实施与教育改造的循循善诱都要由监狱警察直接作用在未成年犯身上。未成年犯对监狱警察具有较强的人身依附性,因为年纪尚小缺乏相对独立的生活自理能力,会因为很多琐事向警察求助。在笔者的问卷调查中发现,当他们遇到难事选择向警察求助的排在第一位,超过父母、同监舍友、专项工种犯及其他帮教主体。这说明在狱内监狱警察对于未成年犯是最重要的人,也是监狱环境和法律关系所赋予的结构。监狱警察应该成为未成年犯重返社会的引航者、铺路人,进行饱含真情的教育活动,做到对教育内容相知相信并倾尽全力。①

为了实现未成年犯的再社会化教育就必须实现真正的直接管理,更为重要的是,监狱需要改变过去那种根深蒂固的认识和惯性思维,即把狱内教育等同于单纯的执法活动,未成年犯必须时时刻刻无条件服从的观念,这种教育理念和实践与教育发展的内在规律是南辕北辙的。不能让学员QXA、学员LQS这样的自考明星成为狱内的稀缺资源,应该鼓励、激发更多有学习潜能和天赋的未成年犯去实现自己的成才梦想,不要受困于疏离、紧张、异位的法律人身依附关系,要变成能够自由思考、独立判断、快乐成长的学习主体。我们教育的目的就是让惩罚禁止于法律层面的审判,让教育回归到塑造人类本性的终极关怀。

三 实现两套话语体系的转换

(一) 转变教育固有的文化认知

未管所有责任、有义务培养未成年犯树立正确的文化认知,通过树立榜样、道德说理、亲身示范、教学奖励等手段实施引导。相对于未成年犯而言,监狱警察形成对未成年犯再社会化教育的文化认知则是非常必要的。例如有一部分监狱警察错误地认为未成年犯参加九年义务教育是徒劳

---

① 周雨臣:《新时期罪犯教育的本质与地位探析》,《河南司法警官职业学院学报》2009年第2期。

的，理由是很多罪犯既然主动放弃学业，在狱内开展文化教育就是对社会资源的浪费，是得不偿失的。我们必须纠正这种错误认知的理由是，未成年犯一方面由于缺乏正确的文化认知和持久的学业努力更容易与社会主流文化疏远；另一方面未成年犯的犯罪思想改造、职业技能培养、生活知识积累、价值观念塑造等都依托其文化素质的提升，这是一个基础条件。正如人类学家米德所讲的"真正的冲突需要有一种为选择所需的催化剂，而良好的文化教育正好能起到这种作用"①。

未成年犯的学习能力是需要监狱及监狱警察主动开发的，要为他们提供发展的机遇。学员 LNW 从一个小学未毕业的顽皮毛小子成长为成百上千人中数一数二的写作能手，成功之路起始于学员 LNW 清晰的人生定位和精确的学习路径，正所谓是"思想决定高度"，只有目光长远才能行及至远。

如果学员 LNW 要想出狱后实现以文为生，首先就是要做到职业技能的培养与职业精神的养成合二为一。如果仅有职业技能而无职业精神并不会产生对一个职业的热爱与执着。因为无法为一个职业付出持久的学习和劳动，就难以掌握丰富的实践经验和精湛的专业技能，更无法取得职业带给劳动者的工作业绩以及成就感、幸福感和获得感，最终可能导致技能生疏与职业荒废。

职业所需的文化修养与道德水准对于培育一名具有理性认知和良好道德情操的公民则至关重要。职业生活与职业道德相结合，就实现事业与人生的有机结合并具有较强的稳定性和连续性，养成良好的职业习惯，培育职业所需的各种心理品质，能够为职业的可持续发展插上腾飞的翅膀。如果缺乏职业精神与职业道德即使职业技能再强也无法成就美满的事业，就如同罪犯伙房监区出现了"监守自盗"的"糕点师"一样，掌握娴熟的面点制作技术，但是经不起美食的吸引，经不住功名利禄的诱惑，最后只能招致职业化道路的挫折和失败。

---

① 〔美〕玛格丽特·米德：《萨摩亚人的成年》，周晓虹、李姚军、刘婧译，商务印书馆，2010，第 161 页。

（二）培养学员健康的情感需求

健康的情感需求决定未成年犯狱内生活的身心发育水平，也是反映和检验未成年犯再社会化教育成效的一个重要标准。未成年犯的情感需求具有敏感性、反复性、冲动性、强依赖性等特征。大多数未成年犯要在狱内度过自己的青春期，为满足其强烈的情感需求，狱方要积极组织适合未成年犯身心发育的文化实践。就像学员CZJ在参加心理健康操所获得的幸福体验一样，这是其他强制教育活动所不能替代的。为此，学员CZJ在比赛前的一个月里，上午参加习艺劳动，下午参加九年义务教育，晚上还要继续排练，日复一日，常常累到腰酸背痛脚软，但是他仍能感悟到久违的心灵寄托与满足。

在未成年犯的情感需求中，"充实感的培育养成是处于首位的，排在第二位的是安全感，排在第三位的是快乐体验感，排在第四位的是宽容态度，即未成年人健康的情感构成体系依次应是充实感、安全感、快乐体验感与宽容态度"①。这四种情感表现还必须按照未成年犯心理转化的客观规律来实施，第一位的充实感就是要合理安排未成年犯的改造生活，教育活动、习艺劳动、休息娱乐、参加帮教活动等内容有计划、有序地实施，通过各种精心挑选的活动让他们身心得到放松和锻炼，合理释放青春期的生理能量。第二位的安全感就是未管所提供一个相对舒适、整洁、人际关系和谐的服刑环境，避免未成年犯之间出现歧视、欺凌、仇恨的现象，杜绝受到外界强力的威胁和攻击，使得未成年犯身体上患有的疾病能得到医治，心理上的情感空虚、失落能得到关爱和抚慰。第三位的快乐体验感就是未成年犯的生活氛围应该是轻松、愉悦的，能够获得学业成就的满足感，不会因为繁重的习艺劳动而感到忧心忡忡，对个人的违规违纪行为形成合理的心理预期，不要给他们的成长留下过于严厉、受迫的心理阴影。最后的宽容态度就是教会未成年犯之间要心存友爱、和睦相处、善待他人，从而获得善待自己的回报，积极遏制犯群亚文化的传播，培养他们对

---

① 路琦、董泽史、姚东、胡发清：《2013年我国未成年犯抽样调查分析报告（上）》，《青少年犯罪问题》2014年第3期。

真善美生活的渴望与追求。健康的情感需求必须要建立在真善美的社会环境的基础上，如果未成年犯没有一个健康美丽的心灵和一套正确的价值观念，就不可能悔改自新、转变犯罪思想、矫正不良行为恶习，也无法改造成为一名守法公民。

（三）完善话语转换的技术手段

监狱教育存在两个层面的话语体系，就表明狱方宣扬的主流文化的语言并没有触及未成年犯的心灵，如何使得彰显主流文化的语言变成他们易懂、理解、熟悉的语言，使罪犯教育实践能够收到理想的效果，就必须进行"话语转换"。话语转换至少包括两个方面的含义。一是监狱及监狱警察要把国家的法律法规、以社会主义核心价值观为代表的社会公共道德、真善美的社会现象用符合未成年犯身心发育阶段以及认知水平的语言表达出来，不能是"你讲你的，我听我的"，不管不顾教育效果的好坏。如果教育者不理会受教育者的文化需求，闭门造车、自说自话，只会引起受教育者发自内心的反感、抵触和抗拒，难以发挥教育实践的积极效应。二是监狱及监狱警察引导未成年犯学员主动去认识、理解、使用符合社会主流文化的语言，自然而然地吸收当代社会中的正能量因素，从优秀的中国传统文化里获取充足的养分，兼顾其知识捕获能力和信息处理能力，选取符合青少年兴趣爱好的教育方法、手段和载体，把充斥社会亚文化的怪异、偏激、颓废的语言转换成规范、美丽、和谐的语言。

话语转换首先要从教育理念转变开始，教育应该以受教育者为中心还是以教育者为中心，这在信息化、多元化的现代社会早已经见分晓。监狱教育如果还固守着只有监狱警察是知识的主宰者、霸权者，那么这种教育理念及实践就要被淘汰。教育理念革新必然促成未成年犯教育的文化实践随之改变，力求把枯燥的时事政治、法制教育、道德说教等知识灌输转换成易于接受、理解、消化的信息流。通过监狱警察最常用的个别教育、集体教育方法给未成年犯提供更多听得懂、乐于听、记得住的话语，把狱内宣传的各种文化符号与未成年犯点滴的日常生活完美结合起来。例如，笔者调查时搜集到由雨露未管所刑矫办编辑的《365个小故事》一书，其中"诚信篇"中有一则《明山宾卖牛不欺人》的故事：在南朝梁时，明山宾担任某州从事史,赶上旱灾,百姓遭受严重饥荒。为了尽早救济灾民,明山宾决定私开官府粮仓赈济灾民。有一人名叫李虎,因看到儿子已经危及性命,就未按明山宾订的规矩排队领米,而被衙役关了15日后,回到家看到儿子已死,发誓要找明山宾报仇。明山宾私开粮仓一事因未经朝廷同意又遭人陷害,遂丢官回到浙江绍兴老家。无奈,生活窘迫,不得已到集市卖牛三两纹银,妻子大呼划算,卖了一头曾经病重过的牛。明山宾觉得失信,遂去寻找买牛人退还部分银两。路中巧遇报仇的李虎,误以为是买牛人的儿子,遂告知详情,最后这种真诚感动了李虎。

狱方总结的启示,"这则故事告诉我们一个道理:诚信的人会赢得别人的尊重。我们监狱里是不是也有这种体会?一个信守承诺的警官一定会赢得大家的尊重,虽然在管理上你觉得过于严厉,但是你却不得不佩服他。既然守信能让我们活得有尊严,那我们为什么不做守信之人呢?"

我们看到狱方给出的启示就是要创造一个信守承诺的生活环境,随后将代表官方立场的态度和技术的文字转化为未成年犯在狱内需要养成的道德规范,指出他们既要尊重守信警察的管理,自己又要争做一名守信的人。这种话语转换虽然带有明显的倾向性,但是毕竟生成了未成年犯容易接收到的信息,因此《365个小故事》成为颇受广大学员欢迎的一本课外读物,成为每人床头必备的书籍。教育活动必须能够触动未成年犯的内心精神世界,把教育内容转化成他们所能理解的社会认知和知识体系,更为重要的是通过各种教育活动给未成年犯提供公平有益的文化实践。

四 推行公平有益的文化实践

(一) 创建"师导生创"的教育模式

"未成年犯虽因犯罪只能在封闭的环境中接受教育,但促使其复归社会是现代刑罚的最终要求。所以在未成年犯课堂课学中,应当引进现代的教学理念,创造'师导生创'的教育模式,以未成年犯为主体,把他们看成是知识的主要探求者,以激发其学习的动力和创新精神。"[①] 未成年犯的

---

① 赵国玲:《未成年人司法制度改革研究》,北京大学出版社,2011,第324页。

再社会化教育必须要在现有的法律框架下寻求一些突破,并以教育的文化整体观和文化相对观来指导当前的改革实践。

我国《教改规定》的第 24 条规定:"监狱应当办好文化技术学校,对罪犯进行思想、文化、技术教育……未成年犯的教学时间,每年不少于1000 课时。"《未管所规定》第 43 条还规定:"未满十六周岁的未成年犯不参加生产劳动。未成年犯的劳动时间,每天不超过 4 小时,每周不超过 24 小时。"以笔者长期的田野调查为例,首先应该大幅度增加未成年犯接受教育的时间,由现在"半天劳动,半天学习"的习惯性做法改为"5 + 1 + 1"的模式,即未成年犯 5 天学习,1 天劳动,1 天休息。狱方要给予未成年犯接受教育更加充足的时间,同时把未成年犯从简单枯燥的习艺劳动中解脱出来,给予他们更大的活动空间。"未来教育对所有已满一定年龄的儿童来说,就是生产劳动同智育和体育相结合,它不仅是提供社会生产的一种方法,而且是造就全面发展的人的唯一方法。"① 未成年犯的习艺劳动不能是孤立存在的,必须与促进人的智力、体力和身心健康的协调性发展相结合。"劳动所创造的物质成果构成了人的财产;但只有劳动带来的生气勃勃的内在精神力量才是人的尊严的源泉,同时也是道德和幸福的源泉。"②

狱内的状元郎学员 QXA 虽然能够通过自考大专学历市场营销专业的10 余门课程,但是他仍然会和笔者提到,每周 6 个半天的习艺劳动还是占用了自己太多的复习时间。在考试前夕,监区领导会把习艺劳动以外的时间留给学员 QXA 等几个人,并允许其在活动大厅的一处较为僻静的角落复习,算是为他们开了"绿灯"。学员 QXA 的大学梦离不开入狱前正规学校教育打下的基础,九年义务教育课程为他们培养基本的逻辑推理能力、阅读理解能力、语言表达能力、数学运算能力、空间想象能力,为其认识客观世界和开发心智潜能奠定了基础。如果没有较为开明务实的监区领导支持他们,为其创造尽可能适宜的学习环境,学员 QXA 等人的自考之路可能会更加崎岖坎坷。但是,如果有一位经验丰富且爱心满满的监区警察充当学员 QXA 的引路人,在报考专业时给他必要的指导,或许他在服刑期间就

---

① 许章润:《监狱学》,中国人民公安大学出版社,1991,第 192 页。
② 〔俄〕康·德·乌申斯基:《乌申斯基教育文选》,郑文樾选编,张佩珍、冯天向、郑文樾译,人民教育出版社,2007,第 126 页。

可以实现朝思暮想的大学梦了。

(二) 遏制犯群亚文化的泛滥

未成年犯长期生活在一个有限的物理空间范围内，交往的人由原来的亲属、朋友、形形色色的人变成朝夕相处的同改、警察，生活、劳动、学习、娱乐、沟通、陪伴、竞争、冲突都局限在固定的人际关系圈内，酸甜苦辣喜怒哀乐都仅有身边的人分享。在狱方主导的文化环境里，监狱警察是监管与教育的双重主体，是主导、控制监狱文化内容与形式的一方，未成年犯在更多时候是主流文化"被动"的习得者。虽然多数人会选择服从监狱的管理与教育，但是也有少数人会采取明里或暗里的抵抗策略，这群人会在不同的时间、空间里以及与他人的互动中，创造、传播罪犯的亚文化并继续扩散、蔓延。犯群亚文化虽然会受到狱内主流文化的干预和打压，但在监狱警察未能直接管理时，未成年犯群体就容易形成一系列特有的文化现象，诸如文身、隐语、自伤自残、自杀、诈病、软暴力[1]、同性恋等监狱亚文化现象。[2] 其传播加剧了学员之间深度感染和交叉感染，而且具有非常顽强的生命力，可以说是无孔不入。犯群亚文化成为严重干扰狱内教育改造目标实现的现实阻力之一，在个别场合还会与监狱的主流文化直接发生碰撞。

如何遏制犯群亚文化的传播以及减少罪犯的文化习得是对狱方教育改造工作质量和水平的重大挑战。正如孙平先生提出，监狱及警察必须正视犯群亚文化的存在，唯有充分发挥社会主流文化的影响力才能进一步挤压亚文化的生存空间，最终达到占领犯群亚文化精神阵地的目的。当人类缺少足够的教育时，既会造成生活知识的贫乏，也会抑制智力和道德的生长。依托科学的、系统的、长期良性运行的狱内再社会化教育，是清除未成年犯群体亚文化的必然选择。

(三) 精准适用处罚益处多

苏联著名的教育理论家、教育实践家马卡连柯说："纪律不是靠某些

---

[1] 软暴力是指个别罪犯利用管理中的制度性漏洞对抗狱方监管、教育的一种消极行为。
[2] 孙平：《监狱亚文化》，社会科学文献出版社，2013，第44~45页。

个别的'惩戒'措施形成的,而是由整个教育体系,全部生活环境,儿童受到的所有影响造就的。"[①] 未管所内,各种行政处罚是狱方在自身管理权限内维护改造秩序、消解对抗力量、树立法律权威的重要工具。行政处罚的适用体现狱方管理的高超技艺,彰显公平公正的执法理念,还必须做到尊重未成年犯身心发育和思想改造的客观规律。一提到误食塑料主夹板的学员 QG 引发的风波,只因为学员 QG 一时疏忽大意,自己吃了苦头,受了折磨,也给监区和警察带来紧张不安、辛苦劳累。但此事应与其他学员故意违反监规纪律的行为区别对待,监区不应该机械地适用处罚,不仅没有顾及当事人的自尊和痛苦,而且还可能对他造成二次伤害。

监狱绝对是未成年犯生活环境里的权威和主宰者,有决定一切话语、文本、行动内容和形式的权力,但是仍然需要秉持一贯的处罚策略,熟练运用处罚的技巧,特别是以下三条经验。一是当未成年人缺乏理智时管教要严格;当未成年人懂得理性接受教育时,管教就要放松。二是管教要注意使用恰当的方法,要顾及未成年人的自尊。三是管教方法不应过于严厉,以免遏制未成年人活力的增长。作为我国未成年犯刑罚执行机关的未管所,要尊重未成年犯身心发展的规律,换取他们的信任和理解,特别是要平等关怀每个人的成长历程。这样的处罚就会变得更加高效且富有弹性,最大限度地发挥其积极的改造效果,同时又能让所有人都产生发自内心的认同,这样的教育所培养出的价值观念和情感需求才具有持久性和稳定性。

(四) 发挥榜样前行的力量

未成年犯生活在由狱方主导的文化世界里,与监狱警察之间的相处是最频繁也是最持久的。未成年犯有意或无意注视着警察的一言一行,无时无刻不在进行模仿学习,甚至从外在行为窥探警察的内心世界,并形成自己对客观世界的部分认知,进一步形成更为稳定的价值理念,使得两者之间外显的思想和行为有不同程度的相似。"柏拉图认为,儿童和青少年通过与他者的接触以及对自身行为方式的体验,锻炼和实践他们的社会行为

---

① 〔苏〕A.C. 马卡连柯:《家庭和儿童教育》,丽娃译,上海人民出版社,2011,第15页。

能力。"①

狱警老×的平凡事迹就是教育未成年犯最好的素材之一，悉心照顾毒瘾发作的孩子，不惜耽误个人吃饭和休息的时间，不辞劳苦，倾尽全力，几十年如一日默默坚守在平凡的工作岗位上，不由得让人产生发自内心的敬佩和赞叹。这种无私奉献的善举胜过大张旗鼓的宣传教育，也在未成年犯的心里播下善良、仁爱的种子，总有一天会在他们曾经荒芜的心田上生根发芽。狱警老×的执着、坚守和严谨，就是一部生动鲜活的人生故事书，这对于未成年犯的启迪应该是潜移默化的。不能只求短期的眼前收益，而不重视未成年犯的长期养成教育。亚里士多德曾经这样描述模仿："从儿童时期模仿就开始表现出来，人类通过自己的模仿能力将自己和其他动物区分开来，并在模仿和模仿所带来的欢愉中获得了知识。"②

"对于青少年来说，很多获得知识的重要过程都具有模仿性。"③ 未成年犯长期与自己的主管警察接触，进行语言交流、行为模仿、情感联络、理念传承。他们往往会对自己更熟悉的警察形成一定程度的心理依赖，不知不觉地模仿成年人的一言一行，并用自己掌握的知识和能力解读监狱环境里的社会文化，并从中获取信息和经验，用于建构自己的价值观念、思维方式和行为方式。有时未成年犯甚至还没有意识到这种模仿过程的存在，但这种学习的过程却无时无刻不在进行中。作为未成年犯教育最具有影响力的莫过于监狱警察的人格魅力。

我们还必须承认："模仿具有正反两面性：它促进了社会组织的发展，但同时它也危及社会组织，导致他们的解体。一方面模仿受到约束和制约，但另一方面，很多现象表明，它也会变得充满野性而无法控制。"④ 如果我们的监狱警察讲善言、行善举，以人为本的关怀就会在犯群中形成气

---

① 转引自〔德〕克里斯托夫·武尔夫《教育人类学》，张志坤译，教育科学出版社，2009，第91页。
② 转引自〔德〕克里斯托夫·武尔夫《教育人类学》，张志坤译，教育科学出版社，2009，第61页。
③ 〔德〕克里斯托夫·武尔夫：《教育人类学》，张志坤译，教育科学出版社，2009，第66页。
④ 〔德〕克里斯托夫·武尔夫：《教育人类学》，张志坤译，教育科学出版社，2009，第80页。

势如虹的正能量的场域；如果我们的监狱警察说一套、做一套，言行不一的坏榜样产生的破坏力可能是狱方其他形式教育所无法弥补的。

"从一定意义上讲，教育的有无与良劣在一定程度上影响着未成年犯的社会化水平。在当今社会，教育已成为社会个体社会化的基本途径，能否接受完整的教育是社会个体社会化程度的重要衡量指标。"① 我们只有充分深入了解未成年犯的文化世界，研究他们的所思所想、他们的思维方式和行为模式背后的文化根源，才能真正了解他们真实的内心世界，才更有把握成功引导、教育他们"回头是岸"。

---

① 吴宗宪等主编《刑事执行法学（第二版）》，中国人民大学出版社，2013，第229页。

结　论

在人类学的视野内，未成年人是一个尚未完成其所在社会公认的成年仪式且正处在青春期快速发育的群体。其中一些人违反自身社会的图腾崇拜、宗教信仰、风俗习惯、乡规民约以及包括成文法在内的社会规范，实施触犯其他社会成员或公共利益等较为严重的越轨行为。这使他们被主流文化所排斥并驱离到社会的边缘，同时还可能受到肉体上的惩罚和精神上的拷问。现代社会，那些有严重越轨行为的未成年人大多生活在国家设立的特殊刑罚执行机构里，从而远离其他正常青少年的社会生活，接受带有国家意志的规训式监管和教育。这一迷失的青少年群体为何罔顾社会内部规范和严厉惩罚，执意要实施侵犯社会及其成员利益的越轨行为？在以操控身体和改造思想为目的的监禁机构内接受教育改造，能否让曾经迷失的未成年犯实现人生的救赎，能否使其重新融入社会？以上问题的讨论首先要回溯到"先天与后天""遗传与教育"关系的争论上来，思考"先天遗传"与"后天教育"对青少年成长的作用与价值，进而反思社会的发展与进化。

女人类学家米德的《成年》一书在1973年版的序言中写道："我们的每一个思想、每一个行动都不是种族和本能的产物，而导源于一个人在其中接受养育的社会。"米德和她的老师博厄斯通过异文化的研究来理解自身文化的努力是可取的路径，要解决我们社会中青少年所遭遇青春期的叛逆问题就要深入考察一个社会的生活环境和生活方式；也就是教育问题即从刚来到人世的婴儿逐步成为其所在社会中成熟的人的过程。[①] 虽然米德

---

① 〔美〕玛格丽特·米德：《萨摩亚人的成年》，周晓虹、李姚军、刘婧译，商务印书馆，2010，第34~35页。

笔下描写的20世纪初萨摩亚的传统社会距今已有数十年，米德也曾被新西兰人类学家弗里曼批评没有掌握当地语言，居住时间又不够长，对萨摩亚社会产生一些误解，但是并没有从根本上否定米德材料的真实性和基本立场，反而推动有关"先天与后天"的争执至今且仍是人类学与行为科学的一个重要课题。①

米德在调查中发现，在萨摩亚社会里，家人通常会细心、周到且适度地哺育刚出生的婴儿，随后简单照看的任务就交给六七岁的孩子并使其在轻松的生活和愉快的游戏中掌握看护技能，随着他们的年纪快到了发育期，就开始慢慢从照看弟妹的任务中解脱出来，男孩子学习捕猎、种植等技能，女孩子则学习养殖、编织、烧饭等家务方面的技能。姑娘们既会掌握最低限度的知识而获得应有的名声，又不会因为过于心灵手巧而受累。相比较而言，男孩子会受到更为严峻的考验，希望在群体中能够力争上游，但是并不会有严苛的强制力和社会压力捆缚其身。萨摩亚人教习未成年人的生活常识、生存技能都是充分尊重当地青少年身心成长的客观规律，培养其顺应家庭角色，性别、年龄特征以及社会分工等，不会施加超出自身能力极限范围之外的压力和负担。

自诩代表人类社会最高文明程度的西方社会进入20世纪后半叶以来，抚育后代的功能并没有发生根本性改变，即使在21世纪高度发达和瞬息万变的信息社会，依然要实现社会继替的主题，需要完成世代间的养育技术和生存技能的传承，帮助未成年人顺利实现社会化过程，包括对少数严重越轨的社会成员进行干预。但是优越感十足的发达社会为什么会遇到青少年普遍存在的青春期叛逆、躁动、放荡不羁乃至严重的越轨行为？

首先是因为未成年人所接触的社会环境更加多元复杂，主流文化难以遏制非主流文化的恣意横行，其中一部分人偏离主流文化而使得之前的社会化进程中断或断裂，造成他们人格孤僻、自卑、沉默寡言，或者张扬、大胆叛逆、富有好奇心和破坏性，缺乏规则意识，敢于挑战社会规范等个性特征。这种社会化进程的失败伴随着身体发育越来越明显的第二性征，塑造了未成年人向成年人过渡时特有的体貌、心理和行为特征，与原来的

---

① 范可：《米德的意义》，《读书》2008年第6期。

结 论

自然发育出现不同程度的紊乱现象。青少年的心智发展速度过快超越其身心发育的速度，相对滞后的身心发育导致青少年无法承受这样压力和负荷，受挫之后缺乏自我调节和自我疏导，在短时强烈刺激或长期的困惑干扰下，发生极端性的越轨行为的概率越来越大，其中有很大一部分青少年因此走上犯罪道路。

其次，在西方传统里，一个人从未成年到成年的过渡阶段没有得到社会成员的充分认可及重视，青春期的旺盛精力反倒引发更多的社会文化约束，从而造成年轻人容易与父母以及其他社会上的人发生冲突。我们必须看到这样的事实：在承认一个人生理发育阶段和特征的前提下，基于以上认知，社会环境和生活方式对年轻人所产生的力量就会具有强大作用，甚至让其偏离正常的社会运行轨道，走上违法犯罪道路。[①] 相比较萨摩亚社会就存在一种普遍随意性，特别是当地一种经典的教育活动——舞蹈。舞蹈不仅是促进当地人沟通、交往的社交手段，传授各种场合里的社交礼仪和规范，而且还为每一名儿童提供施展个人才华的舞台，使得他们获得应有的尊重感和成就感。即使是对群体当中有着诸如罗拉、玛拉和莎拉那种性格暴虐、阴险狡诈、惯于欺骗等于群体准则严重背离或存在激烈冲突的青少年，也不会有像外界社会那样轻易运用严苛刑罚去制裁越轨者，以此打上罪犯的标签以致难以和社会再度融合。与罗拉有着相似性格特征的妹妹斯娃，就是她的叔父吸取了姐姐的教训，在更为严密的监护下促其成长防止其重蹈覆辙，即使遇到挑战也不会与当地社会产生持久的冲突。[②]

未成年犯实施的罪行并不是个人与生俱来的罪恶，而是受社会亚文化和不良生存环境的浸染，被传习了犯罪的观念、知识、技能。要惩处这一年少、轻狂、稚嫩的群体，究问他们的罪错与过失之前，必须反思我们社会自身存在的问题，是谁造就了他们的昨天、今天与明天。我们必须对社会提供给他们的各种制度、措施和组织进行全面的反思，转变从前只用单一标准评价未成年犯教育功过得失的错误导向。我们的社会擅长于运用精细化和功利化的刑罚手段惩处那群迷失的青少年群体，把罪错的大部分责

---

① 范可：《米德的意义》，《读书》2008 年第 6 期。
② 〔美〕玛格丽特·米德：《萨摩亚人的成年》，周晓虹、李姚军、刘婧译，商务印书馆，2010，第 170 页。

任都归咎于个人原因，这一种归因模式是有很大问题的。正如20世纪末，美国的一些州曾用重罚惩治日益严重的青少年犯罪，在未收到预期的社会效益后，又开始转向恢复性司法和其他手段。

我国社会正经历着政治、经济、文化、生态等方面全方位的改变，未成年人生活在受信息化、城镇化、工业化席卷且快速转型的城乡二元社会里，日新月异的科学技术与无限探索的人类梦想及由此激发创造出来的新技术、新事物、新现象给国民的物质、精神世界造成前所未有的冲击，原本平稳、淳朴的乡土社会遭遇严峻的挑战。现如今，我国农村留守儿童、流浪儿童、城市外来工子女等庞大群体更容易受到社会不良文化的浸染与传习，与不良青少年群体结伴而行，他们对道德不屑一顾，对法律无知无畏，对生命严重漠视，当对现实生活稍有不满或得意忘形时就倾向于选择犯罪行为作为彰显个性、向社会抗争的表现形式。可以说，这是未成年人群体早前社会化失败所直接造成的后果。在城市优渥环境下成长的"小皇帝""小公主"，他们同样也受到生活环境的困扰，生活养尊处优，缺少挫折体验，人文情怀冷漠，缺乏自立、自强的成长认知，校园暴力、吸毒贩毒、团伙犯罪、卖淫嫖娼等亚文化现象蔓延。未成年人的教育问题已经迫在眉睫，成为牵一发动全身的社会系统性问题。近年来，诸如法国、英国、美国等西方国家都出现青少年群体骚乱的严重犯罪现象，他们打砸店铺、抢劫财物、阻塞交通、袭击警察、公然与政府对抗。未成年人犯罪不仅是发达国家经历的痛楚，也是发展中国家绕不开的严重社会问题。

有效化解未成年人犯罪与积极实施未成年犯再社会化教育是一对相生相伴的社会工程。未成年犯就处在一种对它既定的、不可动摇的"社会—文化"关系之中。监狱创造什么样的文化给罪犯，文化终将投射在这一群体身上，内化为他们的思想观念、伦理道德、生活方式乃至日常生活中的一言一行。开始时，未成年人因犯罪入狱而接受再社会化教育，但是当他们的再社会化教育失败时，就会诱发新的犯罪，两者的因果关系就随之颠倒过来。未成年人犯罪犹如困扰华北、华东等地的雾霾天气一样，这样的污染并不是短期人类活动所造成的，而是与自然环境恶化和人类长期破坏生态环境的活动密切相关的。

真正要妥善解决青少年犯罪以及做好有针对性的教育问题，就要求我们的社会放弃未成年犯教育惩罚性和功利性的价值取向。认识到未成年犯身心发育的阶段具有的可塑性、自决性和可教育性等特征,以他们的文化需要确定监狱教育的再社会化属性。与成年犯相比,未成年犯的价值观念体系尚未定型,还存在很大的可塑性、可教性,同时还具有较强的模仿性和反思性。如果在其服刑期间,国家能够开展行之有效的教育实践,提供适宜的文化环境,一定能够促成"个人在心灵、身体和道德上的统一,以形成一种有序的、统一的和完整的存在品质,这意味着一个人真正的发展"①。教育应该既有规范人外在行为表现的功能,又有模塑人内在价值观念的功能。

总之,青少年发育的先天因素已由自身的遗传密码所决定,后天的抚养方式、教育方式和社会环境等因素将决定其成长的速度和形态。在差异化遗传生长的基础上,后天的教育方式等因素将发挥更大更直接的作用。青少年的知识构成、价值观念、生活方式和生存技能固然受到所处社会文化环境的干预,但是这种影响对同一时代、同一地域的教育对象是基本一致的,在相似环境里成长的孩子却存在人生轨迹的显著区别,那是因为他们所参与的教育实践以及接受的教育方式存在巨大差异,这才是决定青少年前途命运的关键因素。青少年所参与的教育实践以及接受的教育方式并不是由教育对象决定的,而恰恰是由他们的教育者所控制的,如果要改变青少年的前途命运就要从教育者的教育理念、教育手段和教育方式去寻求改变,这才是教育的决定性因素。

萨摩亚社会特有的青少年教育方式以及社会具有的普遍随和性,人人地减少了西方社会青少年特定生理周期发生且带有叛逆、反抗特征的一系列表现。教育者的言传身教及成人社会的文明程度一定会折射到青少年身上,从而影响到他们的身心发育,以及形成什么样的价值观念和生活方式。如果我们的社会今天善待那些越轨的青少年,帮助其成功实现社会化,确保其自然属性与社会属性的有机统一,就会有明天所有人安定、祥和的幸福生活。

---

① 〔加〕鲁辛·摩林主编《论监狱教育》,李引、徐学榘译,黑龙江教育出版社,1990,第157页。

参考文献

中文类

〔德〕克里斯托夫·武尔夫：《教育人类学》，张志坤译，教育科学出版社，2009。

〔德〕《马克思恩格斯全集》第46卷，人民出版社，2003。

〔俄〕康·德·乌申斯基：《乌申斯基教育文选》，郑文樾选编，张佩珍、冯天向、郑文樾译，人民教育出版社，2007。

〔俄〕康·德·乌申斯基：《人是教育的对象（上卷）》，郑文樾译，人民教育出版社，1989。

〔法〕卢梭：《爱弥儿》（上卷），李平沤译，商务印书馆，1996。

〔法〕米歇尔·福柯：《规训与惩罚》，刘北成等译，三联书店，2003。

〔加〕鲁辛·摩林主编《论监狱教育》，李引、徐学椠译，黑龙江教育出版社，1990。

〔美〕杜威：《民主主义与教育》，王承绪译，人民教育出版社，2001。

〔美〕杜威：《杜威教育论著选》，赵祥麟、王承绪译，华东师范大学出版社，1981。

〔美〕克利福德·格尔兹：《文化的解释》，纳日碧力戈译，上海人民出版社，1999。

〔美〕鲁思·本尼迪克特：《菊与刀》，吕万和等译，商务印书馆，2012。

〔美〕马歇尔·萨林斯：《文化与实践理性》，赵炳祥译，上海人民出版社，2002。

〔美〕玛格丽特·米德：《萨摩亚人的成年》，周晓虹、李姚军、刘婧译，商务印书馆，2010。

〔美〕麦克来伦、舒马赫：《教育研究——基于实证的研究（第七版)》,曾天山等译,教育科学出版社,2013。

〔美〕斯蒂芬·E.巴坎:《犯罪学:社会学的理解(第四版)》,秦晨等译,上海人民出版社,2011。

〔美〕詹姆斯·克利福德、乔治·E.马库斯编《写文化》,高丙中、吴晓黎、李霞等译,商务印书馆,2006。

〔南非〕德克·凡·齐尔·斯米特、〔德〕弗里德·邓克尔编《监禁的现状和未来——从国际视角看囚犯的权利和监狱条件(第二版)》,张青译,法律出版社,2010。

〔苏〕A.C.马卡连柯:《马卡连柯教育文集》,吴式颖等译,人民教育出版社,1985。

〔意〕切萨雷·龙勃罗梭:《犯罪人论》,黄风译,北京大学出版社,2011。

〔英〕布罗尼斯拉夫·马林诺夫斯基:《西太平洋上的航海者》,张云江译,中国社会科学出版社,2009。

〔英〕马林诺夫斯基:《文化论》,费孝通译,华夏出版社,2002。

〔英〕梅因:《古代法》,沈景一译,商务印书馆,1959。

〔英〕约翰·洛克:《教育漫话》,傅任敢译,人民教育出版社,1985。

〔苏〕A.C.马卡连柯:《家庭和儿童教育》,丽娃译,上海人民出版社,2011。

蔡元培:《蔡元培选集》,台北:中华书局,1959。

操学诚、刘桂明、路琦、牛凯:《我国未成年犯抽样调查分析报告》,《青少年犯罪问题》2010年第1期。

陈如:《未成年人犯罪与社会治理》,人民出版社,2013。

陈士涵:《人格改造论》,学林出版社,2001。

陈兴良:《刑罚的价值构造》,中国人民大学出版社,1998。

高奇主编《中国教育史研究》(现代分卷),华东师范大学出版社,2009。

陈元晖:《中国教育学七十年》,载《陈元晖文集》(上卷),福建教育出版社,1992。

池世伦:《岁月铭记——新中国监狱工作五十周年》,法律出版社,2000。

储槐植:《外国监狱制度概要》,法律出版社,2001。

〔奥〕茨达齐尔：《教育人类学原理》，李其龙译，上海教育出版社，2001。

戴荣珍：《论城市化进程中农民工再社会化》，《福建论坛·经济社会版》2003年第8期。

戴艳玲：《中国监狱制度的改革与发展》，中国人民公安大学出版社，2005。

单勇：《犯罪的文化研究——从文化规范性出发》，法律出版社，2010。

狄小华：《冲突、协调和秩序——罪犯非正式群体与监狱行刑研究》，群众出版社，2001。

杜雨主编《监狱教育学》，法律出版社，1996。

杜雨主编《中国特色的劳改学和监狱学》，中国人民公安大学出版社，1997。

范可：《米德的意义》，《读书》2008年第6期。

范立波：《权威、法律与实践理性》，《法哲学与法社会学论丛》2007年第2期。

方明：《陶行知教育名篇》，教育科学出版社，2005。

方曙光：《断裂、社会支持与社区融合：失独老人社会生活的重建》，《云南师范大学学报》（哲学社会科学版）2013年第5期。

费孝通：《江村经济》，商务印书馆，2001。

费孝通：《社会调查自白》，上海人民出版社，1986。

费孝通：《生育制度》，北京大学出版社，1989。

费孝通：《乡土中国》，上海人民出版社，2006。

冯建仓，陈志海：《中国监狱若干重点问题研究》，吉林人民出版社，2002。

冯建仓：《中国监狱服刑人员基本权利研究》，中国检察出版社，2008。

冯卫国：《行刑社会化研究：开放社会中的刑罚趋向》，北京大学出版社，2003。

甘雨沛等：《犯罪与刑罚新论》，北京大学出版社，1991。

高杰：《未成年犯矫正教育研究——基于个性化教育视角》，2011年江西师范大学硕士学位论文。

高梅书、张昱:《国外出狱人社会适应研究及对当代中国的启示》,《华东理工大学学报(社会科学版)》2013年第1期。

顾建光:《文化与行为》,四川人民出版社,1988。

顾军:《未成年人犯罪的理论与司法实践》,法律出版社,2010。

关颖:《城市未成年人犯罪与家庭》,群众出版社,2004。

管荣赋、李凤奎:《关于构建未成年人恢复性司法制度的研究》,《犯罪与改造研究》2012年第8期。

郭法奇:《教育史研究——寻求一种更好的解释》,中国社会科学出版社,2012。

郭法奇:《现代儿童的本质与教育环境》,《北京师范大学学报(社会科学版)》1995年第2期。

郭建安、鲁兰主编《中国监狱行刑实践研究》,北京大学出版社,2007。

郭晶英:《监狱心理咨询话语分析》,2013年浙江大学博士论文。

郭明:《中国监狱学史纲:清末以来的中国监狱学术述论》,中国方正出版社,2005。

哈经雄、滕星:《民族教育学通论》,教育科学出版社,2001。

侯威:《多学科视角下的罪犯教育理论研究》,《辽宁经济管理干部学院学报》2011年第3期。

胡鸿保:《中国人类学史》,中国人民大学出版社,2006。

胡疆锋:《亚文化》,《文化研究》2006年第6辑。

黄立、朱永平、王水明主编《未成年人犯罪专题研究》,法律出版社,2014。

黄淑娉、龚佩华:《文化人类学理论方法研究》,广东高等教育出版社,2004。

黄炎培:《黄炎培教育文选》,上海教育出版社,1985。

黄政杰:《多元文化课程》,台北:师大书苑公司,1997。

黄宗智:《中国正义体系中的"政"与"法"》,《开放时代》2016年第6期。

〔美〕霍贝尔:《原始人的法——法律的动态比较研究》,严存生等译,法律出版社，2012。

贾洛川：《中国特色监狱研究》，陕西人民出版社，2000。

贾洛川：《中国未成年违法犯罪人员矫正制度研究》，中国人民公安大学出版社，2006。

姜大源：《现代职业教育体系构建的理性追问》，《教育研究》2011年第11期。

金鉴：《监狱学总论》，法律出版社，1997。

金生鈜：《规训与教化》，教育科学出版社，2004。

康少邦、张宁等：《城市社会学》，浙江人民出版社，1986。

兰洁：《监狱法学》，中国政法大学出版社，1996。

兰洁：《教育改造学》，法律出版社，1999。

黎赵雄：《文化监狱》，中国民主法制出版社，2007。

李俊丽等：《未成年犯的人格特点与心理健康状况与应对方式的相关研究》，《中国学校卫生》2006年第1期。

李豫黔：《我国未成年犯教育改造工作的实践与思考》，《预防青少年犯罪研究》，2013年第1期。

连春亮、张峰：《人文关怀下的罪犯心理矫治》，群众出版社，2006。

联合国教科文组织总部中文科译：《教育——财富蕴藏其中》，教育科学出版社，1996。

梁钊韬：《文化人类学》，中山大学出版社，1991。

梁治平：《清代习惯法：社会与国家》，中国政法大学出版社，1996。

林山田、林东茂，林灿璋：《犯罪学》，台北：台湾三民书局，2007。

林山田：《刑罚学》，（台湾）商务印书馆，1975。

林耀华：《金翼》，庄孔韶、林宗成译，三联书店，2009。

刘恒志：《关于罪犯受教育权实现不充分的思考》，《中国监狱学刊》2003年第6期。

刘宏、王定辉：《我国未成年人犯罪刑罚的适用——以未成年犯罪人再社会化为视角》，《前沿》2011年第14期。

刘俐：《监禁状态下未成年女犯矫正教育创新研究——以江苏省某未成年犯管教所为例》，2010年南京理工大学硕士学位论文。

刘顺峰：《西方法律人类学论纲：历史、理论与启示》，《北京理工大学学报》（社会科学版）2014年第5期。

刘最跃：《论未成年犯的教育改造》，天津大学出版社，2013。

〔法〕卢梭：《论人与人之间不平等的起因和基础》，李平沤译，商务印书馆，2007。

鲁加伦：《中国少数民族罪犯改造研究》，法律出版社，2001。

鲁加伦：《中国未成年犯改造研究》，吉林人民出版社，2000。

鲁兰著：《中国矫正理论与实务比较研究》，北京大学出版社，2005。

路琦、董泽史、姚东、胡发清：《2013年我国未成年犯抽样调查分析报告（上）》，《青少年犯罪问题》2014年第3期。

路琦、董泽史、姚东、胡发清：《2013年我国未成年犯抽样调查分析报告（下）》，《青少年犯罪问题》2014年第4期。

〔英〕马林诺夫斯基：《原始社会的犯罪与习俗》，原江译，贺志雄校，云南人民出版社，2002。

马伟华：《从人类学角度解读宁夏吊庄移民中出现的社会治安问题》，《宁夏社会科学》2008年第3期。

马效义：《移民教育与社区文化重构——宁夏芦草洼吊庄移民的教育人类学透视》，《湖南师范大学教育科学学报》2009年第4期。

邵名正：《监狱学》，法律出版社，1996。

沈玉忠：《未成年人犯罪特别处遇研究》，中国长安出版社，2010。

司洪昌：《嵌入村庄的学校　仁村教育的历史人类学研究》，教育科学出版社，2009。

宋立军：《超越高墙的秩序——记录监狱生活的民族志》，2010年中央民族大学博士论文。

孙晶岩：《女监档案》，文汇出版社，2008。

孙平：《法律人类学研究的方法及运用——以监狱的调查研究为例》，《安徽警官职业学院学报》2011年第1期。

孙平：《监狱亚文化》，社会科学文献出版社，2013。

孙平：《社区矫正的法律人类学比较》，《比较法研究》2006年第1期。

孙平：《文化监狱的构建》，中国政法大学出版社，2007。

孙薇：《监狱图书馆为服刑人员提供信息服务研究》，2012年安徽大学硕士学位论文。

滕星、胡鞍钢主编《西部开发与教育发展博士论坛》，民族出版社，2001。

滕星：《教育人类学的理论与实践——本土经验与学科建构》，民族出版社，2009。

滕星：《文化变迁与双语教育：凉山彝族社区教育人类学的田野工作与文本撰述》，教育科学出版社，2001。

万安中主编《中国监狱史》，中国政法大学出版社，2003。

万明钢：《少数民族学生心理发展与教育发展》，甘肃教育出版社，2002。

王秉中主编《罪犯教育学》，群众出版社，2008。

王道俊、王汉澜主编《教育学》，人民教育出版社，1989。

王飞：《民族文化背景下的犯罪与矫正：对两所监狱少数民族服刑人员的法律人类学考察》，中央民族大学出版社，2012。

王鉴主编《民族教育学》，甘肃教育出版社，2002。

王景英主编《教育统计学》，高等教育出版社，2001。

王军：《文化传承与教育选择》，民族出版社，2002。

王丽荣：《当代日本青少年道德教育的状况》，《青年探索》2003年第5期。

王明迪、郭建安：《岁月铭记——新中国监狱工作50年》，法律出版社，2000。

王明迪主编《罪犯教育概论》，法律出版社，2001。

王平：《中国监狱改革及其现代化》，中国方正出版社，1999。

王泰主编《新编狱政管理学》，中国市场出版社，2005。

王戍生主编《罪犯劳动概论》，法律出版社，2001。

王雪峰、李为忠、高海平、李晨光：《罪犯教育理论专题研究》，法律出版社，2014。

王云海：《监狱行刑的法理》，中国人民大学出版社，2010。

王祖清、赵卫宽主编《罪犯教育学》，金城出版社，2003。

吴晓蓉：《中国教育人类学研究述评》，《民族研究》2010年第2期。

吴宗宪：《当代西方监狱学》，法律出版社，2005。

吴宗宪：《二十年来西方监狱和监狱学概观》，《犯罪与改造研究》2006 年第 4 期。

吴宗宪：《未成年犯矫正研究》，北京师范大学出版社，2012。

吴宗宪等主编《刑事执行法学（第二版）》，中国人民大学出版社，2013。

夏宗素：《罪犯矫正与康复》，中国人民公安大学出版社，2005。

肖丹：《罪犯职业技术教育的意义、问题及对策研究》，2008 年东北师范大学硕士学位论文。

谢维和：《教育活动的社会学分析》，教育科学出版社，2000。

熊易寒：《城市化的孩子：农民工子女的身份生产和政治社会化》，上海世纪出版集团，2010。

许章润：《监狱学》，中国人民公安大学出版社，1991。

严景耀：《北平监狱教诲与教育》，《社会学界》1930 年第 4 期。

严景耀：《中国的犯罪问题与文化变迁的关系》，北京大学出版社，1986。

杨木高：《中国未成年犯管教所发展史研究》，《犯罪与改造研究》2012 年第 5 期。

姚建龙：《未成年犯义务教育的困境与出路》，《青年研究》2007 年第 6 期。

姚建龙主编《中国青少年犯罪研究综述》，中国检察出版社，2009。

姚建龙：《转变与革新：论少年刑法的基本立场》，《现代法学》2006 年第 1 期。

于爱荣：《四维矫正激励——基于未成年犯的视角》，长安出版社，2009。

于志刚：《论犯罪的价值》，北京大学出版社，2007。

翟中东：《国际视域下的重新犯罪防治政策》，北京大学出版社，2010。

翟中东：《刑罚问题的社会学思考》，法律出版社，2010。

张东平：《近代中国监狱的感化教育研究》，中国法制出版社，2012。

张佳荣、宋立卿：《违法犯罪未成年人矫治制度研究》，群众出版社，2007。

张坚：《基于监狱体制改革的当代中国罪犯教育研究》，法律出版社，2009。

张江华、李德君等主编《影视人类学概论》，社会科学文献出版社，2000。

张金桑：《监狱人民警察概论》，法律出版社。2001。

张晶：《中国监狱制度从传统走向现代》，海潮出版社，2000。

张黎群：《继往开来，把我国的青少年犯罪研究工作推向21世纪——在中国青少年犯罪研究会1998年工作会议上的报告》，载《中国青少年犯罪研究年鉴》第2卷，中国方正出版社，2002。

张苏军：《中国监狱发展战略研究》，法律出版社，2000。

赵国玲：《未成年人司法制度改革研究》，北京大学出版社，2011。

郑小明：《论和谐社会视阈下弱势群体的再社会化》，《求实》2013年第2期。

中华人民共和国年鉴编辑部编《中华人民共和国年鉴2013年（总第33期）》，中华人民共和国年鉴社，2013。

中华人民共和国司法部编《亚太地区罪犯的矫正与管理——第11届亚太矫正管理者会议文集》，法律出版社，1993。

周大鸣、邵峰：《未成年罪犯再社会化教育的内涵及存在问题》，《青年探索》2016年第3期。

周大鸣主编《人类学导论》，云南大学出版社，2007。

周大鸣：《现代都市人类学》，中山大学出版社，1997。

周大鸣：《中国农民工的流动——农民工输入地与输出地比较》，《广东青年干部学院学报》1999年第4期。

周大鸣：《凤凰村的变迁》，社会科学文献出版社，2006。

周大鸣主编《文化人类学概论》，中山大学出版社，2009。

周雨臣：《新时期罪犯教育的本质与地位探析》，《河南司法警官职业学院学报》2009年第2期。

周雨臣：《罪犯教育专论》，群众出版社，2010。

庄孔韶主编《人类学概论》，中国人民大学出版社，2006。

庄孔韶主编《人类学经典导读》，中国人民大学出版社，2008。

庄孔韶：《文化与性灵》，湖北教育出版社，2001。

励雪琴:《教育学是什么》,北京大学出版社,2006。

孙雄:《监狱学》,商务印书馆,2011。

〔美〕J.U.奥布:《教育人类学/教育大百科全书》,石中英译,西南师范大学出版社,2011。

王福金:《中国劳改工作简史》,警官教育出版社,1993。

英文类

Aristotle: *Poetics*, trans. J. Hutton, London, New York: Norton, 1982.

George Peter Murdock, "Bronislaw malinowski," *The Yale Law Journal* 8 (1942).

Harvey, Joel Young Men In Przson: Surviving and Dapting to Life Inside, Cullompton: Willan Publishing, 2007.

Hasaballa, Aida Y., *Social Organization of the Modern Prison*, New York: The Edwin Mellen Press, 2001.

Alford, C. F., "What Would It Matter If Everything Foucault Said about Prison Were Wrong? Discipline And Punish after Twenty Years," *Theory and Society* 1 (2000).

Allard, T., Wortley, R., & Stewart, A., "The Purposes of CCTV in Prison," *Security Journal* 1 (2006).

Allard, T. J., Wortley, R. K., & Stewart, A. L., "The Effect of CCTV on Prisoner Misbehavior," *The Prison Journal* 3 (2008)

Bottoms, A. E., "Interpersonal Violence and Social Order in Prisons," *Crime and Justice* 26 (1999).

Bottoms, A. E., & Preston, R. H., *The Coming Penal Crisis: A Criminological and Theological Exploration*, Scottish Academic Press Edinburgh, 1980.

Carlen, P., *Women's Imprisonment: A Study in Social Control*, Routledge & Kegan Paul London, 1983.

Clemmer, D., *The Prison Community*, Boston: The Christopher Publishing House, 1940.

Crewe, B., Power, "Adaptation And Resistance in A Late - Modern

Men's Prison," *British Journal of Criminology* 2 (2007).

Crewe, B., "Not Looking Hard Enough: Masculinity, Emotion, and Prison Research," *Qualitative Inquiry* 4 (2014).

Cunha, M., "The Ethnography of Prisons And Penal Confinement," *Annual Review of Anthropology* 43 (2014).

Davidson, R. T., *Chicano Prisoners: The Key to San Quentin*, Holt, Rinehart and Winston New York, 1974.

Drake, D. H., & Earle, R., "On The Inside: Prison Ethnography around the Globe: Deborah H. Drake and Rod Earle Introduce the Articles in the Themed Section," *Criminal Justice Matters* 1 (2013)

Drake, D. H., Earle, R., & Sloan, J., *The Palgrave Handbook of Prison Ethnography*, Springer, 2016.

Einat, T., & Chen, G., "Gossip in A Maximum Security Female Prison: An Exploratory Study," *Women & Criminal Justice* 2 (2012).

Feeley, M. M., & Simon, J., "The New Penology: Notes on the Emerging Strategy of Corrections and its Implications," *Criminology* 4 (1992).

Giallombardo, R., *Society of Women: A Study of a Women's Prison*, Wiley, New York, 1966.

Gill, M., & Loveday, K., "What Do Offenders Think about CCTV?" *Crime Prevention and Community Safety* 3 (2003).

Gray, T., *Exploring Corrections: A Book of Readings*, Allyn & Bacon, 2001.

Ignatieff, M. State, "Civil Society, and Total Institutions: A Critique of Recent Social Histories of Punishment," *Crime and Justice* 3 (1981).

Jacobs, J. B., *Stateville: The Penitentiary in Mass Society*, University of Chicago Press, 2015.

Lambropoulou, E., *The Autopoietic View of Prison Organization and of Correctional Reforms Critical Issues in Systems Theory And Practice*, Springer, 1995.

附 录

附录一 《监狱教育改造工作规定》[①]
（司法部令第 79 号）

第一章 总则

第一条 为了规范监狱教育改造工作，提高教育改造质量，根据《中华人民共和国监狱法》和有关法律、法规的规定，结合监狱教育改造工作实际，制定本规定。

第二条 监狱教育改造工作是刑罚执行活动的重要组成部分，是改造罪犯的基本手段之一，是监狱工作法制化、科学化、社会化的重要体现，贯穿于监狱工作的全过程。

第三条 监狱教育改造工作的任务，是通过各种有效的途径和方法，教育罪犯认罪悔罪，自觉接受改造，增强法律意识和道德素养，掌握一定的文化知识和劳动技能，将其改造成为守法公民。

第四条 监狱教育改造工作，应当根据罪犯的犯罪类型、犯罪原因、恶性程度及其思想、行为、心理特征，坚持因人施教、以理服人、循序渐进、注重实效的原则。

第五条 监狱教育改造工作主要包括：入监教育；个别教育；思想、文化、技术教育；监区文化建设；社会帮教；心理矫治；评选罪犯改造积

[①] 《监狱教育改造工作规定》，http://www.moj.gov.cn/Department/content/2003-07/08/594_205044.html，最后访问日期：2019 年 9 月 30 日。

极分子；出监教育等。

第六条 监狱教育改造工作，应当坚持集体教育与个别教育相结合，课堂教育与辅助教育相结合，常规教育与专题教育相结合，狱内教育与社会教育相结合。

第七条 监狱应当设立教育改造场所，包括教室、谈话室、文体活动室、图书室、阅览室、电化教育室、心理咨询室等，并配备相应的设施。

第八条 监狱用于罪犯教育改造的经费，按照国家规定的有关标准执行。少数民族罪犯、未成年犯的教育改造经费应予提高。

第二章 入监教育

第九条 对新入监的罪犯，应当将其安排在负责新收分流罪犯的监狱或者监区，集中进行为期两个月的入监教育。

第十条 新收罪犯入监后，监狱（监区）应当向其宣布罪犯在服刑期间享有的权利和应当履行的义务：

（一）罪犯在服刑期间享有下列权利：人格不受侮辱，人身安全和合法财产不受侵犯，享有辩护、申诉、控告、检举以及其他未被依法剥夺或者限制的权利。

（二）罪犯在服刑期间应当履行下列义务：遵守国家法律、法规和监规纪律，服从管理，接受教育改造，按照规定参加劳动。

第十一条 监狱（监区）对新收罪犯，应当进行法制教育和监规纪律教育，引导其认罪悔罪，明确改造目标，适应服刑生活。

第十二条 监狱（监区）应当了解和掌握新收罪犯的基本情况、认罪态度和思想动态，进行个体分析和心理测验，对其危险程度、恶性程度、改造难度进行评估，提出关押和改造的建议。

第十三条 入监教育结束后，监狱（监区）应当对新收罪犯进行考核验收。对考核合格的，移送相应类别的监狱（监区）服刑改造；对考核不合格的，应当延长入监教育，时限为一个月。

第三章 个别教育

第十四条 监狱应当根据每一名罪犯的具体情况，安排监狱人民警察对其进行有针对性的个别教育。

第十五条 个别教育应当坚持法制教育与道德教育相结合，以理服人与以情感人相结合，戒之以规与导之以行相结合，内容的针对性与形式的灵活性相结合，解决思想问题与解决实际问题相结合。

第十六条 监狱各监区的人民警察对所管理的罪犯，应当每月至少安排一次个别谈话教育。

第十七条 罪犯有下列情形之一的，监狱人民警察应当及时对其进行个别谈话教育：

（一）新入监或者服刑监狱、监区变更时；

（二）处遇变更或者劳动岗位调换时；

（三）受到奖励或者惩处时；

（四）罪犯之间产生矛盾或者发生冲突时；

（五）离监探亲前后或者家庭出现变故时；

（六）无人会见或者家人长时间不与其联络时；

（七）行为反常、情绪异常时；

（八）主动要求谈话时；

（九）暂予监外执行、假释或者刑满释放出监前；

（十）其他需要进行个别谈话教育的。

第十八条 监狱人民警察对罪犯进行个别谈话教育，应当认真做好记录，并根据罪犯的思想状况和动态，采取有针对性的教育改造措施。

第十九条 监狱应当建立罪犯思想动态分析制度，并根据分析情况，组织开展有针对性的专题教育。

分监区每周分析一次，监区每半月分析一次，监狱每月分析一次；遇有重大事件，应当随时收集、分析罪犯的思想动态。分析的情况应当逐级上报。

第二十条 监狱应当根据罪犯的犯罪类型，结合罪犯的危险程度、恶性程度、接受能力，对罪犯进行分类，开展分类教育。

第二十一条 监狱应当建立对顽固型罪犯（简称顽固犯）和危险型罪犯（简称危险犯）的认定和教育转化制度。

有下列情形之一的，认定为顽固犯：

（一）拒不认罪、无理缠诉的；

（二）打击先进、拉拢落后、经常散布反改造言论的；

（三）屡犯监规、经常打架斗殴、抗拒管教的；

（四）无正当理由经常逃避学习和劳动的；

（五）其他需要认定为顽固犯的。

有下列情形之一的，认定为危险犯：

（一）有自伤、自残、自杀危险的；

（二）有逃跑、行凶、破坏等犯罪倾向的；

（三）有重大犯罪嫌疑的；

（四）隐瞒真实姓名、身份的；

（五）其他需要认定为危险犯的。

第二十二条 监狱应当对顽固犯、危险犯制定有针对性的教育改造方案，建立教育转化档案，指定专人负责教育转化工作。必要时，可以采取集体攻坚等方式。

第二十三条 顽固犯和危险犯的认定与撤销，由监区或者直属分监区集体研究，提出意见，分别报监狱教育改造、狱政管理部门审核，由主管副监狱长审定。

第四章 思想、文化、技术教育

第二十四条 监狱应当办好文化技术学校，对罪犯进行思想、文化、技术教育。

成年罪犯的教学时间，每年不少于 500 课时；未成年犯的教学时间，每年不少于 1000 课时。

第二十五条 罪犯必须接受监狱组织的思想教育。思想教育包括以下内容：

（一）认罪悔罪教育；

（二）法律常识教育；

（三）公民道德教育；

（四）劳动常识教育；

（五）时事政治教育。

第二十六条　监狱组织的文化教育，应当根据罪犯不同的文化程度，分别开展扫盲、小学、初中文化教育，有条件的可以开展高中（中专）教育。鼓励罪犯自学，参加电大、函大、高等教育自学考试，并为他们参加学习和考试提供必要的条件。

尚未完成国家规定的九年制义务教育，年龄不满45周岁，能够坚持正常学习的罪犯，应当接受义务教育；已完成义务教育或者年龄在45周岁以上的罪犯，鼓励其参加其他文化学习。

第二十七条　监狱应当根据罪犯在狱内劳动的岗位技能要求和刑满释放后就业的需要，组织罪犯开展岗位技术培训和职业技能教育。

年龄不满50周岁，没有一技之长，能够坚持正常学习的罪犯，应当参加技术教育；有一技之长的，可以按照监狱的安排，选择学习其他技能。

第二十八条　监狱组织开展思想、文化、技术教育，其教员可以从本监狱的人民警察中选任，也可以从社会上符合条件的人员中聘任。

对罪犯的文化、技术教育，可以在本监狱选择服刑表现较好、有文化技术专长的罪犯协助。

第二十九条　监狱应当积极与当地教育、劳动和社会保障行政部门以及就业培训机构联系，在狱内文化、技术教育的专业设置、教学安排、师资培训、外聘教师、教研活动、考试（考核）和颁发学历、学位（资格）证书等方面取得支持和帮助。

第三十条　监狱应当积极利用社会资源，开展罪犯文化、技术教育，根据罪犯刑满释放后的就业需要，开设不同内容、种类的培训班。

第三十一条　监狱对罪犯开展的思想教育和扫盲、小学、初中文化教育，使用司法部监狱管理局统一编写的教材。

第五章　监区文化建设

第三十二条　监狱应当组织罪犯开展丰富多彩的文化、体育等活动，加强监区文化建设，创造有益于罪犯身心健康和发展的改造环境。

第三十三条　监狱应当办好图书室、阅览室、墙报、黑板报，组织开展经常性的读书、评报活动。

监狱图书室藏书人均不少于10本。

第三十四条 监狱应当根据自身情况,成立多种形式的文艺表演队、体育运动队等,组织罪犯开展文艺、体育活动。

第三十五条 监狱应当根据条件,组织罪犯学习音乐、美术、书法等,开展艺术和美育教育。

第三十六条 监狱应当建立电化教育系统、广播室,各分监区要配备电视,组织罪犯收听、收看新闻及其他有益于罪犯改造的广播、影视节目。

第三十七条 监狱应当根据教育改造罪犯的需要,美化监区环境,规范监区环境布置。

第三十八条 监狱应当在国庆节、国际劳动节、元旦、春节和重大庆祝、纪念活动,以及每月的第一天,组织罪犯参加升挂国旗仪式。

第六章 社会帮教

第三十九条 监狱应当积极争取社会各个方面和社会各界人士的支持,配合监狱开展有益于罪犯改造的各种社会帮教活动。

第四十条 监狱应当与罪犯原所在地的政府、原单位(学校)、近亲属联系,签订帮教协议,适时邀请有关单位和人士来监狱开展帮教工作;监狱也可以组织罪犯到社会上参观学习,接受教育。

第四十一条 监狱应当鼓励和支持社会志愿者参与对罪犯进行思想、文化、技术教育等方面的帮教活动,并为其帮教活动提供便利。

第四十二条 监狱应当为罪犯获得法律援助提供帮助,联系、协调当地法律援助机构为罪犯提供法律援助服务。

第七章 心理矫治

第四十三条 监狱应当开展对罪犯的心理矫治工作。心理矫治工作包括:心理健康教育,心理测验,心理咨询和心理疾病治疗。

第四十四条 监狱应当建立心理矫治室,配置必要的设备,由专业人员对罪犯进行心理矫治。

第四十五条 监狱应当对罪犯进行心理健康教育,宣传心理健康知识,使罪犯对心理问题学会自我调节、自我矫治。

第四十六条 监狱应当在罪犯入监教育、服刑改造中期、出监教育期间对罪犯进行心理测验,建立心理档案,为开展有针对性的思想教育和心理矫治提供参考,对重新犯罪的倾向进行预测。

第四十七条 监狱应当配备专门人员,对罪犯提供心理咨询服务,解答罪犯提出的心理问题。

第四十八条 监狱对有心理疾病的罪犯,应当实施治疗;对病情严重的,应当组织有关专业人员会诊,进行专门治疗。

第四十九条 监狱从事心理测验、心理咨询工作的人员应当具备以下条件:

(一)取得心理咨询员、心理咨询师、高级心理咨询师等国家职业资格证书;

(二)具有强烈的事业心和高度的责任感;

(三)具有良好的品行和职业道德。

监狱可以聘请社会专业人员参与对罪犯的心理矫治工作。

第八章 激励措施

第五十条 监狱应当采取措施,激励罪犯接受改造,在教育改造工作中注重发挥改造积极分子的典型示范作用。

第五十一条 监狱和省、自治区、直辖市监狱管理局应当每年分别组织评选本监狱和本地区的改造积极分子。

改造积极分子的条件:认罪悔罪,积极改造;自觉遵守法律、法规、规章和监规纪律;讲究文明礼貌,乐于助人;认真学习文化知识和劳动技能,成绩突出;积极参加劳动,完成劳动任务;达到计分考核奖励条件。

第五十二条 监狱评选改造积极分子,应当在完成年终评审的基础上,由分监区召集罪犯集体评议推荐,全体警察集体研究,报监区长办公会审议,确定人选。直属分监区或者未设分监区的监区,其人选由分监区或者监区召集罪犯集体评议推荐,全体警察集体研究确定。

监区或者直属分监区确定人选后,填写《改造积极分子审批表》,报监狱教育改造部门审核,在本监狱内履行公示程序后,提交监狱长办公会审定。

第五十三条 监狱对改造积极分子人选实行公示的期限为七个工作日。公示期内，如有监狱人民警察或者罪犯对人选提出异议，由监狱教育改造部门进行复核，并告知复核结果。

第五十四条 省、自治区、直辖市监狱管理局评选本地区改造积极分子，由监狱根据下达的名额，从连续两年被评为监狱改造积极分子的罪犯中提出人选，报监狱管理局教育改造部门审核，由局长办公会审定。

第九章　出监教育

第五十五条 监狱对即将服刑期满的罪犯，应当集中进行出监教育，时限为三个月。

第五十六条 监狱组织出监教育，应当对罪犯进行形势、政策、前途教育，遵纪守法教育和必要的就业指导，开展多种类型、比较实用的职业技能培训，增强罪犯回归社会后适应社会、就业谋生的能力。

第五十七条 监狱应当邀请当地公安、劳动和社会保障、民政、工商、税务等部门，向罪犯介绍有关治安、就业、安置、社会保障等方面的政策和情况，教育罪犯做好出监后应对各方面问题的思想准备，使其顺利回归社会。

第五十八条 监狱应当根据罪犯在服刑期间的考核情况、奖惩情况、心理测验情况，对其改造效果进行综合评估，具体评价指标、评估方法另行规定。

第五十九条 监狱应当在罪犯刑满前一个月，将其在监狱服刑改造的评估意见、刑满释放的时间，本人职业技能特长和回归社会后的择业意向，以及对地方做好安置帮教工作的建议，填入《刑满释放人员通知书》，寄送服刑人员原户籍所在地的县级公安机关和司法行政机关。

第六十条 监狱应当对刑满释放人员回归社会后的情况进行了解，评估教育改造工作的质量和效果，总结推广教育改造工作的成功经验，不断提高监狱教育改造工作的质量。

第十章　附则

第六十一条 对未成年犯的教育改造工作，依照《未成年犯管教所管理规定》（司法部令第 56 号）的有关规定执行；未作规定的，依照本规定执行。

第六十二条　本规定由司法部解释。

第六十三条　本规定自 2003 年 8 月 1 日起施行。

附录二　《教育改造罪犯纲要》①

为进一步提高罪犯改造质量，根据《中华人民共和国监狱法》和《监狱教育改造工作规定》等法律、规章，结合教育改造罪犯工作实际，制定本纲要。

一　充分认识教育改造罪犯的重要意义

1. 教育改造罪犯是监狱工作的重要任务。惩罚与改造罪犯，把罪犯改造成为守法公民，是法律赋予监狱的重要职责。多年来，监狱系统在党中央、国务院的正确领导下，深入贯彻党的监狱工作方针，紧紧围绕提高罪犯改造质量，大力开展对罪犯的法制、道德、文化和职业技术等教育，针对不同类型的罪犯，实施有针对性的教育改造工作，并不断改革创新，在罪犯心理矫治、改造评估、服刑指导、教育改造工作社会化等方面进行了积极的探索，取得了显著成绩，对于罪犯在服刑期间提高法律意识和道德观念，掌握文化知识和劳动技能，从而顺利地回归社会，发挥了重要作用。当前，监狱工作面临着前所未有的发展机遇，也面临着严峻的挑战。在人民内部矛盾凸现、刑事犯罪高发、对敌斗争复杂的新形势下，滋生和诱发犯罪的消极因素增多，监狱在押犯的构成日益复杂，重大刑事犯、暴力犯、涉黑涉毒犯等罪犯数量不断增多，与危害国家安全罪犯、"法轮功"罪犯的改造与反改造斗争日益尖锐，改造罪犯的难度加大。从监狱工作情况看，监狱正处于体制转换的重要时期，一方面，监狱体制改革和布局调

---

① 《教育改造罪犯纲要》，http://gdjyj.gd.gov.cn/ywgk/xggd/content/post_210077.html，最后访问日期：2019 年 3 月 14 日。

整工作稳步推进，财政保障力度不断加大，监狱设施明显改善，监狱人民警察队伍素质不断提高；另一方面，一些长期影响和制约监狱工作的深层次矛盾还没有从根本上解决，部分监狱执法环境方面的问题仍然比较突出。从教育改造工作本身来看，教育改造罪犯的科学性有待进一步增强，方式、方法和手段有待进一步完善和创新，教育改造质量有待进一步提高。

2. 提高教育改造质量是构建社会主义和谐社会的客观要求。党的十六届六中全会确立了构建社会主义和谐社会的重大目标任务，提出要加强和谐社会的司法保障，完善刑罚执行制度。构建社会主义和谐社会的目标任务对监狱工作提出了新的更高的要求。把罪犯改造成为守法公民，使他们顺利回归社会，减少重新违法犯罪，是最大限度地减少不和谐因素、最大限度地增加和谐因素的重要工作，是维护社会稳定、构建社会主义和谐社会的客观要求。要积极探索、切实把握新形势下罪犯改造工作的规律，创新改造理念，完善改造手段，充分发挥教育改造在矫治犯罪思想、传授知识等方面的作用，充分发挥劳动改造在矫正罪犯恶习、培养劳动习惯、培训劳动技能等方面的作用，充分发挥心理咨询、心理矫治在罪犯改造工作中的重要作用，切实提高罪犯教育改造质量，为减少重新违法犯罪、维护社会和谐稳定做出更大的贡献。

二 教育改造罪犯的指导思想、主要目标和基本原则

3. 教育改造罪犯的指导思想是：以邓小平理论和"三个代表"重要思想为指导，全面贯彻落实科学发展观，牢固树立社会主义法治理念，按照构建社会主义和谐社会的总要求，贯彻"惩罚与改造相结合，以改造人为宗旨"的监狱工作方针，紧紧围绕提高罪犯改造质量，坚持以人为本，充分发挥管理、教育、劳动改造手段的作用，发挥心理矫治的重要作用，推进教育改造罪犯工作的法制化、科学化、社会化，把罪犯改造成为守法公民。

4. 教育改造罪犯的主要目标是：在罪犯服刑期间，通过各种教育改造手段和方法，使其成为守法守规的服刑人员。守法守规服刑人员的基本条件是：认罪悔罪、遵守规范、认真学习、积极劳动。

——认罪悔罪：承认犯罪事实，认清犯罪危害，对自己的犯罪行为表示悔恨，服从法院判决，不无理缠诉。

——遵守规范：遵守法律、法规，遵守服刑人员基本规范、生活规范、学习规范、劳动规范、文明礼貌规范。

——认真学习：积极接受思想、文化、职业技术等教育，遵守学习纪律，学习成绩达到要求。

——积极劳动：积极参加劳动，遵守劳动纪律，服从生产管理和技术指导，掌握基本劳动技能，严格遵守操作规程，保证劳动质量，完成劳动任务。

罪犯刑满释放时，符合守法守规服刑人员条件的，要逐步达到当年释放人数的90%以上。

5. 教育改造罪犯的基本原则：

——以人为本，重在改造。教育改造罪犯，要充分了解和掌握罪犯的思想动态，充分考虑罪犯的自身情况，着眼于罪犯顺利回归社会，采取有针对性的改造措施。

——标本兼治，注重实效。教育改造罪犯，要把规范罪犯行为与矫正罪犯犯罪意识有机地结合起来，增强各种改造手段和措施的实际效果。

——因人施教，突出重点。教育改造罪犯，要根据不同类型、不同罪犯的实际情况，实施分类教育和个别教育，尤其对重点类型、重点罪犯，要重点采取教育改造措施，实现教育改造效果的最大化。

——循序渐进，以理服人。教育改造罪犯，应当按照罪犯的思想转化规律，制定工作计划，分阶段、有步骤地实施；要坚持摆事实、讲道理，对罪犯开展耐心细致的说服教育工作。

三 教育改造罪犯的主要内容和要求

6. 教育改造罪犯的主要内容：

对新入监罪犯的教育；

对罪犯的法律常识和认罪悔罪教育；

对罪犯的公民道德和时事政治教育；

对罪犯的文化教育；

对罪犯的劳动和职业技术教育；

对罪犯的心理健康教育；

对即将出监罪犯的教育。

7. 教育改造罪犯的教学时间：成年罪犯的教学时间，每年不少于500课时。

8. 对新入监罪犯的教育。对新入监的罪犯，应当建立服刑改造专档，集中进行两个月的入监教育。重点是开展法律常识教育和认罪悔罪教育，使罪犯了解在服刑期间享有的权利和应当履行的义务，了解和掌握服刑人员的行为规范。要教育引导罪犯认罪悔罪，明确改造目标，适应服刑生活。

要用科学的手段和方法，了解掌握新入监罪犯的基本情况、认罪态度和思想动态，对其危险程度、恶性程度、改造难度进行评估，提出关押和改造建议。

入监教育结束后，监狱要进行考核。对考核不合格的，应当延长入监教育时间，时限为一个月。

9. 对罪犯的法律常识和认罪悔罪教育。针对罪犯不懂法、不守法、法律意识淡薄等情况，开展法律常识教育，使罪犯了解基本的法律知识，树立尊重和遵守法律的意识和观念。

要组织罪犯学习宪法、刑法、刑事诉讼法、监狱法等法律知识，使罪犯掌握基本法律常识，了解公民所享有的权利和应当履行的义务，理解违法犯罪的含义及其法律责任，认识自己的犯罪行为给社会带来的危害，增强他们的法律意识，引导他们自觉守法。

要组织罪犯学习民法通则、物权法、继承法、婚姻法、合同法、劳动法等法律知识，使罪犯了解依法解决民事纠纷的途径，懂得利用法律维护国家、集体利益和个人的合法权益。

罪犯刑满释放时，法律常识教育合格率应当达到95%以上。

要在法律常识教育的基础上，深入开展对罪犯的认罪悔罪教育。要教育罪犯运用所学法律知识，联系自己犯罪实际，明白什么是犯罪，认清罪与非罪的界限，承认犯罪事实；要指导罪犯正确对待法院判决，正确处理申诉与服刑改造的关系，使罪犯认罪服判。

10. 对罪犯的公民道德和时事政治教育。开展公民道德教育，使罪犯明确社会主义道德的基本原则和要求，认识正确处理个人、集体、他人的关系在社会生活中的重要意义，提高道德认识水平，培养遵守社会主义道德的自觉性。

要对罪犯进行中华传统美德教育，使罪犯了解中华民族优秀的民族品质、优良的民族精神、崇高的民族气节、高尚的民族情感和良好的民族礼仪，要对罪犯进行世界观、人生观、价值观的教育，使罪犯科学认识世界，明确人生目的，反思人生教训，端正人生态度，引导罪犯树立正确的世界观、人生观、价值观，正确对待人生道路上的失败与挫折。要对罪犯进行道德修养教育，教育罪犯掌握道德修养的正确方法，从小事做起，敢于自我解剖，严格要求自己，养成良好的道德品质。

要把社会主义荣辱观教育作为道德教育的重要内容，使罪犯牢记"八荣八耻"的主要内容，以正确的荣辱观规范自己的言行，养成良好的行为习惯。

罪犯刑满释放时，道德常识教育合格率应当达到95%以上。

要对罪犯进行时事政治教育，深入开展以科学发展观、构建社会主义和谐社会等重大战略思想为重点的思想政治教育，深入开展以国家改革开放和现代化建设取得的巨大成就为重点的形势教育，深入开展以近期国际、国内发生的重大事件，特别是与罪犯关系密切的事件为主要内容的时事教育，教育引导罪犯充分认识国家经济社会发展、社会和谐稳定的大好形势，消除思想疑虑，增强改造的信心。

11. 对罪犯的文化教育。针对罪犯的不同文化程度，分别开展扫盲、小学、初中文化教育，有条件的可以开展高中阶段教育。尚未完成义务教育、不满45周岁、能够坚持正常学习的罪犯，应当接受义务教育。

对罪犯的文化教育，以扫盲和小学教育为重点，文盲罪犯应当在入监两年内脱盲，脱盲比例达到应脱盲人数的95%以上。

罪犯刑满释放时，小学文化程度以上的应当逐步达到应入学人数的90%以上。

对已完成义务教育的罪犯，鼓励其参加电大、函大、高等教育自学考试或者其他类型的学习。

12. 对罪犯的劳动和职业技术教育。要结合罪犯实际，教育罪犯认识劳动的重要意义，引导罪犯树立正确的劳动意识，培养积极的劳动观念，养成良好的劳动习惯。

要根据罪犯在狱内劳动的岗位技能要求和刑满释放后就业的需要，组织罪犯开展岗位技术培训和职业技能教育。年龄不满50周岁、没有一技之长、能够坚持正常学习的罪犯，都应当参加技术教育。有一技之长的，可以按照监狱的安排，选择学习其他技能。对罪犯的岗位技术培训，要按照岗位要求进行"应知"、"应会"培训和必需的安全教育培训；对罪犯的职业技能教育应当按照劳动和社会保障部门的标准进行。

罪犯刑满释放前，取得职业技能证书的应当逐步达到应参加培训人数的90%以上。

13. 心理健康教育。针对罪犯心理调节能力和心理承受能力普遍较弱，容易发生心理问题的情况，要在罪犯中普遍开展心理健康教育，引导罪犯树立关于心理健康的科学观念，懂得心理健康的表现与判断标准，了解影响心理健康的因素及其关系，对自身出现的心理问题学会自我调适或主动寻求心理辅导和咨询，增强心理承受和自我调控情绪的能力，提高心理素质。

要帮助罪犯找出导致违法犯罪的心理根源，学会矫正和克服的相应办法。引导罪犯加强与他人的交流与沟通，培养建立和谐人际关系的能力。

对罪犯开展心理健康教育的普及率，应当达到应参加人数的100%。

14. 对即将出监罪犯的教育。要根据罪犯回归社会的实际需要，对即将出监的罪犯集中进行三个月的出监教育，重点是进行形势、政策、前途教育，遵纪守法教育。可以邀请当地有关部门向罪犯介绍有关社会治安、就业形势等情况。要对每一名即将服刑期满的罪犯进行谈话教育，使其做好出监准备。

要大力加强对罪犯回归社会前的就业指导，开展多种类型、比较实用的职业技能培训，增强罪犯回归社会后适应社会、就业谋生的能力。

要对罪犯整个服刑期间的表现进行综合评估，并依照有关规定，向罪犯原户籍所在地的公安机关和司法行政机关提供评估意见和建议。

要做好监狱刑罚执行与社区矫正的衔接工作，把符合法定条件的在押罪犯逐步纳入社区矫正，使他们顺利融入社会，努力预防和减少重新违法犯罪。

四　教育改造罪犯工作的实施

15. 切实加强对教育改造罪犯工作的领导。各地司法厅（局）和监狱管理机关要充分认识教育改造罪犯的重要意义，真正把改造罪犯工作放到构建社会主义和谐社会的大局中统筹考虑，统一部署，坚持由主要领导抓改造，主要资源用于改造，主要时间花在改造上。要建立工作责任制，把改造罪犯工作的各项任务分解落实到有关部门和人员，纳入年终目标考核体系，把教育改造质量作为衡量监狱工作成效和考核领导干部任期目标责任制的主要内容。

16. 充分发挥公正、文明执法对罪犯的教育改造作用。要教育引导监狱人民警察进一步端正执法思想，忠诚履行法定职责。

要建立规范的内部执法工作程序和执法责任制，细化执法程序、规范执法行为，提高监狱执法的规范化和公信力。要严格公正执法，进一步增强依法保障罪犯合法权利的意识。要严格文明执法，坚决杜绝打骂、体罚、虐待罪犯等违法违纪行为。要建立健全监督机制，将监狱执法活动置于全方位、全过程的监督之下，重点加强对容易发生违法、违规等关键岗位和环节的监督。要深化狱务公开，以公开促进执法公正，努力实现法律效果与社会效果的统一。

17. 充分发挥正规管理对罪犯的约束、引导、激励作用。要进一步强化管理意识，坚持依法管理、严格管理、科学管理、文明管理。要进一步规范管理程序，明确管理要求，突出管理重点，提高管理质量。要着力健全完善对罪犯的日常管理制度，不断提高管理水平。要健全完善责任追究制度，加强对制度执行情况的督促检查，加大查处违反制度行为的力度，坚决维护制度的权威性和严肃性。

18. 强化劳动对罪犯的教育矫治功能。要教育罪犯树立有劳动能力必须参加劳动的观念，为罪犯提供劳动岗位；要强化劳动组织管理，提高罪犯技术水平，积极开展技术革新，不断提高劳动效率，使罪犯了解市场经济对劳动者的技术水平和团结协作精神的要求；要依法保障罪犯的合法权益，为罪犯提供必需的劳动保护，依法科学合理安排劳动工时，严禁超时、超体力劳动。要积极创造条件，依法落实罪犯的劳动报酬和劳动保险。要充分调动罪犯参加劳动的积极性，使罪犯通过劳动树立与社会主义市场经济相适应的新型劳动观念，掌握劳动技能，养成职业道德。

19. 突出个别教育和分类教育的改造作用。监狱要根据每一名罪犯的具体情况，实施有针对性的个别教育。要严格执行"十必谈"的规定，每月对每一名罪犯至少进行一次个别谈话教育，并根据不同罪犯的思想状况和动态，采取有针对性的管理教育措施。对顽固犯、危险犯，要指定专人负责管理教育工作，顽固犯的年转化率应当达到50%以上；对危险犯，要努力消除危险。要总结解决常见疑难问题的经验，积累改造资料，编写改造案例。要深入研究不同类型罪犯的教育改造方法，进一步提高教育改造罪犯的针对性。

20. 发挥心理矫治对罪犯心理的调适、干预作用。对罪犯要普遍开展心理测验，了解和掌握罪犯的心理特征和行为倾向，通过心理咨询实施有效干预，使罪犯消除心理障碍，学会自我调适，恢复健康心理。对有心理疾病的罪犯，应当予以治疗。要注意收集、积累心理矫治个案，注重发挥个案的指导作用。要认真研究罪犯心理的新变化，进一步规范心理矫治工作。

21. 发挥改造环境和监狱文化氛围对罪犯的熏陶作用。要为罪犯营造良好的改造环境，做到规划合理、设施齐全，环境美化、监区整洁。要广泛开展丰富多彩的文化、体育活动，定期举行文艺演出、体育比赛，组织罪犯学习音乐、美术、书法等，丰富罪犯文化生活，陶冶罪犯情操，使罪犯在文明、人道，有利于身心健康，有利于矫治恶习，有利于重返社会的氛围中得到改造。

22. 利用社会资源，加大对罪犯的教育改造力度。要进一步强化教育改造工作的社会性，注意发挥社会和家庭在罪犯改造中的作用，动员和利用社会力量，参与、支持罪犯改造工作。要与社会有关部门合作，签订帮教协议，开展联合办学、设立流动图书馆和狱内法律服务机构等，建立起多层次、全方位的社会帮教体系。要充分利用社会力量，建立一支相对稳定的帮教志愿者队伍，积极争取政府机关、社会团体、企事业组织和热心社会公益事业，关心监狱工作的各类社会人士参与，为教育改造罪犯提供服务。

23. 发挥现代科学技术对教育改造罪犯的促进作用。要倡导科学的理念，用科学的理论、思维和方法，研究和把握工作规律，改革和完善监狱工作体制和机制，探索罪犯改造工作的有效途径和方法，增强教育改造的有效性。加大利用现代信息技术开展教育改造工作的力度，不断提高监狱计算机和网络的普及应用程度，利用网络教育、多媒体教育和远程教育，实现资源共享，科学合理配置监狱的人力、物力、财力等各种资源，提高教育改造工作的科技含量。

24. 探索建立改造罪犯评估工作机制。要积极创造条件，开展对罪犯的改造评估工作，按照认罪悔罪、遵守规范、认真学习、积极劳动的要求，分阶段对罪犯进行评估，并据此制定和调整改造方案，开展有针对性的改造工作。

25. 不断创新改造罪犯的方式、方法。要坚持和完善过去行之有效的经验和做法，同时，适应新世纪新阶段对监狱工作的新的要求，积极探索改造罪犯的新的方式、方法和新的手段，增强改造的实际效果。

26. 重视对未成年犯的教育改造。要贯彻"惩罚和改造相结合，以改造人为宗旨"和"教育、感化、挽救"的方针，做好对未成年犯的教育改造工作。对未成年犯的改造，要根据未成年犯的生理、心理、行为特点，以教育为主。要坚持因人施教、以理服人，采取形式多样的教育改造方式，实行依法、科学、文明、直接管理。对未成年犯进行思想、文化、技术教育的教学时间，每年不少于1000课时。未成年犯的劳动，以学习、掌握技能为主；劳动时间，每天不超过4小时，每周不超过20小时。16周岁以下的未成年犯不参加生产劳动。

五　教育改造罪犯工作的保障措施

27. 落实教育改造罪犯的各项保障措施。在人员配备、经费保障、设施、场所、调研、督导、表彰等方面切实采取措施，为教育改造罪犯工作的顺利开展提供有力保障。监狱应当依照规定设立教室、谈话室、文体活动室、图书室、阅览室、电化教育室、心理咨询室等教育改造场所，同时配备相应的设施。要按照财政部、司法部《关于调整监狱基本支出标准的通知》(财行〔2007〕28号)的要求,落实教育改造罪犯经费。要加强对教育改造经费使用的监督,统筹安排,确保专款专用。

28. 大力培养教育改造罪犯工作的专业化人才。要充实基层力量,每一个监区都要设置专人负责本监区罪犯的教育改造工作。要采取多种方式,定期对从事教育改造工作的监狱人民警察进行专业培训,提高他们的政治素质和业务素质,适应新时期改造罪犯工作的需要。要注意引进教育改造罪犯的专业人才,提高专业化工作水平。要建立教育改造专家库,发挥这部分专家对罪犯的改造作用。

29. 加强对改造罪犯工作的研究。认真分析研究新时期教育改造罪犯出现的新情况、新问题,寻找一般性的规律,寻求解决问题的方法和措施,不断丰富教育改造罪犯的理论与实践,推进改造罪犯工作的深入发展。

30. 加大督导检查和总结表彰力度。上级司法行政机关和监狱管理部门对监狱开展教育改造工作的情况要定期进行督导检查,切实保证国家有关监狱工作方针、政策、法律、法规的贯彻执行,以及教育改造罪犯的目标和各项工作措施的实现。督导检查结果要与考核奖惩挂钩。要加强对教育改造罪犯工作的总结表彰,对教育改造罪犯工作成绩突出的单位和个人,要大力宣传表彰,并给予必要的精神和物质奖励。

附录三 《某服刑人员行为规范实施细则》[①]（节选）

第一章 基本规范

第一条 拥护宪法,遵守法律法规、规章制度和监规纪律。

第二条 服从管理,接受教育,参加劳动,认罪悔罪。

第三条 爱祖国,爱人民,爱集体,爱学习,爱劳动,讲文明。

---

① 雨露未管所依照《监狱服刑人员行为规范》(司法部令第88号)制定的一部内部管理文件。

第四条　明礼诚信，互助友善，勤俭自强，讲究文明。

第五条　依法履行义务，正确行使权利，采用正当方式和程序维护个人合法权益。

第六条　服刑期间严格遵守下列纪律：（一）不超越警戒线和规定区域、脱离监管擅自行动；（二）不私藏现金、有价证券、信用卡、刀具及易燃易爆、有毒、淫秽物品等违禁品；（三）不私自与外界人员接触，索取、借用、交换、传递钱物；（四）不私传信件和口信，不私自隐匿、使用通讯工具；（五）不擅自制作、藏匿、使用绝缘、攀援、挖掘物品；（六）不偷窃、侵占、毁坏公私财物，不弄虚作假骗取奖励或荣誉，不赌博；（七）不打架斗殴、寻衅滋事、自伤自残；（八）不拉帮结伙、打骂、侮辱、勒索、欺压他人或强迫他人提供劳务；（九）不传播犯罪思想、手段怂恿他人违法犯罪……

第二章　生活规范

第七条　按时起床，有秩序洗漱、如厕，衣被、生活用品等按定置管理摆放整齐。

第八条　按要求穿着囚服，佩戴统一标识，不私自改变囚服式样、颜色和标识。

第九条　按时清扫室内外卫生，保持环境整洁。

第十条　保持个人卫生，按时洗澡、理发、剃须、剪指甲，不化妆、文身、烫发、涂指甲、蓄胡须、戴饰物、穿高跟鞋。男性服刑人员留平头，女性服刑人员留齐耳短发。

第十一条　按规定时间、地点就餐，爱惜粮食，不乱倒剩余饭菜，不伙吃伙喝，不私设小灶，不互换食品，不食过期、腐败变质食品。

第十二条　不饮酒，不吸烟……

……

第十四条　患病及时向警官报告……

……

第十七条　收发信件，领取汇款、包裹等邮件，依照规定接受检查。

第三章　学习规范

第十八条　接受法制、道德、形势、政策等思想教育，认清犯罪危害，矫治恶习。

第十九条　接受心理健康教育，积极配合、参加心理测试、咨询和治疗等活动，养成健康心理。

第二十条　接受文化教育，上课认真听讲，按时完成作业，争取良好成绩。

第二十一条　接受技术教育，掌握实用技能，争当劳动能手，增强就业能力。

第二十二条　尊重教师，遵守学习纪律，爱护教学设施设备，不乱涂乱刻乱画。

第二十三条　阅读健康有益书刊，按规定收听、收看广播电视节目……

第二十四条　积极参加文体活动，增强体质，陶冶情操。

第四章　劳动规范

第二十五条　积极参加劳动，服从分工……

……

第二十七条　严格遵守操作规程和安全生产规定，不违章作业。

第二十八条　爱护设备、工具。厉行节约，减少损耗，杜绝浪费。

第二十九条　保持劳动现场卫生整洁，遵守定置管理规定，工具、材料、产品摆放整齐……

……

第三十一条　不将劳动工具、产品、危险品、违禁品带入监舍。

第五章　文明礼貌规范

第三十二条　爱护公共环境。不随地吐痰，不乱扔杂物，不损坏花草树木。

第三十三条　言谈举止文明……

第三十四条　礼貌称谓他人……

第三十五条　服刑人员之间互称姓名……

附录四 教育安排表

时间	内容
6:30—6:50	起床 洗漱
6:50—7:20	活动
7:20—7:50	就餐
7:50—8:20	搞内务
8:20—9:30	
9:30—9:45	卫生检查
9:45—11:30	学习电教内容或其它
11:30—12:00	就餐
12:00—12:30	小组活动
12:30—14:30	午休
14:30—15:00	搞内务
15:00—15:15	卫生检查
15:15—16:45	学习讲座内容或其它
16:45—17:25	文体活动
17:25—17:55	就餐
17:55—19:00	小组活动
19:00—19:30	看电视新闻
19:30—19:45	日讲评
19:45—21:30	看电视节目或其它
21:30	点名
22:00	晚休 关灯
22:30	

说明：此表内容作为管区每日活动安排，以落实"每天学习，每天进步"的教育思想。

图片来源：由笔者指导的警校实习生于 2014 年 10 月拍摄。

附录五　某学年第一学期教学计划

周次	时间	内容	备注
1	9月2日至9月8日	开学典礼（编排座位，发学习用具），上课	
2	9月9日至9月15日	上课，教师节休息	
3	9月16日至9月22日	中秋节休息，上课	
4	9月23日至9月29日	上课	
5	9月30日至10月6日	国庆节休息	
6	10月7日至10月13日	上课	
7	10月14日至10月20日	上课	
8	10月21日至10月27日	上课	
9	10月28日至11月3日	上课	
10	11月4日至11月10日	上课	
11	11月11日至11月17日	上课	
12	11月18日至11月24日	上课	
13	11月25日至12月1日	上课	
14	12月2日至12月8日	上课	
15	12月9日至12月15日	上课	
16	12月16日至12月22日	上课	
17	12月23日至12月29日	上课	
18	12月30日至1月5日	元旦放假	
19	1月6日至1月12日	上课	
20	1月13日至1月19日	复习	
21	1月20日至1月25日	复习、考试	

图片来源：由笔者指导的警校实习生于 2014 年 10 月拍摄。

附录六 《"雨露行动"——大学生爱心帮教志愿服务项目协议书》

甲方：※※未成年犯管教所
乙方：（此处为学校具体名称）团委

为扎实推进"雨露行动"——大学生爱心帮教志愿服务行动，充分利用高校资源和力量对未成年犯实施帮教，丰富未成年犯教育改造内容，提高教育改造质量，拓展监狱工作社会化内涵，在共青团省委和省司法厅、省局的统筹协调下，未成年犯管教所（以下简称甲方）与（此处为高校具体名称）团委（以下简称乙方）就开展"雨露行动"签订协议如下：

一 指导思想和行动目的

1. 指导思想：双方实施"雨露行动"，坚持以邓小平理论和"三个代表"重要思想为指导，认真践行科学发展观，贯彻实施《中华人民共和国预防未成年人犯罪法》和《某省预防未成年人犯罪条例》，以提高未成年犯教育改造质量为目标，最大限度地增加和谐因素，最大限度地减少不和谐因素，努力构建和谐社会。

2. 行动目的：充分发挥高校大学生志愿者在教育、帮助、改造未成年犯工作中的积极作用，通过高校与未成年犯管教所结对帮教，使大学生志愿者协助和配合未成年犯管教所切实帮助未成年犯逐步树立正确的人生观、世界观和价值观，重塑人生，提升自身素质，更好地回归社会，预防和减少重新犯罪。也使大学生在奉献爱心的同时，获得实践锻炼，展现人生价值。

二 帮教内容

1. 强化思想道德教育。重塑未成年犯的理想价值和道德观念，培育未成年犯健康向上的思想和诚信、谦让、合作、自信、坚强等美德。

2. 开展心理健康教育。通过开展心理保健讲座、举行团体心理辅导等方式，关注未成年犯情感及心理变化，着重加强其抗压抗挫能力和自我调节能力，全面增强他们的心理素质。

3. 加强法制教育。突出重点，加大法律宣传教育力度，增强未成年犯的法律知识，培育他们的法律观念和法律素养，提高他们的守法用法能力。

4. 注重技能培训。结合未成年犯实际，在促进其学习基本文化知识（助其完成义务教育阶段学习）的同时，着重加强诸如饲养管理、科学养殖、电器维修、英语、电脑、厨艺、美容美发等技能培训，提升其自我生存和发展的能力。

5. 省未成年犯管教所提出的其他大学生志愿者力所能及的帮教事宜。

三　帮教形式

根据省未成年犯管教所工作要求和未成年犯教育改造规律，结合高校实际，帮教行动可以采取以下几种形式：

1. 在时间上，可以采取定期帮教和不定期帮教两种形式；

2. 在具体方式上，既可以采取书信交流的方式进行帮教，也可以深入未成年犯管教所，面对面地开展帮教；还可以通过赠送各种具有育人价值的纪念物品、学习资料、生活用品等进行帮教；

3. 在具体操作上，可以采取"一对一"、"多对一"、"一对多"等形式。

四　甲方责任

1. 明确负责帮教工作的部门及其工作人员，具体负责帮教志愿者队伍或志愿者的接洽、协调和安排等诸项事宜，注意保护帮教志愿者的安全。

2. 落实帮教监区及帮教对象。将监区有关规章制度和帮教注意事项及帮教对象的基本情况告知乙方，使乙方尽快熟悉帮教对象并有针对性地开展帮教活动。

3. 组织和督促监区建立详细的帮教工作档案，全面了解和掌握帮教工作的开展情况和帮教质量。

4. 加强与乙方的沟通和联系，及时了解和反馈帮教对象的情况，共同做好对未成年犯的教育转化工作。

5. 协同建立健全帮教工作的长效机制和考核办法，共同负责该项目的年度总结考核。

五　乙方责任

1. 组织一支以党团员为主的优秀大学生帮教志愿者队伍。要认真开展志愿者培训工作，使志愿者熟悉甲方的有关规章制度和帮教注意事项。在帮教过程中，应教育志愿者服从甲方安排，遵守甲方规定，避免被未成年犯的不良行为感染。

2. 乙方在组织开展帮教活动时，应提前将有关志愿者的简要情况以及帮教内容、帮教重点告知甲方，使甲方有所准备。

3. 帮教志愿者应对具体帮教对象有较全面了解，掌握帮教对象的真实想法，有针对性地制定帮教计划，逐步实施帮教工作。

4. 要认真、及时做好帮教对象的情况反馈工作，帮教过程中发现情况和问题，及时与甲方具体工作人员沟通，配合甲方做好未成年犯的教育转化工作。

5. 完善帮教工作档案，建立健全帮教行动的长效机制，协同做好该项目的年度总结考核。

六　其他事项

1. 本协议经双方签字盖章后生效，有效期1年。协议到期后，双方如无异议，可自动延续一年。帮教过程中双方要不断地拓宽工作思路，加大帮教力度，实现帮教行动的良性发展。

2. 本协议有未尽事宜或新的情况变化，由双方重新议定。

3. 本协议一式两份，双方各执一份。

甲方代表签名盖章：　　　　　　乙方代表签名盖章：
　　年　月　日　　　　　　　　　年　月　日

附录七　学员与陈奶奶的往来书信

与在██所里服刑的未成年犯的信件来往

敬爱的陈██奶奶：

您好！

提笔祝您老人家身体健康、笑口常开！我是██，一个在少管所被您帮教过的女少年犯，本来很早就想给您写信的，因为种种原因，今天才提笔写下这封心中写过无数次的信。

陈奶奶，您还记得吗？6月份您来少管所帮教时，我是向您提问题最多的一个女孩，您当时还给我们讲了好多革命的故事，听到那些故事后，我真的好敬佩您。您那么小就入党了，参加了革命，不停地为党奔波着，转眼间几十年过去了，离休的您还是在不停地为人民做贡献。我要向您学习，学习您那几十年如一日的敬业精神；学习您那顽强的拼搏精神；学习您为了关心下一代工作，无怨无悔的精神；学习您……我觉得您真有太多太多的精神值得我去学习，我会把您的种种精神作为我前进的动力。

陈奶奶，您最近身体还好吗？近日天气突冷突热的，您要多注意身体呀！一年一度的中秋和国庆节就要到了，在这，我要为您这忠于党、热爱党的老党员献上我最真挚的祝福，祝您节日快乐，永远快乐，事事顺心！

少年犯：██
2004年9月3日

图片来源：笔者于2016年6月拍摄。

艳艳：
　　今天是中华人民共和国成立55周年国庆，很高兴收读了你给我迟到的来信，谢谢你对陈奶奶真诚的祝愿！顺便也说一声对不起。我24日那天在"迎国庆贺中秋"的帮教座谈会上错怪了你，说你答应给我写信，但没有兑现。你说9月3日你就写了，可我9月30日晚才收到，我看了信封，一是邮编写错，被邮局划掉了；二是门号写错，把13c写成"33c"。都怪我眼睛不好，没有写给你。不过，这都已成过去，不提它了，信最终能让我收到就好了，这还得感谢那位认真负责的邮递员！我几个月来收到很多信，其中有十多封是一定要回复的。有的已收到一段时间，可由于忙，还未动笔，而你的信昨天晚上才收到，今天上午就给你回信了，可见陈奶奶对你特别偏爱和重视，为什么呢？主要原因：一是你的信是来自高墙内，又是第一次给非亲非故的老奶奶写的"心里写过无数次"的信；二是你是明礼诚信的好孩子，尊敬老人，言行一致，说过写信就写信；三是你有上进心，自觉学习精神好，要求进步心切，这是很重要的精神力量，是推动你前进的动力。我不是因为你要学我向表扬你，而是表扬你自觉学习的精神。记得法布尔有句名言："学习这件事不在于有没有人教你，最重要的是在你自己有没有觉悟和恒心。"培根也有句名言："活着就要学习，学习不是为了活着。"吕不韦说："善学者假人之长以补其短。"我想，只要你树立正确的理想信念，坚持学习，持之以恒，将来一定会成为很有作为、对祖国和人民作出贡献的好女儿。在此，特赠送你一首一位艺术家给失足者写的诗，望你能铭记并付之行动。诗的内容如下：

谁说失去的不能再来？
谁说花落不能再开？
生活本来就是这样：
有冬去，就会有春来，
失去的一切寄希望于未来；
未来的一切更起步于现在。

　　　　　　　　　　　　　　　　　　陈奶奶
　　　　　　　　　　　　　　　　2004年10月1日

图片来源：笔者于2016年6月拍摄。

附录八　手工艺贴画《我爱你》

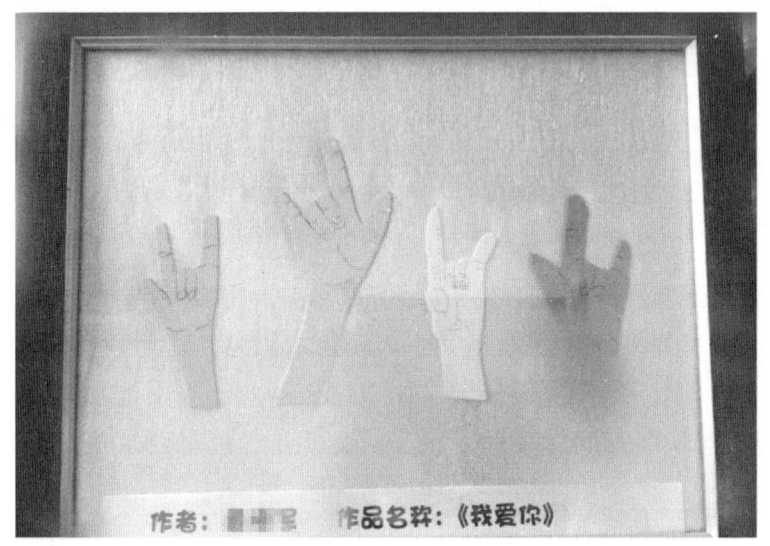

注：当地聋人学校到雨露未管所接受法制教育，为了表达感谢，该校一名小学生亲手制作的馈赠礼物。

图片来源：笔者于 2016 年 6 月拍摄。

附录九　《司法社工帮教管理规定（试行）》

　　司法社工帮教是指由安帮部门组织领导下的社工组织及专业的社工人员对一定范围内的服刑人员及其家属提供司法社会工作服务，及法制宣传教育和预防重新犯罪教育等服务的一种社会帮教模式。为了规范帮教行为，提高帮教效果，特制定本规定（试行）。

　　1. 司法社工凭安帮部门审核，并同意到我所开展帮教工作的介绍函，在教育科的陪同下到狱政科、会见室做好登记工作。

　　2. 司法社工在会见日帮教必须先到会见登记室登记后，在会见室帮教按照会见室的管理规定执行。

　　3. 司法社工帮教原则上只在会见室进行，特殊情况，需进入监管区帮教的,必须事先通知教育科,并在完成相关审批手续后方能进入。

4. 司法社工帮教过程不得携带通讯器材和摄像、照相、录音等设备,如需摄像、拍照的需经未管所批准,摄像、拍照内容不得有警戒设施和罪犯习艺现场等内容。

5. 司法社工帮教过程中,罪犯所在监区警官需全程陪同,以确保司法社工的人身安全,掌握了解帮教情况。

6. 司法社工在帮教过程中,不得向未成年犯传达一些不合适的信息。

7. 司法社工应遵守保护未成年犯合法权益的有关规定,不得对外泄露未成年犯的个人信息。

8. 司法社工通过书信形式进行帮教的,按照书信管理规定执行。同时,可以通过家庭走访等形式,与家属一起做好帮教工作。

9. 司法社工的帮教工作应建立档案,并及时将帮教的有关信息反馈给未管所。

10. 司法社工人员素质要能适应帮教工作的要求,人员更换要经过安帮部门的审核、同意,并及时通知未管所。

后 记

2008年北京奥运会刚刚落下帷幕,承蒙贵人指点,我来到中山大学人类学系进修研究生课程一年。那时我对于人类学专业还是懵懵懂懂的,幸运的是,恰好与2008级人类学专业的温士贤、李正元、刘家佶、李翠玲等硕士、博士一同聆听到周大鸣、张应强、麻国庆、何国强、邓启耀、张振江、程瑜、杨小柳等老师的精彩授课。几位好友还为我列出书单,讨论经典名著、分享学习经验、参加读书会等,我与他们结下了深厚的友谊,自此为我播下人类学启蒙的种子。

中国有句俗话说:"好事多磨"。我于2010年第一次报考周大鸣教授的博士,虽然在激烈竞争中败下阵来,但是亲身体验中山大学的博士生入学考题也是一大收获。全力冲击的2011年又以微弱差距落选,经过三年鏖战,2012年我终于考取中山大学社会学与人类学学院的博士研究生。三年备考复习让我有更多时间去研读名著、思索理论,追寻人类学、社会学大师去知识的海洋里翱翔,感受异国风土人情、历史文化,解读人类的社会结构与运行机理,再一次感悟伟大思想的力量。

师从周大鸣教授以来,让我更深刻领会到大家的风范,导师严谨的治学态度、渊博的知识积累、敏锐的学术思维,以及入木三分的观察力、过目不忘的记忆力和超强的工作体能都让我们这一群年轻人汗颜。导师虽有千头万绪的工作,仍不忘指导我们的学习、生活、科研,给予我们无微不至的关怀,特别是学术方面的指导更让我终身受益。

在读期间,导师曾多次与自己沟通毕业论文选题,考虑到我的专业特长和职业背景,初步确定以监狱作为毕业论文的田野点。2013年暑假后,导师建议我选取未成年犯教育作为论文主题,田野点可选在雨露未管所。随着调查不断深入,自己越来越深刻地体会到研究未成年犯教育改造这一

后　记

题目的理论意义与现实价值。如何去接近、了解已严重越轨乃至实施犯罪行为且在狱内服刑的未成年犯，如何去引导、教育最具危险性也最具潜能的未成年犯群体，使其接受再社会化教育并顺利回归社会，对于未成年犯及家庭乃至我们的社会都是一件非常有意义的事。

调查期间，我几乎走遍雨露未管所的所有监区和职能部门，也得到未管所的领导、警察、外协师傅等很多人的指教、关心和帮助，正是他们开诚布公、不求索取的奉献精神使我得以坚持下来。同时，我也要向常年坚守在未成年犯教育改造工作一线的监狱警察们致敬。他们不分春夏秋冬、不分白天黑夜，不顾疾病伤痛、顾不上家人孩子，是他们的辛勤付出和爱心浇灌才有持续向好的未成年犯改造事业的进步。

2012年以来，我在访学、培训以及参加研讨会等活动时，还向翟中东、孙平、狄小华、于荣中、王定辉、郭明、周雨臣、殷导忠、郭晶英等多位理论界和实务界的知名人士求教。他们对我的指点和关心，让我获益良多，永生难忘。

中央司法警官学院是我的母校，引领我找到一生的职业归宿。广东司法警官职业学院是我的工作单位，给了我一个施展自己智慧和才华的舞台，使我得以从事监狱学理论与科研工作，并促成本书的问世。再次感谢雨露未管所及系统内的干警以及为本人提供素材的警校实习生，你们的支持和帮助才使得这项研究变得更加充实且厚重。还有，汤思敏女士和张筱叶博士给予我英文写作方面的大力支持。

感恩导师，给了我焕然一新的学术生命；感恩父母，给了我一生无所求又是最宽广无私的爱；感恩夫人，在我考博最艰难的时刻陪伴在我身边，并在之后的日子里一起经历那些风风雨雨。

最后，向社会科学文献出版社以及曹义恒、岳梦夏等老师致谢，是你们的耐心指导和包容，才使得我的博士学位论文能够与世人见面。

2019 年 5 月

图书在版编目(CIP)数据

越轨与救赎：未成年犯的教育改造 / 邵峰著. -- 北京：社会科学文献出版社，2019.8
 ISBN 978 - 7 - 5201 - 5329 - 4

Ⅰ.①越… Ⅱ.①邵… Ⅲ.①青少年犯罪 - 劳动改造 - 研究 - 中国 Ⅳ.①D669.5

中国版本图书馆 CIP 数据核字（2019）第 171812 号

越轨与救赎：未成年犯的教育改造

著　　者 / 邵　峰
出 版 人 / 谢寿光
组稿编辑 / 曹义恒　岳梦夏
责任编辑 / 岳梦夏

出　　版 / 社会科学文献出版社·社会政法分社（010）59367156
地址：北京市北三环中路甲29号院华龙大厦　邮编：100029
网址：www.ssap.com.cn
发　　行 / 市场营销中心（010）59367081　59367083
印　　装 / 三河市尚艺印装有限公司
规　　格 / 开 本：787mm × 1092mm　1/16
印 张：16.75　字 数：265 千字
版　　次 / 2019 年 8 月第 1 版　2019 年 8 月第 1 次印刷
书　　号 / ISBN 978 - 7 - 5201 - 5329 - 4
定　　价 / 98.00 元

本书如有印装质量问题，请与读者服务中心（010 - 59367028）联系

▲ 版权所有 翻印必究